東洋史研究叢刊之六十八

中国古代訴訟制度の研究

籾山明　著

京都大学学術出版会

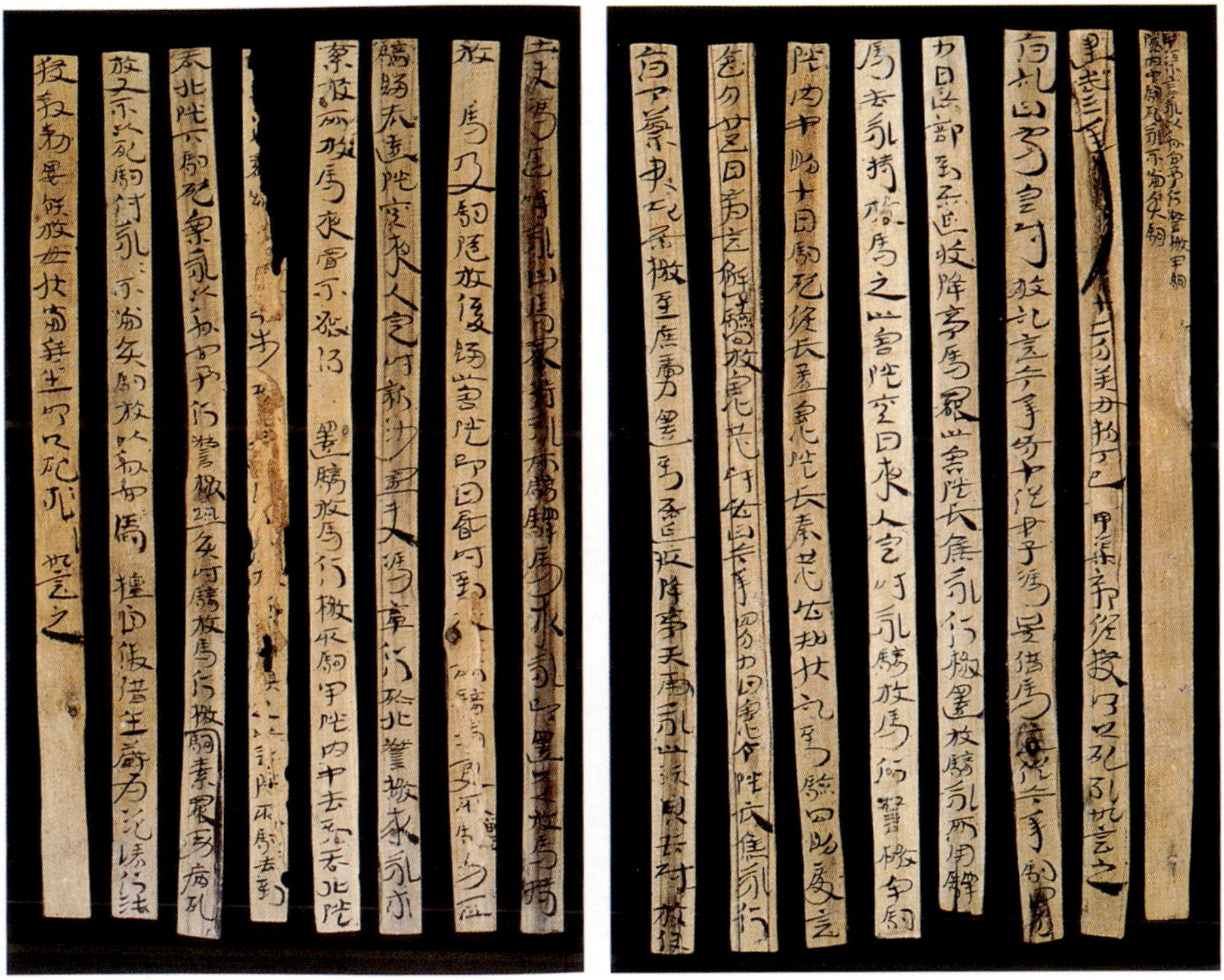

口絵1　居延漢簡『駒罷労病死册書』(前半:右，後半:左)

中国･甘粛省文物考古研究所蔵(馬建華主編『河西簡牘』より転載)

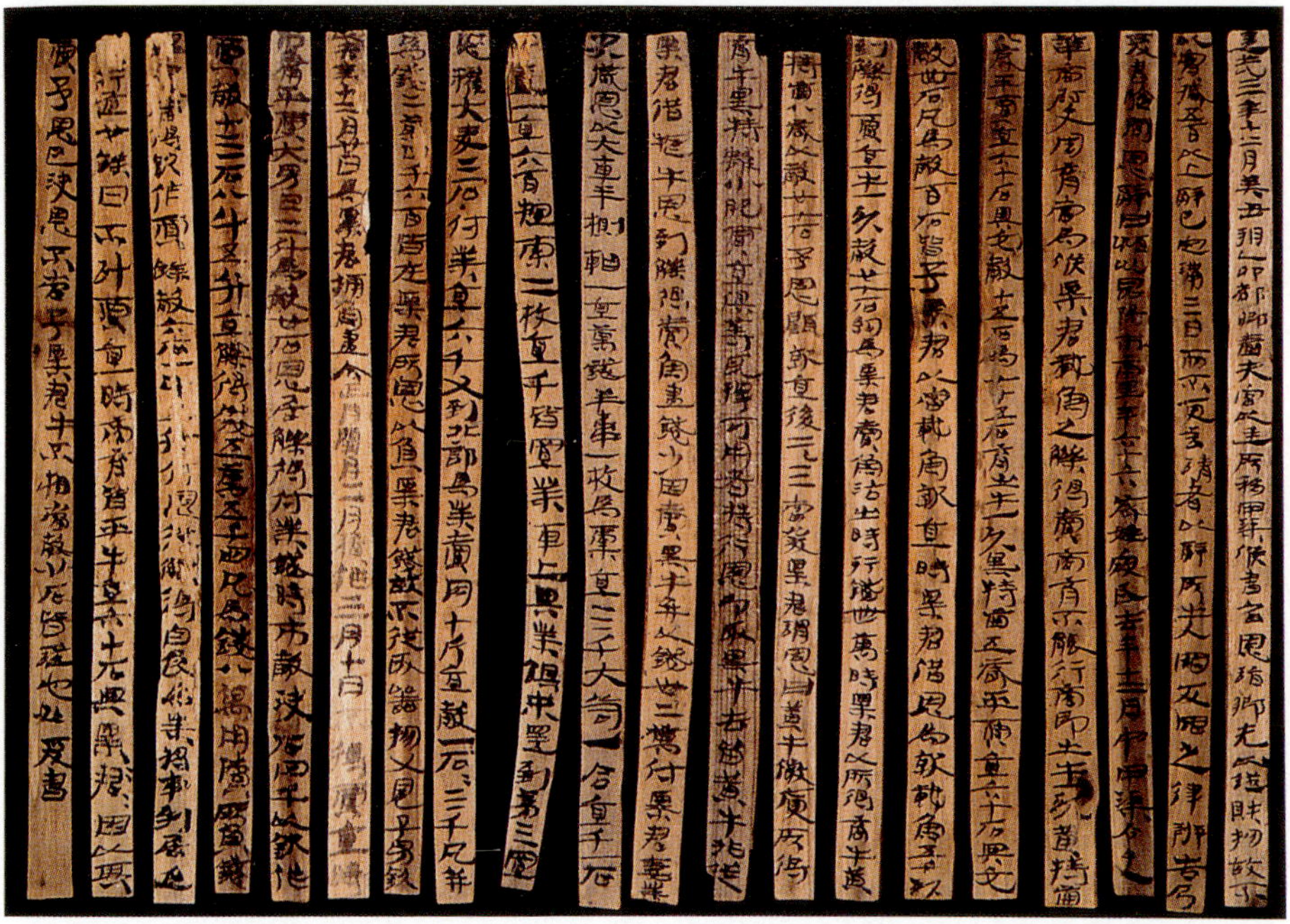

口絵2　居延漢簡『候粟君所責寇恩事册書』(前半)

中国·甘粛省文物考古研究所蔵(近つ飛鳥博物館図録『シルクロードのまもり』より転載)

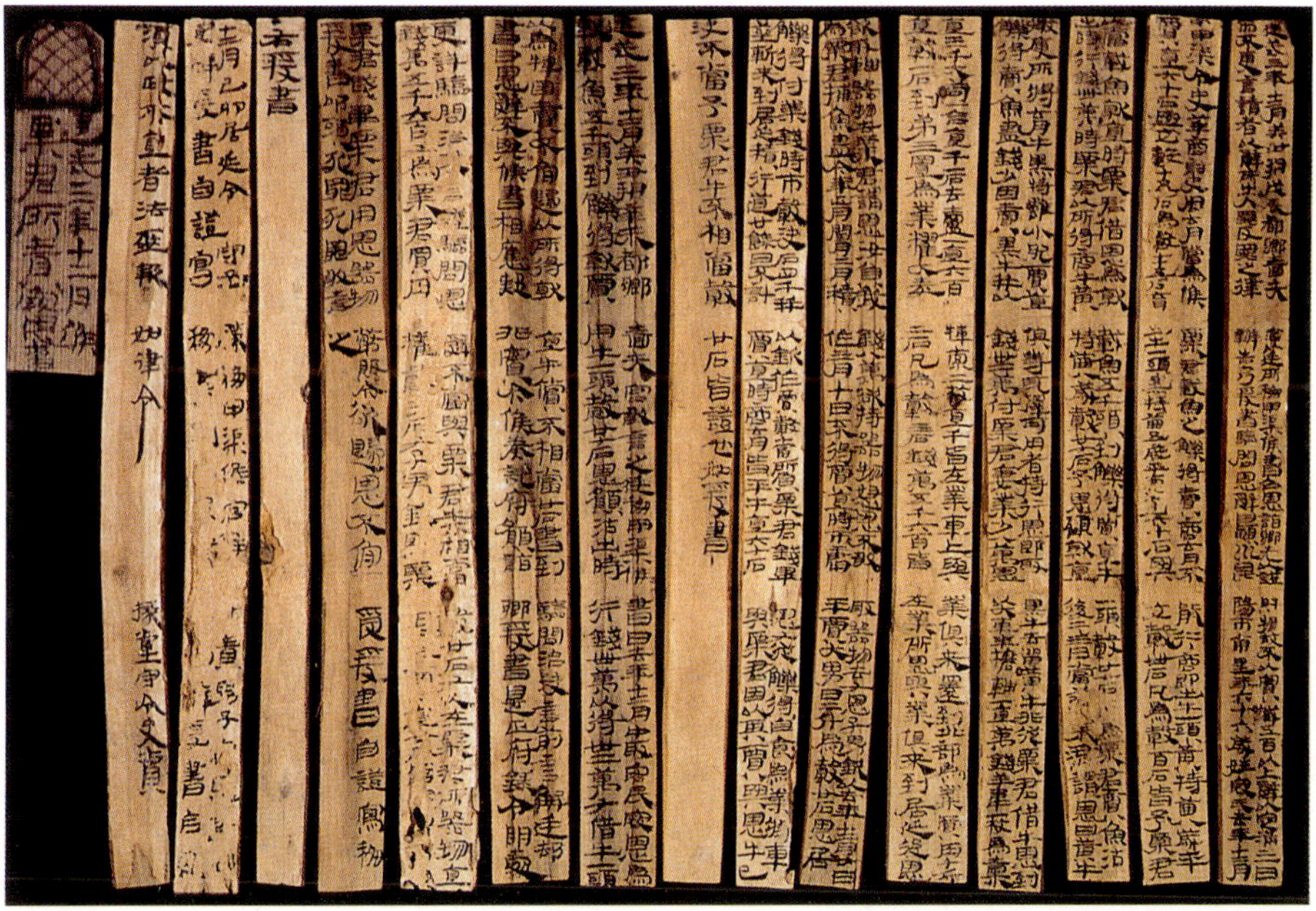

口絵3　居延漢簡『候粟君所責寇恩事册書』（後半）

中国・甘粛省文物考古研究所蔵（近つ飛鳥博物館図録『シルクロードのまもり』より転載）

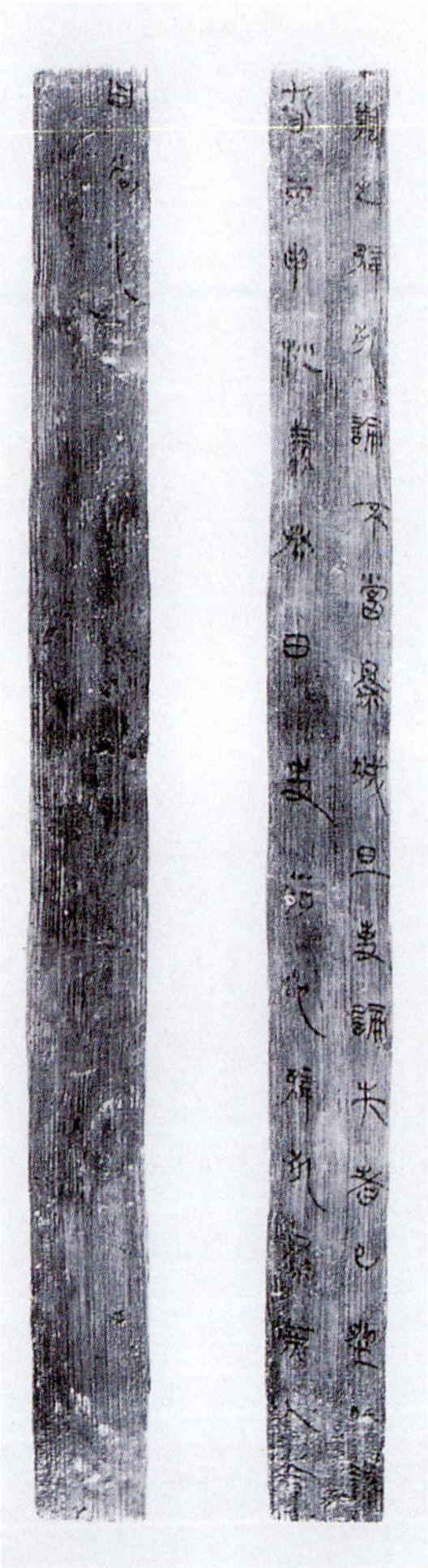

口絵5　龍崗6号秦墓出土木牘

中国・湖北省文物考古研究所蔵
（『考古学集刊』第八集より転載）

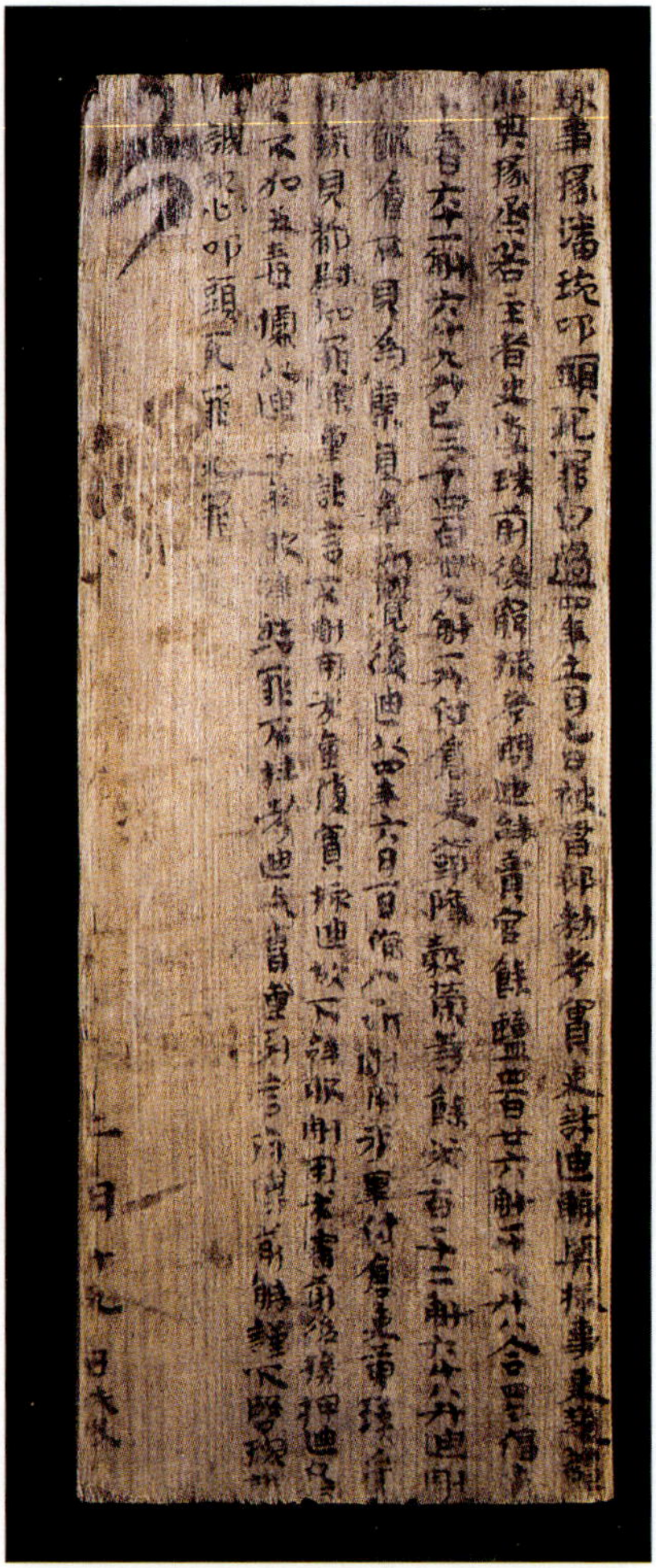

口絵4　走馬楼呉簡『許迪案木牘』

中国・湖南省長沙市文物考古研究所蔵
（毎日書道会『古代中国の文字と至宝』より転載）

目次

中国古代訴訟制度の研究

序章　出土法制史料と秦漢史研究

人びとはどのように裁かれていたのか。一つの社会システムを知るのに、この問いにまさる試金石はない。（マルク・ブロック　一九九五）

一　本書の課題と方法

（1）　出土文字史料の出現と研究の変容

本書の目的は、秦漢時代の訴訟制度について、出土文字史料をもとに可能な限り具体的な歴史像を提示することにある。本論に先立ち、序章ではまず秦漢史研究の動向と出土文字史料との関連について著者の考えを簡単に述べ、本書の課題を明示したのち、主要な出土法制史料について、その性格を検討したい。

日本における秦漢史研究は、一九八〇年代を境として、その様相を一変させた。変容の方向を一言で述べれば、中心となる学説ないし主題の不在、研究の個別分散化ということになるだろう。その原因の一端が、研究資料をめぐる状況変化、すなわち簡牘や帛書など大量の出土文字史料の出現にあることは否定できない。しかしながら、研究の分散化を招いた要因は、それだけに止まらないように思われる。

私見によれば、その一因は、歴史に対する関心の多様化にある。歴史学という学問に求めるものが、人それぞれに分散したとも言えるだろう。この傾向は、学界の混迷であるかに評されるけれども、もしそれが、自らにとって真に重要な事がらを、自らの方針に従って追究し、自らの言葉によって表現した結果であれば、むしろ健全な現象と見るべきであろう。さらに加えて、従来の学説に含まれていた二つの傾向、西欧中心主義のバイアスと法則定立的な歴史観とが、共感を得られなくなった事実も指摘されよう。近年の研究者たちは、「奴隷制社会」といったカテゴリーに歴史を流し込むことよりも、たとえば古代の人々が自らの時代をどう捉えていたかという、より具体的で史料に即した問題に、いっそうの魅力を感じるに違いない。こうした状況の進行にてらせば、研究の個別分散化は避けられない流れであった。

出土文字史料が秦漢史研究に与えた影響は、右のような歴史研究全体の状況変化と重ね合わせて理解する必要がある。新たな史料の出現により、秦漢時代の歴史像は、格段の精度をもって描き出すことが可能となった。同時にそれは、従来の編纂史料では満たされなかった種々の要求に応えるだけの内容の豊富さをもっていた。新たな史料が多くの研究者を惹き付けたのは、当然の現象であったと言えよう(1)。しかし一方、研究の個別分散化を増幅し固定化した側面も、見過ごせないように思われる。出土史料はそれぞれが「部分」にすぎない。たとえば地方官の墓に副葬された文書の場合、実際の職務にかかわる限りは細大漏らさず記されていても、実務と無縁な事がらについては当然ながら記載されない。研究者は自らの関心にそって新たな史料と取り組んでいくが、出土文字史料を追う限り、全体的な歴史像は構築しにくい。学説もまた、それぞれが「部分」に過ぎない結果となろう。いかに精緻であろうとも、「部分」を扱う研究がそのままの形で広く議論を集めることは、困難であると言うべきだろう。

もう一つ、出土文字史料の出現により研究方法が変化したことも看過できない。『史記』や『漢書』に代表される編纂史料は、古典として長く読み継がれてきた。したがって、その読解にあたっては、注釈や劄記など依るべき指針が具わっている。むろん、それはあくまで指針であって、絶対的な解釈を示すものではないが、長年の評価に耐えてきた重みはやはり無視できない。何よりも、校訂されたテキストが存在するということ自体、計り知れない恩恵と言える。これに対して出土史料は未加工の素材そのものであり、研究者は各自が言わば注釈者として史料と対峙せざるを得ない。テキストの読解が研究に占める割合は、必然的に大きなものとなるだろう。全体像より個々の史料の解釈に関心が集中することは、止むを得ない傾向であった。

以上のような状況を勘案すれば、研究の個別分散化は避けられないし、一概に非難されるべき筋合いもない。とはいえ、細かな個別実証に研究者が埋没することは、学界の閉塞と研究の質の低下をもたらしかねない危惧がある。一方で必要とされるのはやはり、相互の議論と批判であろう。学説を練り上げていく力となるのは、個々人の研鑽もさることながら、何よりも相互の対話だと考えられるからである(2)。研究者に求められているのは、それぞれの研究がもつ意義、各人の関心の所在を、広く討論の場に提示することではあるまいか。むろん討論の相手には、海外の研究者たちも含まれる。対話を通して、実証の水準を点検すると同時に、共有しうる枠組を常に模索する。——そうした対話の積み重ねによって、全体的な歴史像もまた構築されていくのであろう。

（2）本書の課題と構成

本書の課題を一言でいえば、古代帝国というシステムを維持するためのメカニズムの解明、ということになる。その根底には、広大な領域をもつ国家がともかくも存続し得たのは何故なのかという、いたって素朴な関心がある。この問題に対しては様々なアプローチが可能であるが、本書では法制とりわけ訴訟制度の分析という方法を選ぶことにした。訴訟とは、社会に生起した紛争に対し第三者が判断を下す過程である。本書で取り上げる出土史料はすべて国家機構で作成された文書であるから、そこに現れる第三者とは国家権力に外ならない。したがって、訴訟制度の研究は、社会と国家権力との接点を対象とすることになる。どのような案件を受理し、また受理しないのか。受理された案件はどのような機関によって、どのような手続を経て裁きが下されるのか。さらには裁きの公平性と統一性は、いかにして保証されるのか。——訴訟制度の研究は、古代国家による紛争処理の実態を、社会の末端に視点を据えて分析するという意義がある。その結果、「社会の隅々まで行き届いた法」といった定型化された専制国家理解より、いささかなりとも踏み込んだ歴史像を提示できたと考える。

本書は序章のほかに全五章、全体は次の四つの柱から構成される。

第一は、主たる素材である出土文字史料が、どのような性質のテキストであり、なぜその場所から出土したかを、史料に即して内在的に理解することである。この作業は序章第二節、とりわけその第2項において行われる。ここでは雲夢睡虎地秦簡を取り上げて、それが県の獄吏の職務と密接に関連することを論じる。史料を正確に読み解くための基礎作業であるが、同時に古代における司法の実態についても一つの示唆が得られよう。なお、この問題については終章で再度、張家山漢簡との比較を通して、より広い視野から論じることになる。

第二は、伝世文献の中から典型的な裁判物語を選んで分析を加え、その基盤をなす構造を明らかにすることであり、第一章「李斯の裁判」がこれに相当する。ここでは『史記』李斯列伝をテキストとして、李斯が謀反罪で裁かれる展開をたどり、物語の全体を支えている骨組みを浮かび上がらせる。この骨組みと現実の制度との関係については、次章以下の分析によって明らかとなろう。

第三は、出土文字史料を実際に用いて、具体的に訴訟制度を復元することである。本書の核心となる部分で、その方法は、まとまった史料群を相互の関係に留意しながら詳細に検討していくものと、大量の残簡の中から共通性のある史料群を選び出して集成し、その上で分析に進むものとに分けられる。前者すなわち所与の史料群を検討する作業は、第二章「秦漢時代の刑事訴訟」ならびに第三章「居延出土の冊書と漢代の聴訟」において行う。第二章では、刑事的な訴訟手続を、第三章では民事的な訴訟の姿を、睡虎地秦簡と張家山漢簡、ならびに居延漢簡を用いて明らかにする。これに対して、第四章「爰書新探――古文書学と法制史――」は後者、すなわち史料の集成から始める作業にあたる。副題に示した通り、ここでの主要な目的は、古文書学の方法により「爰書」という文書の実態を闡明し、その機能を確定することに置かれる。

第四に、秦漢時代の法制史に関して最も中心的なテーマを選び、日本と中国双方の学界論議を批判・検討することであり、第五章がこれに相当する。ここではひとまず訴訟を離れて、労役刑における刑期の存否をめぐる論争を中心に据え、関連論考を整理・検討した上で、新たな史料を加えつつ自己の見解を打ち出していく。本章の目的は、出土文字史料が秦漢史研究にもたらした影響の大きさを示すとともに、研究の進展にとって対話がいかに重要であるか、その実例を明示することにある。

最後に付章として、二〇〇三年に出土した里耶秦簡の史料的価値を論じた文章と、秦漢法制史研究に大きな足跡をのこした故アンソニー・フルスウェ博士の睡虎地秦簡訳註についての書評を載せる。

秦漢訴訟制度研究の分野における先行研究として、ここでは次の三件のみ挙げておく。本文中で逐一言及することはしないが、いずれも本書の執筆にあたり少なからぬ教益を受けた論著である。

第一は、沈家本の著作である。とりわけ『沈寄簃先生遺書』甲編に収められた「歴代刑法攷」の各編は、豊富な史料の提示もさることながら、独自の識見に富む沈氏の箚記が、類書に見られぬ価値をもつ。漢代法制史上のいかなる問題を扱うにせよ、最初に披見さるべき書物であろう。

第二は、A. F. P. Hulsewé, *Remnants of Han Law*, vol. I, Leiden, 1955 である。同書は『漢書』刑法志の訳註と、その読解の手引となる漢代法制の総論とから構成される。出土文字史料の波が押し寄せる前の、伝世文献に基づく研究であるが、史料に即した文献学的《フィロロジカル》な方法に徹することで、漢代法制の論理を剔出するという著者の姿勢は、今日でもなお範とするに足る。訴訟法については The administration of justice と題した章で扱われている。

第三は、徐世虹主編『中国法制通史　第二巻・戦国秦漢』（法律出版社、一九九九年）である。同書は張晋藩の主編になる浩瀚な中国法制通史の一巻であるが、この巻だけで六五〇頁を超える大冊であり、漢代訴訟手続の叙述にも五〇頁以上の紙幅が割かれる。適切な史料の引用――むろん出土史料も含まれる――とともに、今日の研究水準を示す労作と言ってよい。

伝世文献に関する限り、主要な史料は右の三著でほぼ網羅されている。本書に特徴と呼べるものがあるとすれば、それは出土史料を分析の中心に置いたほか、手続の流れに焦点を当てて訴訟を動態的に把握しようとしたことであろう。静態的な制度研究を積み上げてみても、システムの実態は見えてこないと考える。また、個々の議論の基礎となる出土文字史料に関しては、いかに煩瑣であろうとも、可能な限り類例にあたり、一字一句を正確に解釈するよう心掛けた。言うまでもなく、古語の正確な読解なくしては、古制の理解もあり得ないからである。全巻が訳註に終始しているとの批判については、これを甘受するより外にない。

二　出土文字史料とその背景

(1)　居延漢簡の背景

本書で用いる出土文字史料は、墓中に副葬された広義の書物と、辺境の遺構を中心に出土する行政文書とに大別される。このほかに走馬楼三国呉簡や里耶秦簡など古井から出土する簡牘もあるが、その内容は井戸へ廃棄された公文書であり[3]、基本的な性格は後者に属すると言ってよい。いずれも広い意味での考古遺物であるから、その解釈は出土のコンテクストと切り離すことができない。具体的には、副葬簡牘であれば伴出遺物や被葬者との関係、遺構や古井からの簡牘であれば出土層位や遺構の性格などが、史料解釈の上で不可欠の前提となる。本節では、前者については居延漢簡と出土遺構の関係を、後者については睡虎地秦簡と被葬者の職掌との関連を、それぞれ取り上げて論じてみたい。ただし、前者に関してはすでに浩瀚な専著があり（永田　一九八九）、著者もまた私見を述べたことがあるので（籾山　二〇〇一）、本書では簡潔に要点を記すに止める。他方、後者に関しては、被葬者と出土簡牘の関係自体、法制史研究の格好のテーマと思われるため、史料の内容紹介も含めてやや詳細に論じてみたい。

ここでは先ず、居延漢簡の背景となる軍事機構の構成についてまとめておく。漢帝国は匈奴に対して優位に立つと、黄河を越えた河西回廊へ進出し、内陸河川が形作るオアシスを灌漑によって開発し、そこを農地としていった。その耕地と居民を外敵の侵入から護るべく敷設された施設が、長城であり、烽燧である。敦煌・居延地区の簡牘類は大半が――敦煌懸泉置漢簡のような例外もあるが――こうした軍事施設から出土する。したがって、その理解のためには、漢代辺境の軍事機構の構成を把握しておく必要がある。

居延地区の軍事機構に関しては、郡の軍事的出先機関である都尉府を頂点として、各級機関が［都尉府―候官―候―燧］の順で階層的に組織された体制として、かつては理解されてきた。燧とは辺境防備の末端を担う烽火台、候官はそれを統括する砦である。しかしながら、中間に位置する候については、その性格がつかめなかった。候という機関の存在は、候長という官名から推定されたものであったが、漢簡を検索しても単独で「〇候」と呼ばれる機関を示す例は見られない。むしろ候長の所属については、「部の候長」と称されている例がある。このような事実を見る限り、候という組織はもともと存在せず、候長は部の責任者だと考えるのが自然ではないか（陳夢家　一九六四、五二頁）。この見解は、その後の史料の増加によって裏付けられる結果となった。ただし、従来の「候」を単純に「部」に置き換えればよいわけではない。部とは組織の呼称であるが、管区を示す概念であり、独自の施設をもつ機関ではない。具体的には五～七の燧のグループがつまり「部」であって、その責任者である候長と書記官の候史は、部の代表となる燧――居延地区の場合この代表燧の名が部の呼称ともなる――に同居する。この体制を燧から見れば、特定の部に所属はするが、実在する直接の上級機関は候官、ということにな

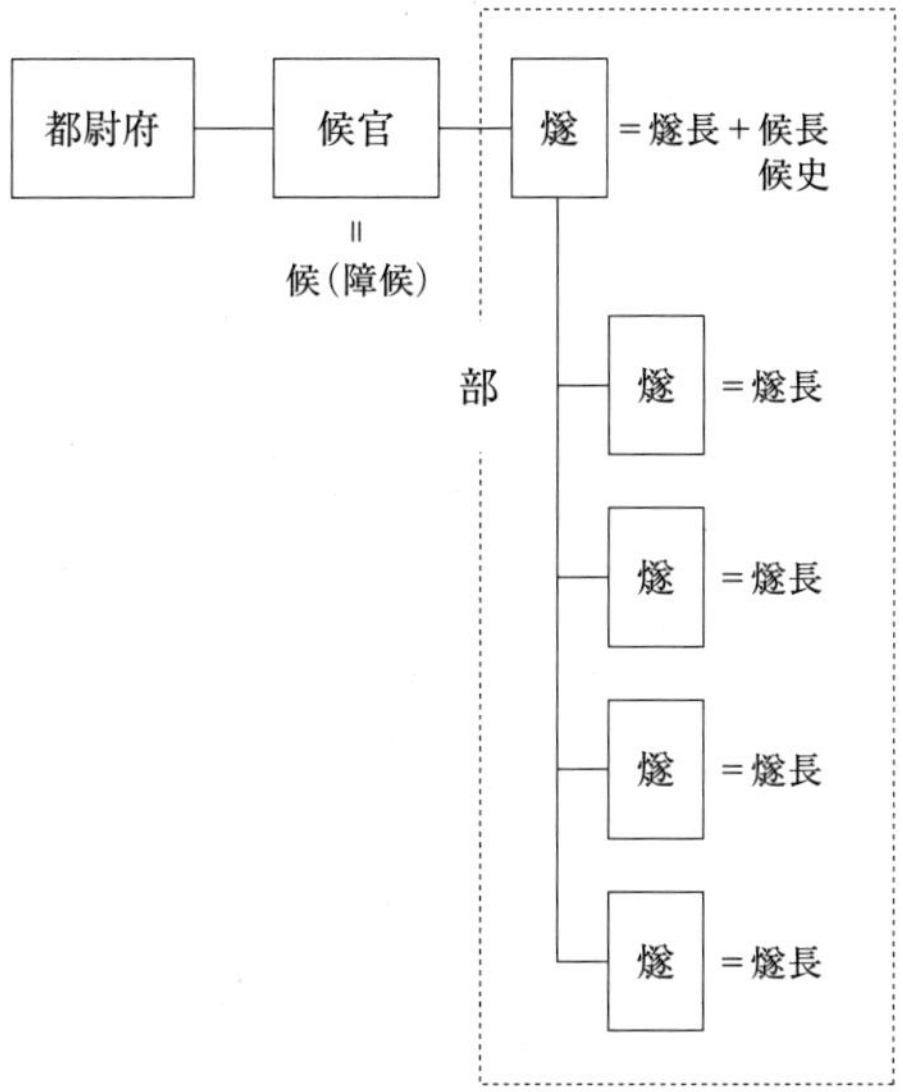

図１　漢代辺境の軍事組織

る。したがって、燧を舞台に係争が生じた場合、提訴の先は部ではなくして候官であった。なお、この認識は敦煌地区にも当てはまる。以上の結果を図示したものが図1である。

本書で引用する敦煌・居延漢簡には、出土遺構を示すデータを必ず添えることにする。旧居延漢簡については（　）の中に、原簡番号と併せて遺跡の編号を記す。新居延漢簡と敦煌漢簡は、原簡番号自体に遺跡の編号が含まれる。主な編号と遺構との対応関係は左の通りである。

［旧居延漢簡］

A8＝甲渠候官　　A32＝肩水金関　　A33＝肩水候官　　A35＝肩水都尉府

［新居延漢簡］

EPT・EPF・EPW・EPC＝甲渠候官　　EPS＝第四燧

［敦煌漢簡］

T. vi. b＝大煎都候官　　T. xv. a＝宜秋燧

本書で扱う史料のほとんどは、甲渠候官の出土簡である。なお、副葬された簡牘と異なり、公文書である敦煌・居延漢簡は、それ自体に紀年をもつ。したがって、あらかじめ史料の年代について全般的な議論をしておく必要はない。

（2）雲夢睡虎地秦簡概述

睡虎地秦簡とは、一九七五年十二月から翌年の一月にかけて湖北省雲夢県西郊の睡虎地で発掘された一二基の墓のうち、「十一号墓」の編号を与えられた秦墓中より出土した竹簡の総称である。その後の調査によって、同地ではこの一二基を含め総計五三基にのぼる、戦国末から漢初に至る墓葬の存在が確認されており（雲夢県文物工作隊　一九八一／湖北省博物館　一九八六）、一帯が当時の墓葬区であったことがうかがわれる。睡虎地十一号墓は一棺一槨の長方形竪穴土坑墓で、墓口部分の大きさは四・一×二・九m、墓底までの深さは五m。竹簡は毛筆や漆塗りの小箱など若干の身のまわり品とともに棺内の墓主の遺骸の周辺に納められていた。簡の保存が良好なのは、槨内に浸透した水に漬かっていたためである。総数は一一五〇枚余り。長さは二三～二七・八㎝。書体は秦隷と呼ばれる早期の隷書である。残欠がはなはだしく内容の判断がつきかねる少数の断簡を除き、全体は整理者によって一〇種類に分類されている。編年記、語書、秦律十八種、效律、秦律雑抄、法律答問、封診式、為吏之道、日書（甲種・乙種）がそれである。

この大量の竹簡が本来いくつかの冊書の形態をなしていたことは、簡に残る編綴の痕跡から疑いないが、出土の時点では紐が切れ、散乱した状態になっていた。そこで中国における整理作業はまず、一一五〇枚余りの竹簡が元来どのようなまとまりを成していたかを復元するところから始められたものと思われる。この作業はおそらく次のような手順で行なわれた。すなわち、最初に全体を出土位置によって甲～辛の八組に大別し、ついで竹簡の長さや記載形式、記載内容などを勘案して各組をさらに細分したのち、分けるべきは分け、他と併せるべきは併せる、という方法である。たとえば、墓主の大腿部に置かれていた辛組は、記載形式と内容の相違から「語書」「效律」「秦律雑抄」「為吏之道」の四類に区分される。一方、下半身右側の丁・戊二組は、位置も近く記載内容も同一であるところから「秦律十八種」として一括されたと思われる。各類の呼称は、表題のあるものはそれにより、ないものは仮称をもって名付けたこと、後述の通りである。このようにみるならば、整理者による一〇種類の分類は――仮称が適切か否かは別として――おおむね首肯しうるものであり、それに依拠して大きな問題はない。しかし、依拠しうるのはそこまでであり、さらに立入った各類内部での簡の前後関係については、記載形式から自ずと確定される一部を除けば何の手掛かりもなく、刊行されたテキスト類が採用する配列は仮説の域を一歩も出ない。したがって、伝世の法典のように「某々律第何条」といった指示の仕方は、この史料に関して適切とは言い難い(4)。引用に当たっては、居延漢簡などと同様、簡番号によって表示するのが最善の方法であろう。

では次に各類についてその内容を概観しよう。ただし「法律答問」と仮称される一群については、特に一項を立てて検討したい。なぜなら、この竹簡群は睡虎地秦簡のみならず、張家山漢簡など副葬された法律関係簡牘の性格を考える上で鍵となるように思われるからである。以下、史料の引用は後述する一九九〇年版の『睡虎地秦墓竹簡』により、（　）の中に簡番号と頁数を注記する。

編年記　全五三簡。秦の昭王元年（前三〇六）から始皇帝の三〇年（前二一七）に至る九〇年間について、戦役を主とした大事年表に、「喜」という名の人物（姓は不明）の個人的な経歴を併記した一種の年譜。五三簡を上下二段に分かち、上段が終えてのち下段に移るという記載形式をとる。このうち、昭王四十五年に始まる喜に関する事項と始皇十二年以降のすべての記載とが、始皇十一年に至るまでの大事年表の部分と別筆で書かれていることから判断すると、もともと別の目的で作成された大事年表に、喜についての年譜事項を後から――おそらくは始皇十二年以後に(5)――追記したものと思われる。それはまた、この「編年記」の製作意図が後者にあることの証左とも言えるだろう。とするならば、この年譜の主体となる喜こそ十一号墓の被葬者に外ならず、「編年記」と仮称される五三簡は後世の墓誌のごとくに墓主の経歴を伝えるために副葬されたと考えられる。出土位置は墓主の頭の下であった。

この年譜によれば、喜は昭王四十五年（前二六二）の生まれ。始皇三年（前二四四）八月に「史」（書記）として採用され、翌年、安陸県の「□史」（一字不詳。御か）に任ぜられたと見えている。六年、同県の令史すなわち文書作成にあたる書記官となり、さらに翌七年、隣接する鄢県の令史に転任、十二年（前二三五）に同県で「治獄」の職務に携わった。安陸県は今の湖北省雲夢県で、雲夢睡虎地墓群はこの安陸故城の西郊に位置する。鄢県は同省宜城の付近で、安陸とともに秦が楚の地を攻略して設置した南郡に所属する。「編年記」に

　十二年四月癸丑、喜治獄鄢。（19 貳, p. 7）

とある文は語順からみて、「鄢に獄を治む」との意味であろう（池田　一九八一、五三～五四頁）。したがって、官職名は「令史」であり、「治獄」とはその職務内容ということになる。『史記』巻七項羽本紀に「陳嬰は故《もと》東陽の令史」とある一方、「正義」に引く『楚漢春秋』が「東陽の獄史陳嬰」と伝えているのは、その傍証となるだろう。史書に「獄吏」あるいは「獄史」と記しているのは、こうした「治獄」に携わった令史であるに違いない。『漢書』巻五一路温舒伝に次のような記事がある。

　路温舒字長君、鉅鹿東里人也。父為里監門。使温舒牧羊、温舒取沢中蒲、截以為牒、編用写書。稍習善、求為獄小吏、因学律令、転為獄史。県中疑事皆問焉。太守行県、見而異之、署決曹史。

　路温舒、字は長君、鉅鹿東里の人なり。父は里の監門と為る。温舒をして牧羊せしむるに、温舒、沢中の蒲を取り、截ちて以て牒を為り、編みて写書に用う。稍《ようや》く習善すれば、求めて獄の小吏と為り、因りて律令を学び、転じて獄史と為る。県中、疑事は皆なこれに問う。太守、県を行《めぐ》り、見《あ》いてこれを異とし、決曹の史に署す。

獄の小吏として律令を学び、獄史に転じた路温舒の経歴は、喜という人物を考える上で参考になる。[6] ただし郡吏に抜擢された路温舒と異なり、喜の経歴には「治獄」に携わって以後の記載が見られない。「編年記」の記述が終わる始皇三十年（前二一七）をもって喜の死亡年とみるならば、[7] 満四四～五歳での没。これは武漢医学院が被葬者の骨格から推定した四〇～四五歳という年齢に一致する（雲夢睡虎地秦墓編写組　一九八一）。副葬された竹簡の半数が法律関係の内容で占められているという事実は、喜の最終的な職務が治獄であったことを強く示唆する。いずれにせよ、この「編年記」という年譜によって、睡虎地秦簡の所持者の職務と時代とが確定された意義は大きい。

語　書　全一四簡。最終簡の背面に「語書」という表題がある。全体は一筆で書かれているが、簡に残る編綴の位置が前八簡と後六簡とでは異なっており、本来は二通の冊書であったことがうかがえる。前半八簡は南郡の郡守から所轄の県・道へ通達された下行文書の形式をもち、「廿二年丙戌朔丁亥、南郡守の騰、県・道の嗇夫に謂う」と始まり、「次を以て伝え、江陵に別書して布し、郵を以て行《や》れ」と結ぶ。「廿年」とは始皇二〇年（前二二七）。通達の内容は法令の遵守・徹底を主とする。一方、後半六簡は「凡そ良吏は法・律・令に明らかにして、事に能わざるもの無きなり。…（中略）…悪吏は法・律・令に明らかならずして、事を知らず、廉潔ならず、云々」のように良吏と悪吏とを対比して述べており、前半の通達部分に付随した官吏への諭告であろうと思われる。先述の通り、南郡は楚地を占領して置かれた郡であるが、通達の中に「今、法・律・令すでに具わるも、吏民は用うること莫《な》く、郷俗淫佚の民止まず」とあるのを見れば、占領地支配は必ずしも円滑に進まなかったようである。また、寿春へ遷都したのちもなお反攻の機をうかがう楚国の勢力にも、黙視できぬものがあったに相違ない。こうした状況のもとで、支配のいわば細胞となる県や道に対して綱紀引締めを促した通達が、この「語書」であったと思われる。なお、饒宗頤によれば、「語書」の筆調は『韓非子』の句法に似た格調高いものであるという（饒宗頤　一九七七）。

秦律十八種　全二〇一簡。一〇八条から成る律の正文集。各条文の末尾に記された律名が全部で一八種類あるところから「秦律十八種」と仮称される。一八種の内訳は次の通り。（　）内はその律名をもつ条文の数である。

田律（六条）、厩苑律（三条）、倉律（二六条）、金布律（一五条）、関市律（一条）、工律（六条。ただし一条は均工律に属する可能性あり）、工人程（三条）、均工律（二条および律名のみ残る断簡一枚）、徭律（一条）、司空律（一三条）、軍爵律（二条）、置吏律（三条）、效律（八条）、伝食律（三条）、行書律（二条）、内史雑律（一一条）、尉雑律（二条）、属邦律（一条）

「秦律十八種」に見える律文一〇八条は、中国に現存する律の正文として最古の層に属する。成立年代の確かさという点では後述する二条の魏律に一歩を譲るが[8]、その一部は少なくとも秦の領土が南方の水稲作地帯へと拡大される前四世紀末より前に成立した可能性があるだろう。なぜなら、倉律の食糧管理規定が禾（アワ）を中心としているのは、秦の領土がなお水稲の生育しない北方の関中一帯にとどまっていた時期に成文化されたことを示唆しているからである（江村　一九八一、六八六頁）。中国における律の長い歴史の中で、それは最初の確かな道標としての価値をもつ。

しかしながら、その一方で、「秦律十八種」には二重の意味で「不完全さ」が見出せる。たとえば工律の条文の一つ、人民に貸与した武器の返却に関する規定の末尾には、「齎律を以てこれを責《ただ》せ」（102-103, p. 44）との判断が記されており、秦に「齎律」と呼ばれる律のあったことが知られるが、しかし「秦律十八種」の中にこの名称をもった律は一条も含まれていない。これはすなわち、秦に存在した律の種類が一八種にとどまらぬことを意味しよう。また、内史雑律によれば、苑の嗇夫が不在の場合は県が代行者を用意すること「廐律の如くせよ」(190, pp. 62-63) と定められていて、廐律の中にこの種の代行規定のあったことがうかがえる。廐律とは廐苑律の別名であろうが、「秦律十八種」の廐律の中には該当する条文が見出せない。このことは「秦律十八種」を構成する各律についても他に条文があったと推定させるに十分であろう。江村治樹の指摘によれば、「秦律十八種」とは県と都官の管理業務の必要から抜粋・編纂された律文集であるという（江村　一九八一、六九三頁）。首肯すべき見解であるが、編纂の主体が私人であるか機関であるか、後者であればどのレベルの機関なのかといった問題は、なお検討すべき課題として残されている。

效　律　全六〇簡。うち一枚の背面に「效」の表題がある。官府所属の物品管理——数量・過不足・有無などの点検——に関する律文二二条から成る。「效」というのは現物を帳簿と照合チェックすることで、文献では「京師の銭は巨万を累ね、貫《ぜにさし》は朽ちて校すべからず（京師之銭累巨万、貫朽而不可校）」（『史記』巻三〇平準書）とあるように「校」字にも作る。「秦律十八種」と同じく律の正文を集めたものであるが、效律という単一カテゴリーの集成であり、また「都官及び県の效律を為る（為都官及県效律）」という序言にあたる一句をもつなど、全体として緊密なまとまりをなす。さらに注目すべきは、その中の一条（27-30, pp. 72-73）に「秦律十八種」の倉律の一部（21-23, pp. 25-26）とほぼ同一の文章が見られることで、両者を比較検討した江村治樹は、「效律」が倉律を手直しして条文中に取り込んだという関係を想定している（江村　一九八一、六八四頁）。このように他の条文を取り込んだ形跡があるのは、「效律」が他の律をもとに編纂された後起の律であることを示すものとみてよいだろう。おそらくは江村論文が説くように、ある時点で既存の律——たとえば「秦律十八種」中の效律——のみでは效の処理ができなくなったか、あるいは他の理由から官庁全体の物品管理上の統制を行なう必要が生じたかしたために、この「效律」二二条が編まれたのであろう。[9] なお、一九九三年に湖北省江陵県（現荊州市）で発掘された王家台十五号秦墓からは、ほぼ同文の效律を含む竹簡が出土している（荊州地区博物館　一九九五）。こうした事実は、副葬された律文が墓主の個人的な収集品ではなく、国家ないし地方官庁から関連機関に頒布されたものである可能性を示唆するように思われる。

秦律雑抄　全四二簡。二七条から成る律文の集成。ただし、このうち律名を明記するものは一一条一一種にすぎず、また多くは条文ごとに簡を改めずに追込みで書き続ける形式をとる。このため、どこまでが一つの条文か判然としない場合があり、右の二七条という数字も絶対的なものとは言い難い。一一種の律名は次の通りである。

除吏律、游子律、除弟子律、中労律、蔵律、公車司馬猟律、傅律、屯表律、捕盗律、戍律、牛羊課

このほかに律名を欠いているが律の正文であろうと思われる規定が約一六条含まれる。「秦律十八種」との共通性は全く見られず（除吏律は軍吏任命に関する律であり、先述の置吏律とは異なる）、全体として軍事関係の規定が比較的多く含まれるものの、内容面で緊密なまとまりをなすわけでもない。こうした点から考えるならば、「秦律雑抄」は「秦律十八種」とは別個の時期ないし目的のもとに作られた、律の集成であると言えるだろう。ただし、集成の主体が不明なことは、「秦律十八種」と同様である。なお、牛羊課の「課」とは程式に従った成績審査に関する規定であり、たとえば居延漢簡には「郵書課」というものが見えている（永田　一九八九、三六五頁／李均明　一九九二）。

封診式　全九八簡。最終に位置していたと推定される簡の背面に「封診式」の表題をもつ。全体は二五節から成り、各節の冒頭に内容を示す「小見出し」が付く。二五節のうち二節は「治獄」「訊獄」の表題をもち、被疑者を訊問する際の理念と方法を記す。また残る二三節のうち二節は「有鞫」「覆」と題され、被疑者の身元確認

をその本籍地に依頼した照会文書の文例であり、二一節は――小見出し不明の二節を含めて――いずれも「爰書」と呼ばれる公文書の文例となっている。参考までに爰書の小見出しを示せば次の通り。

　封守、盗自告、□捕、盗馬、争牛、群盗、奪首、告臣、黥妾、遷子、告子、癘、賊死、経死、穴盗、出子、毒言、奸、亡自出

　この一群は、整理の初期段階では「秦治獄案例」と仮称され、漢代の「比」に類した一種の判例集であると説明されていた。しかし。全体を通覧すれば明らかなように、そこにはただ事案への対応が記されるのみで判決は一例として付されておらず、「比」と考えるのは適当でない。ここはむしろ、「爰書の文例集の感すらある」という大庭脩の見解や（大庭　一九七七）、表題の通り「式」すなわち文書の文範、フォーマットであるとする邢義田の説（邢義田　一九九八）が妥当なものと言えるだろう。爰書の文範が多く含まれているのは、そうした文書の作成が墓主の職務の一環であったためではないか。「郷某爰書」や「軍戯某爰書」のように他官の名を冠した爰書が含まれるのは、それらを取りまとめて文書としての体裁を整えることも墓主の職務であったと考えれば、無理なく説明がつくだろう。いずれにしても、時に錯綜する事案の内容を正確かつ過不足なく文書化するには、適切な文範を必要としたであろうことは想像に難くない。敦煌懸泉置からは、「爰書式」とでも呼ぶべき漢代の爰書の文範が出土している（陳玲　二〇〇一、三七五頁）。

　曰論某県署作某官、尽神爵二年某月某日積満若干歳。論以来未嘗有它告劾若繫、当以律減罪為某罪。它如爰書、敢言之。

（上文欠）は「某県において、某官で労役に服せとの判決を受け、神爵二年（前六〇）某月某日で合計若干年」と述

べています。判決以来、他の告訴や挙劾を受けたり繋留されたりしたことはなく、律に従い罪を某罪に減じるに相当します。他は爰書の通り。以上申し上げます。（I0309③：56-57）

この書式の文書が爰書である理由は章を改めて論じたい。神爵二年（前六〇）という具体的な年号が記入されているところから、特定年の限られた政務に応じた文範であろうと推定される。こうした文範の存在は、当時の公文書が定まった書式に従って作成されていたことを意味する。換言すれば、特定の呼称をもつ文書には、特定の書式が伴う。このことは、本書第四章で爰書を特定する際の前提となる。

為吏之道　全五一簡。全簡を編綴したうえで上下五欄に区切り、第一欄が左端まで終われば第二欄へ移り、以下順次くだってくる記載形式をもつ。内容は一口に言えば官吏たる者の心得であり、「凡そ吏為《た》るの道は、必ず清潔正直、慎謹にして堅固、云々」という書き出しで始まるところから「為吏之道」と仮称される。しかし前述した「語書」に比べて全編の文体は統一性を欠き、複数の素材から寄せ集められた感がある。たとえば第三欄に現れる「千佰津橋、囷屋墻垣、溝渠水道」といった四字句の連続は官吏用の識字書の一部ではないかと指摘されているし、また第五欄には「操邦柄、慎度量、来者有稽莫敢忘（邦の柄を操《と》るに、度量を慎めば、来者は稽《かんが》えること有りて敢えて忘るる莫《な》し）」のように、三・三・七字の「相」（民間歌謡）のリズムをもった箴言が記されている。さらに末尾近くには「魏戸律」「魏奔命律」と題された安釐王二十五年（前二五二）の紀年をもつ二条の魏律が転写されており、全体の構成をさらに複雑なものにしている。この五一簡が一通の冊書であったことは、その特異な記載形式からみて疑いないが、どのような目的のもとに作られたのかという点については、いまだ納得のいく解釈がないようである。ただし、「語書」に法家的な色彩が濃厚に見られたのに対し、「為吏之道」は全編を通じてむしろ儒教的な傾向が強いという邢義田の指摘は傾聴に値する（邢義田　一九七九）。余英時によれば「語書」と「為吏之道」とは、古代の吏治がもつ「政」（統治）と「教」（教化）との両面を反映しているという（余英時　一九八七、七五〜七八頁）。

日　書　出土位置と記載形式の違いから甲・乙二種に分かれる。甲種は全一六六簡、表裏を用いた記載形式で、表題はない。乙種は全二五九簡、正面のみの記載で、最終に位置していたと思われる簡の背面に「日書」の表題がある。ともに日の吉凶を中心とした占いの書であるが、甲種の中に秦・楚の月名を対比した記述が見えるところから、その製作時期は――少なくとも甲種については――秦の支配が楚地に及び始めた前三世紀半ば以降であろうと推定される。法制史料というよりも、当時の民間信仰を伝える社会史の史料としての価値が高い。

（3）法律答問

「法律答問」は全二一〇簡。律文中の語句の意味や、特殊な事例に対する刑罰の適用などを解説した一八七条から成る。多くの条項が『唐律疏議』の「問答」のように問答体の形式をとるところから、この仮称がある。まず問答のタイプを分類して示しておこう。

A　特定用語の概念規定
　a 難解な語句の辞書的な定義
　b 曖昧な用語の具体的な定義
　c 紛らわしい二つの用語の区別
B　律に規定なき場合の判断

d正文が不完全な場合
e正文を全く欠く場合
以下それぞれについて例を挙げる。aの例としては、次のような問答がある。

可〔何〕謂盗埱厓。王室祠、貍〔薶〕其具、是謂厓。

「厓を盗掘する」とは何の謂か。王室の祭祀の際、その祭具を埋めることを「厓」というのである。（法律答問 28, p. 100）

この場合、「厓」が難語であることは言うまでもない。次にbの例としては、

可〔何〕如為大痍。大痍者、支〔肢〕或未断、及将長令二人扶出之、為大痍。

どのようなものを「大痍」というのか。大痍とは、四肢がまだ切断されなくとも、軍の将長が二人に命じてその者を扶け帰還させたならば大痍である。（法律答問 208, p. 143）

というものがある。「大痍（重傷）」という漠然とした用語に具体的な基準を与えることで、律の恣意的な解釈を退けたのであろう。[10]またcの例としては、

可〔何〕謂逋事及乏傜。律所謂者、当傜、吏・典已令之、即亡弗会、為逋事。已閲及敦〔屯〕車食若行到傜所乃亡、皆為乏傜。

「逋事」および「乏傜」とは何の謂か。律に言うこころは、傜役が割り当てられ、吏・典から命じられたにもかか

わらず、もし逃亡して集合しなかったならば「逋事」であり、すでに集合し校閲を終えるか、車食を同じくするかした後、または現地に到着した後に逃亡したならば、みな「乏徭」となすのである。（法律答問 164, p. 132）

という問答が典型である。「逋」は「にげる」、「乏」は「すてる」、「事」も「徭」もともに徭役の意味であるから、文字面だけで「逋事」「乏徭」を区別することは難しい。こうしたAタイプの問答は、漢代に「律説」と呼ばれた律の注解の先蹤をなすものと言えよう。[11]

次にdの例を挙げる。

百姓有責〔債〕、勿敢擅強質、擅強質及和受質者、皆貲二甲。廷行事強質人者論、鼠〔予〕者不論、和受質者、鼠〔予〕者□論。

債権ある場合、勝手に強質〔強制的な人身の担保〕してはならない。勝手に強質したり、もしくは和受質〔双方合意の上での人身の担保〕したりすれば、みな二甲の罰金である。廷行事〔判決例〕では、他人から強質した側は罪に問うが、与えた側の罪は問わない。しかし和受質であれば、与えた側も罪に問う。（法律答問 148, pp. 127-128）

「皆貲二甲」までが律の正文であるが、これだけでは人質を差出した側の処分が不明のため、「廷行事」以下の解説が必要となったわけである。最後にeの例は数多いが、一つだけ示すならば、

或与人闘、縛而尽抜其須麋〔眉〕、論可〔何〕殴〔也〕。当完城旦。

ある者が他人と闘い、彼を縛った上で、その須と眉を全部抜いてしまった場合、どのような刑罰が適当か。完城旦に当てよ。（法律答問 81, p.112）

という問答などがそれにあたる。もとより喧嘩のあらゆる態様について律に規定があるはずはなく、新たな事態が生じるたびに――既存の刑罰との均衡に配慮しつつ――こうした問答が蓄積されていったのであろう。

以上のような問答は、司法にあたる役人が実務において参照していたものに違いない。それが睡虎地十一号秦墓から出土したということは、外ならぬ墓主の喜がそうした職務に携わっていたことを意味しよう。本書第二章で詳述するように、治獄にあたる獄吏にとって最も意を用いるべきは、事案の公正かつ徹底した糾明と刑罰の正確な適用であった。Aタイプ問答のような律の正確な解釈と、Bタイプのような疑罪への律の適用例とは、彼らの職務遂行のために不可欠な指針であったと言える。もとより、律の難語や紛らわしい語は無数にあろうし、現実に生起する事件に至っては一々を規定することなど不可能である。判断に迷う場合は、後述のように、上級機関に判断を仰ぐ「上讞」の制度が推奨された。とはいえ、すでに解釈の定まっている用語や、評価の下された事案については、承知しておく必要がある。「法律答問」の役割は、そうした「学説」や「判例」を伝えることにあったのであろう。先に引用した路温舒の伝に、「律令を学び」とあったのは、こうした知識の習得を含むのではないか。そう考えてこそ「県中、疑事はみなこれに問う」という一文も生きてくる。自ら判断を下せる範囲の広狭が、獄吏の価値を決めたのである。

三　使用テキスト

最後に本書で使用する主な出土史料のテキストを、訳注類とあわせて列挙しておく。末尾の（　）内に太字で示したものは、本文で用いる略称である。

A　睡虎地秦簡

[テキスト]

①睡虎地秦墓竹簡整理小組『睡虎地秦墓竹簡』文物出版社、一九九〇年。（睡虎地釈文註釈）

[訳　注]

②早稲田大学秦簡研究会「雲夢睡虎地秦墓竹簡『封診式』訳注初稿」（一）～（六）『史滴』一三～一八号、一九九二～九六年。（睡虎地訳注初稿（一）～（六））

③Katrina C. D. McLeod and Robin D. S. Yates, Forms of Ch' in Law : An annotated translation of the Fêng-chen shih, *Harvard Journal of Asiatic Studies*, vol.41, no,1, 1981.（FCL）

④Anthony F. P. Hulsewé, *Remnants of Ch' in Law: An annotated translation of the Ch' in legal administrative rules of the 3rd century B. C. discovered in Yün-meng Prefecture, Hu-pei Province, in 1975.* Leiden, 1985.（RCL）

B　張家山漢簡

[テキスト]

⑤張家山二四七号漢墓竹簡整理小組『張家山漢墓竹簡〔二四七号墓〕』文物出版社、二〇〇一年。（張家山釈文注釈）

[訳　注]

⑥「三国時代出土文字資料の研究」班「江陵張家山漢墓出土『二年律令』訳注稿　その（一）」・「同　その

（二）」『東方学報』七六・七七冊、二〇〇四・五年。（二年律令訳注稿（一）・（二））

C　敦煌漢簡

[テキスト]

⑦Édouard Chavannes, *Les documents chinois découverts par Aurel Stein dans les sables du Turkestan oriental*, Oxford, 1913.（Ch）

⑧甘粛省文物考古研究所『敦煌漢簡』中華書局、一九九一年。（敦図）

D　居延漢簡

[テキスト]

⑨労榦『居延漢簡考釈　図版之部』中央研究院歴史語言研究所、一九五七年。（労図）

⑩中国社会科学院考古研究所『居延漢簡甲乙編』中華書局、一九八〇年。（甲図・甲附・乙図）

⑪謝桂華・李均明・朱国炤『居延漢簡釈文合校』文物出版社、一九八七年。

⑫甘粛省文物考古研究所・甘粛省博物館・中国文物研究所・中国社会科学院歴史研究所『居延新簡　甲渠候官』中華書局、一九九四年（居延新簡）。

⑬魏堅主編『額済納漢簡』広西師範大学出版社、二〇〇五年。

E　銀雀山漢簡

[テキスト]

⑭銀雀山漢墓竹簡整理小組編『銀雀山漢墓竹簡〔壹〕』文物出版社、一九八五年。（銀雀山漢墓竹簡）

F　里耶秦簡

［テキスト］
⑮湖南省文物考古研究所・湘西土家族苗族自治州文物処・龍山県文物管理所「湖南龍山里耶戦国―秦代古城一号井発掘簡報」『文物』二〇〇三年一期。（里耶簡報）

［訳　注］
⑯里耶秦簡講読会「里耶秦簡訳註」『中国出土資料研究』八号、二〇〇四年。（里耶訳註）

G　走馬楼三国呉簡

［テキスト］
⑰走馬楼簡牘整理組『長沙走馬楼三国呉簡　禾嘉吏民田家莂』文物出版社、一九九九年。（走馬楼呉簡）

引用資料の出典は、睡虎地秦簡・張家山漢簡および銀雀山漢簡については①⑤および⑭の簡番号と釈文頁数、敦煌漢簡については⑦⑧、居延漢簡については⑨⑩⑫⑬、里耶秦簡については⑮、走馬楼三国呉簡については⑰の各テキストに記された簡番号を示す。ここに掲出した以外の資料や訳注類は、そのつど文中で注記することにしたい。また、簡牘史料引用の際の記号は左記の通りである。

□→一文字不鮮明　……→数文字不鮮明　▨→簡の断欠　文→不鮮明な文字の推定による補填

［　］→脱文の補填　〔　〕→仮借字の読み替え　〈　〉→誤字の訂正　傍線→別筆箇所

原簡の一行が組版で二行にわたる場合は、二行目の行頭を一字下げとして区別した。

史料の引用にあたっては、原則として原文と読み下し文とを併記するが、出土文字史料に関しては原文に口語訳を添えることにした。公文書特有の表現が読み下し文では理解しにくいためである。なお、本書では以下、先学に対し原則として敬語的表現を用いない。

注

（1）周知の通り、居延漢簡を中心とした簡牘史料の研究は、つとに一九五〇年代から始まっており、優れた成果が挙げられていた。しかしながら、出土文字史料に対する学界の評価は、「これだけ独立して当時の歴史が書き改められるという程のものではな」く、「今まで伝わってきた歴史を助ける補助的な史料という弊を免れない」というものであった（永田　二〇〇四、二一七頁）。これに対して、八〇年代以降、研究者たちが出土文字史料に期待したのは、外ならぬ「今まで伝わってきた歴史を書き改める」ことであり、また、編纂史料の語る「歴史」を相対化することであったと言えよう。むろん、出土史料とて万能ではない。「書き替え」や「相対化」にあたっては、当該史料の有効範囲を常に見据えて進めることが不可欠であると思われる。

（2）古代史研究における個別実証への沈潜は、ともすれば清朝考証学とのアナロジーによって語られやすい。しかし、清朝考証学の世界においても、学友たちの間には「原稿段階での回読による学説の精錬という「ネットワーク」がはたらいていた（木下　一九九六、一四一頁）。現在の学界状況と同一視することはできないが、個別実証の乱立が考証学の姿ではないことに思いを致すべきだろう。

（3）里耶秦簡については本書付章一を参照のこと。

（4）後述のように、当時その律名で呼ばれたすべての条文が睡虎地秦簡に含まれているわけではない。また、そもそも秦漢時代の律の場合、各律の条文数は常に流動的であった。

（5）言うまでもなく「始皇帝」という称号は、即位二六年目（前二二一）の天下統一に伴って初めて制定されたものであるから、「始皇十二年」という表現は本来あり得ない。正しくは「秦王政の十二年」と表記すべきであろうが、統一を境に二種類の表現を使い分けるのは煩雑となるため、本章では不正確を承知の上で「始皇」に一本化した。

（6）難事件を解決した県の獄史を郡の卒史に推薦した例が張家山漢簡「奏讞書」に見えている。関連部分のみ引用すれば左の通り。

六年八月丙子朔壬辰、咸陽丞穀・礼敢言之。令曰、獄史能得微難獄、上。今獄史挙闞得微[難]獄、為奏廿二牒、挙闞毋害謙〔廉〕絜〔潔〕敦慤、守吏也、平端、謁以補卒史、勧它吏、敢言之。（奏讞書 227-228, p. 229）

この前段にあたる内容——獄史の闞が裁いた事件の顚末——の一部は、本書第二章で引用した。

（7）ただし、始皇二十九年の簡にも紀年以外の記載事項が一切ないことから、この年をもって喜の死亡年とみる——紀年だけは予め三十年まで記入されていたと考える——解釈もある（劉信芳　一九九一）。

（8）なお、厩苑律の条文に「正月」とあり（13, pp. 22-23）、始皇帝の諱「政」を避けていないことから、この一条の成立を政の即位（前二四六）以前とする考えがある。しかし、睡虎地秦簡の場合、避諱が厳格に守られていたかは疑問である（Beck 1987）。

（9）県・道の官庁が必要とする律令の立法手続については、張家山漢簡「二年律令」に次のような規程が見えている。

県道官有請而当為律令者、各請属所二千石官、二千石官上相国・御史、相国・御史案致、当請、請之、毋得徑請。徑請者者、罰金四両。（二年律令 219-220, p. 163）

秦において效律を「為る」場合の手続も同様であったと推定される。

（10）たとえば『墨子』号令篇に次のような規定が見える。

吏卒民死者、輒召其人、与次司空葬之、勿令得坐泣。傷甚者令帰治病家善養、予医給薬、賜酒日二升・肉二斤、令吏数行閭、視病有瘳、輒造事上。詐為自賊傷以辟事者、族之。事已、守使吏身行死傷家、臨戸而悲哀之。

「傷甚者」とはどの程度を指すのか、あらかじめ定めておかないと、規定の運用に混乱をきたすことは明白であろう。

（11）「律説」が律正文の注解であったことは、たとえば『漢書』巻七昭帝紀の如淳注「律説、卒践更者、居也、居更県中五月乃更也」や、同巻一七景武昭宣元成功臣表の晋灼注「律説、出罪為故縦、入罪為故不直」などの例からうかがえる。

第一章　李斯の裁判

はじめに

本章では『史記』巻八七李斯列伝をテキストとして、そこに現れた刑事裁判の姿について、初歩的なスケッチを試みる。周知のように李斯列伝は、統一秦帝国の丞相となった李斯の一代記であり、およそ次のような筋書きをもつ。

楚国の下級役人であった李斯は、秦国に赴き王〔のちの始皇帝〕に認められて廷尉となり、天下統一後は帝国の丞相として諸政策の立案に尽力する。しかし、始皇帝の没後、宦官の趙高が二世皇帝に取り入って無謀な政策を実行させる。事態を憂慮した李斯は趙高を排斥しようと図るが、ことは趙高の察知するところとなり、かえって謀反の罪を着せられて、子息ともども咸陽の市で腰斬の刑に処せられる。

この一代記の最後の部分、趙高の姦計により謀反の罪を着せられた李斯が腰斬の判決を受けるまでの一段が、本章で分析する対象である。次節で検討するように、この一段には様々な訴訟用語が現れており、古代の刑事訴訟を知る上で恰好の史料となっている。

しかし、その反面、李斯列伝は全体としてフィクションの色彩が濃厚であり、信憑性に疑いがもたれる史料でもある。つとに李斯列伝の文学性に注目した宮崎市定は、その構成が起承転結のリズムをもっている一方で、「全体として粘着力を欠き、内容的に首尾呼応していない」と指摘する（宮崎　一九七七、二六一頁）。首尾一貫しない理由は宮崎によれば、性質の異なる材料を雑然と寄せ集めたためである。たとえば、かの焚書の上書が「奏事」(1)のような「ある程度信頼すべき史料」によったと思われる反面、本章の主題「李斯の裁判」を含む一段は、民間の「偶語」（語り物）に由来する、信頼性のとりわけ低い部分に属するという。宮崎に先立って李斯の伝記を検討したD・ボッドもまた、文学的な創作の要素の濃い箇所や、司馬遷以降に付加された部分などが、この一段に見られることを指摘する（Bodde 1938:89-111）。

確かに後述する通り、「李斯の裁判」をめぐる記載には、史実として不自然な箇所や相互に矛盾する記述が現れる。しかしながら、では矛盾のない部分が二世時代の史実かといえば、その保証もまた全くない。すべての記述は結局のところ、列伝の一篇となった時点で、撰者によって編纂された「語られた事実」と化している。史実と虚構との境界を明白に定めることは不可能であろう。このような史料において、現実の制度との関連を問うべきは、一つひとつの記述ではなく、叙述全体を支える骨組み、物語のもつ構造なのではあるまいか。ここで必要

とされるのは、信憑性の判断をひとまず棚上げにして、語られた内容のままにテキストの文脈を読み解くことだと考える。(2)

このような視点に立って、本章ではまずテキストを流れに沿って分析していく。「李斯の裁判」の骨組みを解明することが目的であるから、あれこれの出土文字史料との比較対照は、一切行なわないことにする。

一　裁判の分析

本節では「李斯の裁判」の展開を、いくつかの段落に分けて検討していく。会話や上書などの部分は、全体の展開にかかわりがない限り、適宜省略に従うことにする。

〈1〉二世已前信趙高、恐李斯殺之、乃私告趙高。高曰、丞相所患者独高、高已死、丞相即欲為田常所為。於是二世曰、其以李斯属郎中令。趙高案治李斯。

二世、已前《すで》に趙高を信じ、李斯のこれを殺さんことを恐れ、乃ち私かに趙高に告ぐ。高曰く、「丞相の患う所の者は独り高のみ、高、已に死さば、丞相、即ち田常の所為を為さんと欲す」と。是に於いて二世曰く、「其れ李斯を以て郎中令に属《ゆだ》ねよ」と。趙高、李斯を案治す。

趙高を排斥せよとの李斯からの進言を、二世は趙高に漏洩してしまう。自らの危険を察した趙高は、「自分が死ねば李斯は田常のように公室を簒奪するだろう」と讒言する。かくして、二世は李斯の身柄を郎中令すなわち趙高に「属ね」、趙高は李斯を「案治」する。このように「李斯の裁判」は、二世の命を受けた趙高による「案治」をもって開始された。その具体的な内容については、続く段落に述べられている。

〈2〉李斯拘執束縛、居囹圄中、仰天而歎曰、嗟乎、悲夫。不道之君、何可為計哉。（下略）

李斯、拘執束縛せられ、囹圄の中に居り、天を仰ぎて歎じて曰く、「嗟乎、悲しいかな。不道の君、何ぞ計を為すべけんや、云々」

まず李斯は「囹圄」に勾留される。〈10〉段落の「出獄（獄を出で）」という表現と対照すれば、囹圄が獄の別名であること、以下の手続がすべて獄中で行なわれていること、などが指摘できよう。下略部分には李斯の嘆きの言葉が続く。ただし、つとにボッドが指摘している通り、この嘆きの言葉は「凡そ古の聖王、飲食に節あり、車器に数あり、宮室に度あり（凡古聖王、飲食有節、車器有数、宮室有度）」といった表現によって二世を批判するなど、「古を以て今を非《そし》る者は族（以古非今者族）」という焚書令の提案者にふさわしからぬものであり（Bodde 1938:100）、テキストの描く李斯像にほころびの見える箇所と言えよう。

〈3〉於是二世乃使高案丞相獄治罪、責斯与子由謀反状、皆収捕宗族賓客。趙高治斯、榜掠千余。不勝痛、自誣服。

是に於いて二世乃ち高をして丞相の獄を案じ罪を治め、斯の子の由と謀反せる状を責め、皆《ことごと》く宗族賓客を収捕せしむ。趙高の斯を治むるや、榜掠すること千余。痛みに勝えず、自ら誣服す。

ここに「丞相の獄を案じ罪を治め」と記される手続が、〈1〉段落にいう「案治」に相当することは疑いない。

この手続は、長男の李由ともども謀反を企てたとの「状」を「責」めることで開始された。「責〇〇状（〇〇の状を責む）」という表現は、たとえば次のような場合にも用いられる。

兵未合、先遣人責其王以前殺漢使状。王謝曰、乃我先王時為貴人姑翼所誤耳、我無罪。恵曰、即如此、縛姑翼来、吾置王。王執姑翼詣恵、恵斬之而還。

兵の未だ合わざるや、先ず人を遣り、其の王の以前に漢使を殺せし状を責めしむ。王、謝して曰く、「乃ち我が先王の時、貴人の姑翼の誤れる所と為りしのみ、我れは罪無し」と。恵曰く、「即《も》し此くの如くんば、姑翼を縛して来たらば、吾れ王を置《ゆる》さん」と。王、姑翼を執らえて恵に詣《いた》し、恵これを斬りて還る。（『漢書』巻七〇常恵伝）

漢が亀茲国に遠征した折の出来事で、かつて漢の使節を殺害した事実について常恵が亀茲王を詰問した場面である。こうした例にてらせば、「責〇〇状」とは、具体的な事実を提示して被疑者を詰問する行為に相違ない。[3]なお、趙高が李斯の宗族・賓客をも勾留しているのは、謀反にともなう連坐に備えたためであろう。

囹圄に勾留された李斯に対し、趙高は謀反の事実を示して「斯を治」める。「治」とは言うまでもなく「案治」「治罪」のことであろう。もとより趙高の目的は李斯を無実の罪に陥れることにあるため、詰問は「榜掠」つまり拷問を伴った強引なものとなる。苦痛に耐えかねた李斯は、「誣服」すなわち無実の罪を自認してしまう。[4]その供述が文書に録取されたことは、後段〈9〉で述べる通り。ちなみに言えば、『史記』の文章では詰問・拷問の主体が趙高であるかに読めるけれども、それは必ずしも趙高が自らの手で拷問を加えたことを意味しない。直接の担当者は獄吏のような下級役人で、趙高はそれを指揮したに過ぎないと見るのが妥当であろう。後述する〈5〉段には、李斯の「獄中上書」を趙高に取次ぐ「吏」が見えている。[5]

このような、犯罪事実を確認する手続が「案獄」であり、それはまた罪状確認に重心を置けば「治罪」という表現になる。二世が趙高に命じた「案治」とは、したがって、李斯本人に対して謀反の事実を確認することであった。なお、二世は李斯の「案治」に先立ち、三川の郡守であった長子の李由に対しても「案験」の使者を差し向けている。

二世…（中略）…欲案丞相、恐其不審、乃使人案験三川守与盗通状。

二世…（中略）…丞相を案ぜんと欲するも、其の不審なるを恐れ、乃ち人をして三川の守の盗と通ぜし状を案験せしむ。

「案験」とは「案治」や「案獄」と同様、「事実を調べる」の謂であろう。ここで調査すべき事実とは、「盗」すなわち陳勝・呉広の叛乱軍と李由とが通謀していることであったが、使者が到着する前に三川郡は項梁の手に落ち、李由は殺害されていた〈9段〉。

〈4〉斯所以不死者、自負其弁、有功、実無反心、幸得上書自陳、幸二世之寤而赦之。李斯乃従獄中上書曰、（下略）

斯の死せざる所以の者は、自ら其の弁に負い、功あるも、実に反心なく、幸いに上書して自ら陳ぶるを得て、二世の寤《さと》りてこれを赦さんことを幸《こいねが》わんとすればなり。(6) 李斯、乃ち獄中より上書して曰く、云々

〈5〉書上、趙高使吏弃去、不奏、曰、囚安得上書。

書の上《たてまつ》らるるや、趙高、吏をして弃去せしめ、奏せずして曰く、「囚、安《いづ》くんぞ上書するを得んや」と。

李斯が獄中から二世に上書する場面であり、〈4〉の「下略」部分にいわゆる「獄中上書」が引用される。〈5〉において「吏をして弃去せしめ」たのは、獄中からの上書がまず獄吏に託されたためである。後世の例であるが、呉の孫晧の不興を買って獄に下された韋曜は、「獄吏に因りて上辞」して赦しを乞うている。(7)

〈6〉趙高使其客十余輩詐為御史謁者侍中、更往覆訊斯。斯更以其実対、輒使人復榜之。

趙高、其の客十余輩をして詐《いつわ》りて御史・謁者・侍中と為し、更々《こもごも》往きて斯を覆訊せしむ。斯、更《あらた》めて其の実を以て対うれば、輒ち人をして復た之を榜《う》たしむ。

〈7〉後二世使人験斯。斯以為如前、終不敢更言、辞服。

後、二世、人をして斯を験さしむ。斯、以て前の如しと為し、終に敢えて言を更《あらた》めず、辞服す。

〈6〉部分が趙高の姦計にあたる。姦計が奏功するには、偽りの御史・謁者・侍中を正式の使者だと信じ込ませる必要があった。したがって、趙高の客が演じた「覆訊」という手続は、〈7〉に述べられる「験」の忠実な模倣であったはずである。とするならば、「覆訊」とは本来、皇帝の遣わした御史・謁者・侍中らの官（後述）が李斯に対して事実を確認する手続であった。換言すれば、〈7〉で二世が遣わした「人」とは、本物の御史・謁者・侍中であったに違いない。〈6〉に「更（交代で）」と明記されている通り、このような確認は一再ならず繰り返されることがあった。したがって、趙高の偽りの使者に続けて皇帝の使者が来訪しても、李斯は何ら疑いを持たなかったということになる。

〈8〉奏当上、二世喜曰、微趙君、幾為丞相所売。

奏当の上《たてまつ》らるるや、二世喜びて曰く、「趙君微《な》かりせば、幾《ほと》んど丞相の売る所と為らん」と。

「験」を担当した御史・謁者・侍中から二世のもとに「奏当」が届けられる。方苞『史記注補正』が「斯の辞服するが故に高は其の罪と刑との相い応ずるを奏するなり（斯之辞服故高奏其罪与刑相応也）」と注する通り、「奏当」とは確認した罪状と相当する刑罰とを報告することであろう。前漢文帝に仕えた廷尉、張釈之について、次のような周知の逸話が伝わっている。

頃之、上行出中渭橋、有一人従橋下走出、乗輿馬驚。於是使騎捕、属之廷尉、釈之治問。曰、…（中略）…廷尉奏当、一人犯蹕、当罰金。文帝怒曰、…（中略）…良久、上曰、廷尉当是也。

頃之にして、上、行きて中渭橋に出づるや、一人の橋下より走り出づる有り、乗輿の馬驚く。是に於いて騎をして捕えしめ、これを廷尉に属《ゆだ》ね、〔張〕釈之、治問す。曰く、「…（中略）…廷尉奏当すらく、一人蹕《さきがけ》を犯せば、罰金に当つ」と。文帝、怒りて曰く、…（中略）…良《や》や久しうして、上曰く、「廷尉の当、是《ぜ》なり」と。（『史記』巻一〇二張釈之馮唐列伝）

中渭橋の下から走り出て文帝の乗輿の馬を驚かせた人物を、廷尉の張釈之に「属ね」て「治問」させている点に注意したい。「李斯の裁判」に照らせば、これは明らかに「案治」の手続であり、その結果を文帝に報告することが「奏当」であった。「一人犯蹕、当罰金」という文章からは、その内容が罪状と相当する刑罰とから成っていたこともうかがえる。ちなみに言えば、張釈之による「治問」は文帝に命じられたものであるから、最終的な判断は皇帝みずからが下したはずである。同様に〈8〉段にいう「奏当」も、最終的な判断は二世皇帝が下したものと理解できよう。

〈9〉及二世所使案三川之守、至則項梁已撃殺之。使者来、会丞相下吏。趙高皆妄為反辞。
二世の使わす所、三川の守を案ぜんとするに及び、至れば則ち項梁すでに之を撃殺す。使者の来るや、会々《たまたま》丞相、吏に下さる。趙高、皆な妄《みだ》りに反辞を為《つく》る。

三川郡守、李由の「案験」結果を記す段落であり、順序としては〈3〉に並行する。「反辞」とは「謀反を認めた供述」の謂で、おそらくは文書の形に整えられて、証拠書類として提出されたのであろう。『史記』巻五八梁孝王世家（褚少孫補）によれば、謀反の疑いの濃い梁孝王を「治《しら》」べるため梁国に遣わされた田叔と呂季主は、梁王の母の竇太后の心痛を思い、長安の手前の覇昌厩で「火を取り悉く梁の反辞を焼き」棄てたという。(8)梁王の謀反を裁く証拠書類を隠滅してしまったわけである。「李斯の裁判」の「反辞」の場合、趙高はそれを拷問によって李斯から得たのみならず、すでに殺害されていた李由についても捏造したということになる。

〈10〉二世二年七月、具斯五刑、論腰斬咸陽市。斯出獄、与其中子倶執。顧謂其中子曰、…（中略）…遂父子相哭、而夷三族。
二世二年七月、斯に五刑を具え、論じて咸陽の市に腰斬す。斯、獄を出で、其の中子と倶に執わる。顧みて其の中子に謂いて曰く、…（中略）…遂に父子相哭して、三族を夷《たいら》げらる。

李斯に対して、「咸陽の市にて腰斬」という「論」すなわち相当する刑罰が定められ、刑が執行される。この

「論」は先述の通り、「奏当」の内容を承けて二世みずから行なったものと思われる。「五刑を具う」という語は、『漢書』巻二三刑法志に次のように見えている。

> 漢興之初、雖有約法三章、網漏吞舟之魚、然其大辟、尚有夷三族之令。令曰、当三族者、皆先黥劓、斬左右止、笞殺之、梟其首、菹其骨肉於市。其誹謗詈詛者、又先断舌。故謂之具五刑。彭越・韓信之属、皆受此誅。
>
> 漢興こるの初め、法三章を約すこと有り、網は吞舟の魚を漏らすと雖も、然れども其の大辟に、尚お三族を夷《たいら》ぐるの令有り。令に曰く、「三族に当たる者は、皆な先ず黥・劓し、左右の止《あし》を斬り、笞もて之を殺し、其の首を梟《さら》し、其の骨肉を市に菹《しおづけ》にす。其の誹謗詈詛する者は、又た先ず舌を断つ」と。故にこれを五刑を具うと謂う。彭越・韓信の属、皆な此の誅を受く。

刑法志の記載によれば、「具五刑」とは死刑に先立ち数種の肉刑を施すことで、漢初まで存在した「夷三族」刑に特有の措置であった。後漢の崔寔は、「夷三族之令」の「五刑」について「黥・劓・斬趾・断舌・梟首」の五つであるとしているが[9]、李斯の場合「腰斬」に処されたわけだから、黥・劓・斬左趾・斬右趾の四つの肉刑と死刑とを指した可能性も否定できない。『史記』の原文に「具斯五刑、論腰斬咸陽市」とあるのは、「李斯に具五刑の判決を下し、咸陽の市での腰斬に処すことと決まった」という意味で[10]、「五刑を具え」た上で「論」がなされたわけではあるまい。

このように、「李斯の裁判」は全体として、李斯の悲運と趙高の狡猾さとを際立たせる構成になっている。宮崎がそれを「趙高を主人公とした復讎物語」と評するのも、納得できないことではない[11]。しかしながら、訴訟研究の立場から読み取るべきは、趙高が——正確に言えば、『史記』に記された趙高が——「復讎」を遂げるにあたって用いた方法の巧妙さなのである。ただし、この点を説明するには、その前に、「李斯の裁判」の中途に位置する「獄中上書」のもつ意味を見定めておく必要がある。

二　獄中上書の意味

「李斯の裁判」の展開の中で、獄中上書はどのような位置を占めているのだろうか。まず気付くのは、それが〈6〉の偽りの使者による再訊問に先立ってあらわれていることである。したがって一見すると、趙高は上書が通ったと見せかけて偽りの使者を差し向けたかに思われる。しかし、この解釈は成り立たない。なぜなら、上書が握り潰されて皇帝に届いていないにもかかわらず、二世は使者を確かに派遣しているからである。つまり二世皇帝による「験」は、上書の有無にかかわりのない、言わば制度上必要な手続であった。したがって、趙高の使者による「覆訊」もまた、皇帝の「験」を前提とし、それを無効化するためのトリックであり、獄中上書とは無関係に行なわれたものに相違ない。

獄中上書の一段がもつ意味は、〈4〉段冒頭の「〔李〕斯の死せざる所以の者は」という書き出しに明示されている。李斯の死なかった理由、それを述べることが目的である。ここにいう「死」とは、言うまでもなく自殺を意味する。

漢代において大官の自殺が異常に多いという事実に注目したのは、鎌田重雄の論考であった（鎌田　一九六二）。鎌田は官僚の自殺の機縁、意味、形式を問う手掛かりとして、丞相王嘉の事例に注目する。『漢書』巻八六によれば、王嘉は東平王雲の冤罪を主張して哀帝の怒りを招き、廷尉の詔獄に召喚された。召喚のための使者が至るや、丞相府の掾史は王嘉に毒杯を進め、「将相の対理陳冤せざること、相い踵《つ》ぎて以て故事と為す（将相不対理陳冤、相踵以為故事）」と自決を促す。王嘉は自決を肯んぜず、獄に繋がれること二十余日で吐血して死去するが、この掾史の言葉からは、たとい冤罪であっても無罪を主張せず、その前に自ら命を断つことが「故事」すなわち慣例であったことがうかがえる。漢代における有罪大官の自殺は、「刑辟を加えるかわりに与えた強制的自決」であり、通例は使者のもたらす毒薬によってなされた、というのが鎌田の結論である。使者の到来とともに――時には到来を待たずして――自決する以上、大官が獄に下って「案治」されることは、漢代においては稀であったと言ってよい。

大官自殺の記事は、先立つ秦代にも見えている。たとえば二世を諫めた右丞相の馮去疾と将軍の馮劫は、「案責」のため吏に下された折、「将相は辱められず」と自決している（『史記』巻六秦始皇本紀）。これもまた「案治」に先立つ自殺であろう。鎌田によれば、大官の自殺が「故事」となったのは漢の文帝三年のことであるから、去疾らの自決は孤立した事例であったかも知れない。しかし、この記事を記した『史記』の作者にとっては、見慣れた光景ではなかったか。丞相や将軍といった大官が、下獄の恥辱よりむしろ自決を選ぶのは、漢人の目には自然な行為として映ったであろう。こうした立場から見れば、秦の丞相といえども下獄より先に自殺するのが当然であった。にもかかわらず、李斯が自決することなく「案治」を受けたのは何故なのか。その疑問に対して用意された説明が、「〔李〕斯の死せざる所以の者は」という書き出しで始まる獄中上書の一段であった。

確かに宮崎が述べている通り、趙高が「弃去」させたはずの上書が、秦朝滅亡の動乱期を経てなお残存しているのは不自然であろう（宮崎　一九七七、二四五頁）。また、上書の冒頭「臣、丞相と為りて、民を治むること三十余年（臣為丞相、治民三十余年矣）」とある在職期間が現実と食い違うことは、梁玉繩に指摘がある[12]。獄中上書が「明らかに後人の創作だ」（宮崎 一九七七、二四五頁）とする宮崎の意見は、極論ではないと思われる。しかし、そうした史料批判をひとまず措いて、ここで確認しておくべきは、獄中上書の一段が「李斯の裁判」の展開にとって必要不可欠な要素ではないということである。それは自殺より下獄を選んだ李斯の立場を説明するために挿入された、いわば孤立したエピソードに過ぎない。「李斯の裁判」の展開は本来、〈3〉趙高による「案治」から〈7〉二世皇帝の使者による「験」へと進むべく予定されていたと考えてよい。

三　案治と覆訊

ここで改めて「李斯の裁判」を振り返ってみよう。前節までの検討に従い、枝葉の部分を落としてみれば、その全体の流れは次のように整理されよう。

拘執・束縛→案治→反辞→覆訊・験→奏当→具五刑・腰斬

このように整理してみると、「李斯の裁判」の核心が「案治」と「覆訊」「験」から構成されていることがわかる。留意すべきは、「覆訊」という言葉の意味である。「覆」とは「くりかえし、ふたたび」の謂であり[13]、趙高による「案治」を前提とした表現であろう。なぜなら、「覆訊」に先立つ類似の手続は「案治」の外にないからである。とするならば、「覆訊」は「案治」の繰り返しであり、かつ「験」の模倣であるから、結局のところ三者は実体的に同じ手続ということになる。李由に対する「案験」もまた同義であることは、先述した通りである。「案治」「覆訊」などと呼ばれる手続の実態について、李斯列伝は多くを語っていない。しかし「其の実を以て対う」〈6段〉、「敢えて言を更《あらた》めず」〈7段〉といった表現によれば、事実をめぐる訊問者と被疑者との問答が想定されているのであろう。たとえば『史記』巻五七絳侯周勃世家には、勃の子、条侯亜夫が副葬品の甲盾を買い集めていたところ、謀反を疑われて訊問を受けた様子を次のように伝える。

書既聞上、上下吏。吏簿責条侯、条侯不対。景帝罵之曰、吾不用也。召詣廷尉。廷尉責曰、君侯欲反邪。亜夫曰、臣所買器、乃葬器也、何謂反邪。吏曰、君侯縦不反地上、即欲反地下耳。吏侵之益急。

書、既に聞上せられ、上、吏に下す。吏、条侯を簿責するも、条侯対《こた》えず。景帝これを罵りて曰く、「吾れ用いざるなり」と。召して廷尉に詣《いた》らしむ。廷尉責めて曰く、「君侯反するを欲せんや」と。亜夫曰く、「臣の買いし所の器は、乃ち葬器なり、何ぞ反を謂わんや」と。吏曰く、「君侯縦《たと》い地上に反せずとも、即ち地下に反せんと欲するのみ」と。吏これを侵すこと益々急なり。

趙高による李斯の「案治」も、このような問答によって進行したのであろう。ただし、そこでは最終的に拷問によって「服」つまり罪状自認を取り付けている。その結果、作成された供述記録が〈9〉にいう「反辞」である。ここまでは二世が趙高に委ねた手続であるから、「反辞」は当然、二世のもとに届けられた。その内容は、「験」すなわち再訊問に先立って李斯に告知されたと推定される。

先述のように、李斯は「囹圄」に収監され〈2段〉、「獄中より上書」し〈4段〉、「獄を出で」て刑場に向かう〈10段〉。つまりすべての手続は、獄中で非公開のうちに進行していたことになる。そこでは「榜掠」という拷問もまた――おそらくは合法的に――行なわれていた。このような制度において、裁判の公正さを保障しようとするならば、複数の手に事案を委ねることが必要であったと思われる。担い手を替えて繰り返される訊問の意義は、この点にあったと言えるだろう。後世の例ではあるが、『三国志』巻一四魏書程暁伝に、校事の専横を非難した次のような一節がある。

初無校事之官干与庶政者也。…（中略）…其後漸蒙見任、復為疾病、転相因仍、莫正其本。…（中略）…法造於筆端、不依科詔。獄成於門下、不顧覆訊。其選官属、以謹慎為粗疏、以諂詞為賢能。其治事、以刻暴為公厳、以循理為怯弱。

初め校事の官、庶政に干与する者なし。…（中略）…其の後、漸く見任を蒙り、復た疾病と為り、転々《ますます》相い因仍して、其の本を正す莫し。…（中略）…法は筆端に造られて、科詔に依らず。獄は門下に成りて、覆訊を顧みず。其の官属を選ぶや、謹慎を以て粗疏と為し、諂詞を以て賢能と為す。其の事を治むるや、刻暴を以て公厳と為し、循理を以て怯弱と為す。

右に「門下」とあるのは校事のことであろうから[14]、程暁は校事が獄案を「覆訊」に付すことなく裁いている点を問題としているわけである。それは「科詔」（皇帝の命令）によらない立法とともに、非難さるべき行為であった。

李斯の再訊問を担った官のうち、まず御史については「李斯の裁判」を記した『資治通鑑』巻八・秦紀三の胡三省注に、

御史之名、周官有之。戦国亦有御史、秦趙澠池之会、各命書其事、則皆記事之職。至秦漢為糾察之任。

御史の名は、周官にこれ有り。戦国も亦た御史あり、秦・趙の澠池の会に、各々命じて其の事を書かしむれば、則ち皆な記事の職なり。秦・漢に至り糾察の任と為す。

と見えている。胡注に言う通り、本来は近侍の書記官であったものが、王命を受けて事実の糾明にたずさわる任も帯びるようになったのであろう。(15)『史記』巻六秦始皇本紀の阬儒を述べた一段は、そうした御史の姿をよく示している。

於是使御史悉案問諸生。諸生伝相告引乃自除。犯禁者四百六十余人、皆阬之咸陽、使天下知之以懲後。

是に於いて御史をして悉く諸生を案問せしむ。諸生、伝えて相い告引し乃ち自ら除《のが》れんとす。禁を犯す者四百六十余人、皆なこれを咸陽に阬《あな》にし、天下をしてこれを知らしめ以て後を懲《いまし》めんとす。

謁者については、『後漢書』本紀第一光武帝紀上の注に引く『漢典職儀』に「皆な儀容の端正なるを選び、奉使者に任ず（皆選儀容端正、任奉使者）」とあるように、天子の使者に立つことを職務とする。秦始皇本紀に、陳勝らの叛乱勢力が張楚国を樹立したおりのこととして、次のような文章が見えている。

郡県少年、苦秦吏、皆殺其守尉令丞、反以応陳渉、相立為侯王。合従西郷、名為伐秦、不可勝数也。謁者使東方来、以反者聞二世。二世怒下吏。

郡県の少年、秦吏に苦しむもの、皆な其の守尉令丞を殺し、反して以て陳渉に応じ、相い立ちて侯王と為る。合従して西に郷《むか》い、名づけて秦を伐つと為すもの、勝《あ》げて数うべからざるなり。謁者、東方に使いして来たり、反者を以て二世に聞す。二世怒りて吏に下す。

侍中もまた天子の近侍であることは、外ならぬ李斯列伝から読み取れる。

恐大臣入朝奏事毀悪之、乃説二世曰、…（中略）…今坐朝廷、譴挙有不当者、則見短於大臣。非所以示神明於天下也。且陛下深拱禁中、与臣及侍中習法者待事、事来、有以揆之。如此、則大臣不敢奏疑事、天下称聖主矣。

〔趙高〕大臣の入朝し奏事してこれを毀《そし》り悪《にく》むを恐れ、乃ち二世に説きて曰く、…（中略）…今朝廷に坐し、譴挙に当らざる有れば、則ち短を大臣に見《あら》わさん。神明を天下に示す所以に非ざるなり。且々《そもそも》陛下には、深く禁中に拱して、臣及び侍中の法に習《な》れる者と事を待ち、事来たらば、以てこれを揆《はか》ること有らん。此くの如くんば、則ち大臣も敢えて疑事を奏せず、天下は聖主と称《たた》えん。

二世が李斯の再訊問に遣わしたのは、すべて皇帝近習の官吏であった。それゆえ彼らの手による「験」は、皇帝自身による事実確認に等しい重みをもつ。その「験」において李斯は「敢えて言を更めず、辞服す」る。先の供述についての「言を更めず」とは、提示された「反辞」の内容を自ら認めることを意味する。この手続の後に「奏当が上られ」ているのは、李斯が重ねて罪状を自認したことにより、その有罪が確定したと判断されたためであろう。

ここに至って、「李斯の裁判」を貫いている筋書きが見えてくる。謀反の嫌疑をかけられ、趙高による「案治」を受けた時、李斯はいずれ「覆訊」のあることを知っていた。李斯の場合、それは二世の近侍による再尋問であり、使者への回答は皇帝に対する釈明に近い意義をもっていた。とするならば、最初の趙高の訊問に対し、全くの無実の罪を「誣服」してしまったのは、拷問という強制が働いたことと同時に、他方では覆訊への希望があったためではないか。今ここで「痛みに勝えず、誣服」したとしても、まだ皇帝による覆訊がある、といった心理である。それはさながら、現代における冤罪被害者が取調べの圧力に耐えられず、今この苦痛を逃れるために自白をしても裁判で弁明すればわかってもらえるはずだ、という心理状態に陥ることを髣髴させるものがある（浜田　二〇〇一、一〇二頁）。それゆえ李斯は、皇帝の使者——と偽った者たち——が自らの訴えに耳を貸さないと知った時、絶望とともに「辞服」へと落ちてしまったのであろう。『史記』が伝える趙高のトリックは、このように巧妙この上ないものであった。

おわりに

最後に李斯の物語を離れ、本章で明らかになった訴訟制度をまとめてみよう。まず、その中心となる手続は、担い手を替えて繰り返される訊問であった。訊問はまず罪状の提示に始まり、被疑者と訊問者との問答によって進められていく。その場合、被疑者は身柄を獄中に「拘執束縛」されて、必要とあらば「榜掠」つまり拷問を受けた。訊問の目的は被疑者に対して「服」すなわち罪状を自認させることにあったが、自認した罪状について繰り返し確認のための訊問を行なう場合があった。そして、再三の訊問においても「服」したならば、罪状は最終的に確定となった。こうして罪状が確定すると、訊問の担当者から文書によって報告がなされ、それにもとづきと言ってよい。

「論」すなわち刑罰が定められる。——およそこのような骨組みが、「李斯の裁判」という物語を支えていると

「李斯の裁判」そのものが確かな史実であったのか、客観的に知る手掛かりはない。しかしながら、仮にすべてが創作であったとしても、物語を支える骨組みまでが虚構であるとは限らない。むしろ創作にあたっては、既知の制度を下敷きにして物語を組み立てていくのが通例であろう。作者のみならず読者にとっても周知の制度であればこそ、「なぜここで自決しないのか」を説明するための一段が、特に必要となったわけである。このように考えをめぐらすならば、「李斯の裁判」の構造が『史記』の作者の生きた時代の現実を反映している可能性は、十分に認められると言えるだろう。そしてまた、そのような現実の制度にもとづくがゆえに、読み手の側に——おそらくは史実として——受容されたに相違ない。

とはいえ、物語を組み立てるにあたっては、現実の制度の中から主題に応じて取捨選択を行なうことも事実であろう。「李斯の裁判」の主眼となるのは、訴訟手続を逆手にとった趙高の狡猾さであるから、訴訟の流れ自体は克明に描かれている。しかしその反面、手続の中で機能する文書の類は、「反辞」や「奏当」にその一端がうかがえるものの、具体像な書式・内容ともにほとんど示されぬままである。また何よりも、皇帝の指揮下において丞相の謀反罪を裁く訴訟が、どこまで普遍性をもっているのかという、根本的な疑問もあろう。こうした問題の解決は、次章以下での検討、実際の行政機能の末端において作成された文書の分析に、すべて委ねなければならない。

注

（1）「奏事」と呼ばれる文献は、『漢書』巻三〇藝文志に「奏事二十篇。（本注。秦時大臣奏事、及刻石名山文也。）」と見えている。

（2）宮崎市定による李斯列伝論の重点は、伝記を構成する資料が語り物から実録に近いものまで多様な点に、「戦国以前の口承伝説の時代から、文書記録の時代に移る過渡期に当」る性格を読み取ろうとすることにある（宮崎　一九八八、六九七頁）。これに対して本章の主眼は、多様な資料から歴史の語りを紡ぎ出す際に、『史記』の作者が――意図的にせよ無意識にせよ――前提とした制度は何かを明らかにする点にある。

（3）この行為を「問状」とも言う。『漢書』巻五三景十三王伝

〔広川王劉去〕有幸姫王昭平・王地余、許以為后。去嘗疾、姫陽成昭信侍視甚謹、更愛之。去与地余戯、得褏中刀、笞問状、服欲与昭平共殺昭信。笞問昭平、不服、以鉄鍼鍼之、彊服。

（4）「服」とは注（3）に見えるように罪状を自ら認めることをいい、「問」ないし「詰」字とともに用いられることが多い。

『史記』巻六秦始皇本紀

三十六年、熒惑守心、有墜星下東郡、至地為石。黔首或刻其石曰、始皇帝死而地分。始皇聞之、遣御史逐問、莫服。尽取石旁居人誅之、因燔銷其石。

「誣服」と熟せば、無実の罪を自認すること、いわゆる「虚偽の自白」をいう。『三国志』巻十二魏書司馬芝伝

遷大理正。有盗官練置都厠上者、吏疑女工、収以付獄。芝曰、夫刑罪之失、失在苛暴。今贓物先得而後訊其辞、若不勝掠、或至誣服。誣服之情、不可以折獄。且簡而易従、大人之化也。不失有罪、庸世之治耳。今宥所疑、以隆易従之義、不亦可乎。太祖従其議。

（5）たとえば本章第三節に引く『史記』巻五七絳侯周勃世家では、周亜父を謀反の嫌疑で訊問する際、廷尉のほかに「吏」が加わっている。

（6）この箇所に見える二つの「幸」字を共に「こいねがう」と読み、「上書して自ら陳ぶるを幸い、二世の寤りてこれを赦さんことを幸えばなり」と訓読することも不可能ではない。陳錦霖の現代語訳では「希望能够上書辯解、希望二世覚悟過来而赦免

他（上書して弁解できるよう願い、二世が悟って彼を赦免することを願った）」（王利器主編　一九八八、一九九三頁）、ニーンハウザーらの英訳でも同様に、He hoped that with luck he could submit a memorial to explain himself and that the Second Emperor would then awake and pardon him. となっている（Nienhauser Jr. ed. 1994: 354）。ただし、『史記』に現れる「幸得〇〇」という表現は、李斯列伝に「［趙］高固内官之廝役也、幸得以刀筆之文進入秦宮」とあるように、「さいわいにも〇〇することができ」の謂であることが多い。

（7）『三国志』巻六五呉書韋曜伝

又於酒後使侍臣難折公卿、以嘲弄侵克、発摘私短以為歓。時有愆過、或誤犯晧諱、輒見収縛、至於誅戮。曜以為外相毀傷、内長尤恨、使不済済、非佳事也。故但示難問経義言論而已。晧以為不承用詔命、意不忠尽、遂積前後嫌忿、収曜付獄、是歳鳳凰二年也。曜因獄吏上辞曰、（下略）

（8）『史記』巻五八梁孝王世家・褚少孫補

独梁王所欲殺大臣十余人、文吏窮本之、謀反端頗見。太后不食、日夜泣不止。景帝甚憂之、問公卿大臣、大臣以為遣経術吏往治之、乃可解。於是遣田叔・呂季主往治之。此二人皆通経術知大礼。来還至霸昌厩、取火悉焼梁之反辞、但空手来対景帝。

（9）『後漢書』列伝第四二崔寔伝

昔高祖令蕭何作九章之律、有夷三族之令、黥・劓・斬趾・断舌・梟首、故謂之具五刑。

（10）ニーンハウザーらの英訳では、［Li］Ssu should be sentenced to the five punishments and cut in half at the waist in the market-place of Hsien-yang. となっている（Nienhauser Jr. ed. 1994: 355）。

（11）宮崎は『史記』巻八八蒙恬列伝に「趙高者、諸趙疏遠属也」とある記事に基づき、趙高は李斯を処刑することにより「疏遠ながら趙の王族の末裔として、秦に対して亡国の恨を晴らしたに違いないのだ」と考える（宮崎　一九七七、二五一〜二五二頁）。

（12）梁玉縄『史記志疑』巻三一

案始皇二十八年、李斯尚為卿、本紀可攷。疑三十四年始為丞相、則相秦僅六年、若以始皇十年斯用事数之、是二十九年、亦無三十余年也。

（13）『史記』巻五八梁孝王世家
其夏四月、上立膠東王為太子。梁王怨袁盎及議臣、乃与羊勝・公孫詭之属陰使人刺殺袁盎及他議臣十余人。逐其賊、未得也。於是天子意梁王、逐賊、果梁使之。乃遣使冠蓋相望於道、覆按梁、捕公孫詭・羊勝。公孫詭・羊勝匿王後宮。

『漢書』巻八六王嘉伝
初、廷尉梁相与丞相長史、御史中丞及五二千石雑治東平王雲獄。時冬月未尽二旬、而相心疑雲冤、獄有飾辞、奏欲伝之長安、更下公卿覆治。

ここにいう「覆按」「覆治」は「くりかえし調べる・あらためて調べる」の謂である。

（14）『資治通鑑』巻一一八晋紀四〇
河西王蒙遜聞太尉裕滅秦、怒甚。門下校郎劉祥入言事。（胡三省注。自曹操・孫権置校事司察群臣、謂之校郎、後遂因之。蒙遜置諸曹校郎、如門下校郎・中兵校郎是也。）

高敏によれば曹魏の校事は、官民を監視するために曹操が設けた制度で、定まった機構の名称も定員もない特殊な官であったという（高敏　一九九四）。

（15）王勇華によれば、前漢初期までの御史は皇帝に侍御して文書図籍を扱う官にすぎず、監察に携る場合があったとしても、それは皇帝との親密な関係ゆえに与えられた臨時の任務であったという（王勇華　二〇〇四）。従うべき見解であろうと思われる。

第二章　秦漢時代の刑事訴訟

はじめに

　秦漢時代の刑事訴訟は、どのような原理のもとに、どのような手続によって進められたのであろうか。本章の目的は、睡虎地秦簡を主たる素材に、張家山漢簡をも参照しつつ、可能な限り一次史料にもとづいて、この問題を解明することにある。中国古代国家の顕著な特徴として、高度に発達した官僚制行政機構をあげることに、誰しも異存はないであろう。このような体制の下における刑事訴訟は、社会秩序の紊乱に対する公権力の積極的な介入という形をとる。したがって、訴訟手続もまた権力すなわち裁き手の立場を中心として構成されるであろうことは、想像に難くない。秦漢時代の刑事訴訟の研究は、社会の末端に生起した紛争に対して古代国家がどのように対応するのか、そのメカニズムの解明として位置付けることができる。

本章の旧稿にあたる論考を著者が公表したのは、一九八五年のことであった。当時すでに張家山漢簡の出土は報じられていたが、その内容の一部が『文物』誌上に掲載されたのは同年初めのことであり（張家山漢墓竹簡整理小組　一九八五）、旧稿で利用できた史料は睡虎地秦簡に限られた。むろん睡虎地秦簡は貴重な出土史料であるが、序章で述べたように、訴訟制度の全体像を知るためには限界がある。旧稿はその限界を、『史記』や両『漢書』のみならず、晋・唐の制度をも参照することで打開しようと試みたものの、復元された「秦の裁判制度」の中に後世の要素が相当程度、混入するという結果になった。

こうした状況に変化をもたらしたのは、張家山漢簡「奏讞書」釈文の公表と（江陵張家山漢簡整理小組　一九九三・九五）、「二年律令」を含む図版・釈文すなわち「張家山釈文注釈」の公刊であった。本書の序章で述べた通り、張家山漢墓の年代観は前一六七年前後。前二一七年を下限とする睡虎地秦簡との差はわずか五〇年に過ぎない。秦・楚・漢の抗争という激動の時期を跨ぐとはいえ、両者ほぼ同時代史料と言ってよいだろう。そして実際、二つの史料は、互いに補う部分が少なくない。とりわけ睡虎地秦簡からはうかがい知れなかった、県を越えた訴訟手続の一端が明らかになった意義は大きい。張家山漢簡の出現によって、秦から漢初の訴訟制度は、より精度の高い把握が可能となった。今後さらなる史料の出土があったとしても、訴訟手続に限って言えば、もはや認識に根本的な変更を迫られることはないと判断される。

序章で述べた通り、睡虎地秦簡の出土した雲夢睡虎地十一号秦墓の被葬者は、南郡鄢県で獄案の処理を担当していた「喜」という男性であり、その官職は令史である。このことは、二つの点で意味をもつ。すなわち第一に、睡虎地秦簡から復元できる訴訟制度が県レベルを大きく出ることはないということ。したがって、県を越える機関の訴訟への関与については他の史料、とりわけ張家山漢簡の「奏讞書」を参照する必要がある。第二に、そこに記される内容が令史という下級書記官の職務と深く関係するということ。したがって、本章の叙述は一面において、公権力の最末端に位置する役人の姿を描き出すことにもなろう。

張家山漢簡を用いた訴訟研究の先駆としては、宮宅潔と李均明による論考を挙げることができる（宮宅　一九九八／李均明　二〇〇二a）。李均明の論文は、「渉訟各方」（訴訟当事者）に始まり「告劾」から「執行」に至るまでの各手続を、出土資料を中心として通覧するといった内容で、その叙述の方向は本章ときわめて近い。ただし、張家山漢簡や懸泉置漢簡など新たに公刊された史料に重点を置いているため、そこに見えない――しかし睡虎地秦簡には現れる――重要な手続のいくつかに論及されないという結果にもなっている。一方、宮宅の論文は、睡虎地秦簡の限界を張家山漢簡によって補うという自覚のもとに、裁判の場、進行、担い手の三つの側面から問題を掘り下げて検討している。その結果、「発覚地点主義」や「診問」といった重要な認識を得るに至ったことは、後述する通りである。本章では以下、この二篇の先行研究に導かれつつ、秦漢時代の刑事訴訟を広く眺めわたすと同時に、その中で柱となるいくつかの手続についてさらに掘り下げて検討することで、訴訟の根底にある原理を解明することになるだろう。なお、本章にいう「秦漢時代」は、ほぼ秦～漢初に限定される。ここに見られる制度のほとんどは戦国秦に淵源をもつと考えられるが、六国においてもまた同様であったとは限らない[1]。

一　手続の復元

本節では、訴訟関係用語の整理を通して、秦から漢初における刑事手続の復元を試みる。（1）～（5）の各項目は、手続の流れを示すための大まかな目安であり、必ずしも当時の用語によってはいない。

（1）告訴・告発

犯罪事実が官憲に認知されることを「覚」という。

〈1〉甲殺人、不覚。今甲病死已葬、人乃後告甲。甲殺人審。問、甲当論及収不当。告不聴。
甲が人を殺したが、発覚しなかった。今、甲が病死し既に埋葬し終わってのち、ある人がようやく甲を告発した。甲が人を殺したことは確かである。問う、甲は論および収に相当するか否か。この告発は受理しない。（法律答問68, p. 109）

右の文章では「告」つまり私人による告発が、殺人の事実を認知する端緒となっている。ただし、ここでは告発が「不聴」つまり受理されていない。これは被告である甲がすでに死去しているためであるが[2]、こうした「告」に関する様々な規定が見られることは、睡虎地秦簡の特徴の一つと言える。以下にその主要なものを検討しよう。

自告・自出・自詣　犯罪事実を自ら官憲に申告することを「自告」という。

〈2〉司寇盗百一十銭、先自告、可〔何〕論。当耐為隷臣。或曰貲二甲。
司寇の刑に服している者が百十銭相当の盗みをはたらき、「先自告」したならば、いかに論ずるか。耐して隷臣と為すに相当する。一説に貲二甲という。（法律答問8, p. 95）

「自告」に「先」字が冠せられているのは、「発覚に先立って」の意味を示しているに違いない。『後漢書』本紀第二明帝紀、永平一五年の詔に、

犯罪未発覚、詔書到日自告者、半入贖。

犯罪の未だ発覚せず、詔書到るの日に自告せる者は、贖を入るるを半ばとせよ。

とある文章が参考となる。この詔からは、他人の告訴・告発によって発覚した場合に比べて減刑されたこともわかるだろう。張家山漢簡「二年律令」には「告不審および罪を犯して先自告した場合は、各々その罪一等を減じる（告不審及有罪先自告、各減其罪一等）」（127, p. 151）という規定が見えるが、同様の原理は秦律にも存在していたと思われる。秦律の規定では、通常人による一一〇銭の窃盗の場合、相当する刑罰は耐隷臣妾、一一〇銭未満であれば貲二甲であった（水間　二〇〇二）。したがって〈2〉の問答において、司寇の犯行も通常人の犯行と同等であると考えれば、「先自告」ゆえに一等を減じて「貲二甲」、対して、刑徒による犯行は通常人より重く罰せられるべきだとの見解をとれば、一等を減じた刑は「耐為隷臣」という判断になる。なお、次に挙げる簡は前段にあたる文章を欠いている可能性もあるが、夫もしくは夫婦による犯行を妻が「先自告」した場合について規定している。

〈3〉当䙴（遷）、其妻先自告、当包。

徙遷刑に相当する罪で、その妻が発覚に先立って自告したならば、包に相当する。（法律答問62, p. 108）

「包」とは、罪人の家族が徙遷地に随行を許されることで（「睡虎地秦簡」）、史書には「自随」と表現される。[3]一種の緩刑措置と考えてよいだろう。

「自告」に類する用語として、「自出」というものがある。

〈4〉把其叚〔仮〕以亡、得及自出、当為盗不当。自出、以亡論。其得、坐臧〔贓〕為盗。盗辠軽于亡、以亡論。

〔官より〕借用した物品を持って逃亡し、逮捕されるか又は自出するかしたならば、盗罪と為すに相当するか否か。自出であれば、逃亡罪で論ずる。逮捕されたのであれば、臧物の額に応じて盗罪と為すが、盗罪が逃亡罪より軽ければ、逃亡罪で論ずる。（法律答問 131, p. 124）

「得（逮捕）」と対になっているところから判断すれば、「自出」とは官憲の追捕によらず自ら出頭することに違いない。ただし、たとえば窃盗犯が自ら出頭して来た場合は「盗自告」[4]であり、「盗自出」とはいわない。「自出」とは犯罪や逃散などによる逃亡者に限って用いられる表現であり、多くの場合「亡」の語とともに現れる。たとえば後述のように「封診式」には「亡自出」という標題をもつ例（例〈18〉）があり、また史書では「亡命自詣」「漏脱自出」などと連称される。[5]「自告」と同様、減刑の対象となったことは、張家山漢簡「二年律令」の「諸亡自出、減之」（亡律 166, p. 155）という規定から明らかである。

告不審・誣告　「審」とは〈1〉に「甲殺人審（甲が人を殺したことは確かである）」とあるように、「正確・確実」の謂であり、したがって「不審」とは、「不正確・不確実」の意味となる。第一章で分析した「李斯の裁判」において、李斯を「案治」しようとした二世皇帝が「其の不審なるを恐れ」、三川郡太守であった長子の李由に対しても案験の使者を差し向けた、とあったのはその好例である。「告不審」と熟せば、不正確な告訴・告発のことで、「法律答問」では左記のような例を挙げて定義している。

〈5〉甲告乙盗牛。今乙盗羊、不盗牛。問可〔何〕論。為告不審。（下略）

甲が乙を、牛を盗んだと告発した。ところが乙は羊を盗んだのであり、牛を盗んだのではなかった。問う、いかに論ずるか。告不審と為す。（法律答問 47, p. 104）

ちなみに、官吏による虚偽の告発は「劾人不審」と称したようである。懸泉置出土の漢簡に、次のような囚律の佚文が見出せる。

●囚律。劾人不審為失、以其贖半論之。

囚律。劾人不審により刑の適用を誤った場合、その刑罰を贖う罰金の半額を適用する。（I0112①：1）

「失」については後述する。「以其贖半論之」とは、先に引いた永平一五年の詔に言う「半入贖」と同様、「其の贖の半ば」すなわち「相当する刑罰を贖う場合の半額」を罰金として科すことで、たとえば人を劾した結果、当該人が黥城旦刑に論ぜられたが、それが「不審」だと判明した場合、担当官吏に対しては贖黥の半額が罰金として課徴されることになる。

「告劾」と熟すように、「劾」は「告」とともに犯罪発覚の端緒となる手続であるが、その解釈をめぐっては、刑事裁判を開始させる刑事告発とする説や（鷹取　一九九六）、官吏が官吏を告発する弾劾とする説（徐世虹　一九九六／佐原　一九九七／高恒　二〇〇二）、官憲による告発とする説（宮宅　二〇〇二）など、見解の一致を見ていない。私自身は最後の説に共感するが、[6] 確かな議論のためには別に専論を必要としよう。

虚偽の申告は一方で、特定人を罪に陥れる目的をもって為される場合もあった。睡虎地秦簡ではこれを「誣告」「誣人」と称し、「告不審」との相違は「端（故意）」か否かに置かれていた。

〈6〉甲告乙盗牛若賊傷人。今乙不盗牛、不傷人。問甲可〔何〕論。端為、為誣人。不端、為告不審。

甲が乙を、牛を盗んだ、もしくは人を賊傷したと告発した。ところが乙は牛を盗んでいないし、人を傷つけてもいない。問う、甲はいかに論ずるか。故意であれば、誣人と為す。故意でなければ、告不審と為す。（法律答問 43, p. 103）

官吏が故意に虚偽の告発を行なった場合は、「不直」という罪名になった。

〈7〉劾人不審為失、其軽罪也而故以重罪劾之、為不直。

不正確な劾人により刑の適用を誤った場合、軽罪であるにもかかわらず故意に重罪で劾した結果であれば、〔劾した官吏は〕不直となす。（二年律令 112, p. 149）

史料の年代は異なるものの、先の懸泉置漢簡「囚律」と対比してみれば、故意に重罪で劾した場合は「其の贖の半ばを以てこれを論ずる」という律が適用されなかったことがわかる。「二年律令訳注稿（二）」では「劾人不審為失」の部分を「人を劾して不正確であったときは、失とし」と訳し、「失」と「不直」とを対概念として理解しているが、「失」とは後述のように刑の適用に関する概念であり、「告」や「劾」の失当について用いられることはない。

州告・投書　不確かな申告に関する罰則を設けることは、告訴・告発者に一定のリスクを負わせることになる。「告不審」罪を逃れるための言い直しは受理されないし、責任の所在を隠匿するような手段による告訴・告発は、受理されぬばかりか懲罰の対象となった。

〈8〉可〔何〕謂州告。州告者、告辠人、其所告且不審、有〔又〕以它事告之。勿聴、而論其不審。

州告とはどのような意味か。州告とは、罪人を告し、その申告が不審に問われそうな時、重ねて他の事がらで告することをいう。受理せず、その不審罪を論ぜよ。（法律答問 100, p. 117）

「睡虎地秈文註釈」では「州」字を「周」と読み替えて、「循環重複」の謂であると解し、*RCL* もこれに賛同する（D84）。「州告」とは申告内容を何度も変更することであろう。

〈9〉有投書、勿発、見輒燔之。能捕者購臣妾二人、毄〔繫〕投書者鞫審讞之。所謂者、見書、而投者不得、燔書、勿発、投者得、書不燔、鞫審讞之之謂殹〔也〕。

投書があっても、開封してはならぬ。見つけたらそのつどただちに焼却せよ。〔投書者を〕捕らえることができた者には臣妾二人を賞与し、投書者を勾留し審理して上級機関に伺いを立てよ。謂うこころは、投書を見つけたが、投書者が捕らえられなければ、投書を焼却し、開封してはならず、投書者が逮捕されたならば、投書は焼かず、審理して上級機関に伺いを立てよ、ということである。（法律答問 53・54, p. 106）

この問答は「鞫審讞之」までが律の正文、「所謂者」以下がその解釈にあたる。「投書」とは、「睡虎地秈文註釈」の指摘する通り「匿名の書信を投ずること（投匿名書信）」によって他人を告発する行為であり、史書に言うところの「飛書」に相当する。(7) 投書の取扱について、律文の規定からは焼くべきか否か判断に迷うところから、右のような解釈が必要になったのであろう。「𤅊」（すなわち「讞」）字を「睡虎地釈文註釈」では「定罪（罪を定める）」と訳すが、ここでは *RCL* が上讞制との関連で to be reported to higher authority と解釈する説に従いたい。ちなみに、通常の告訴・告発の場合、「甲等の名事関を牒背に疏《わか》ち書す（疏書甲等名事関牒背）」（封診式・毒言91-94, p. 162-163）とあるように、告者の身分や本貫は申告内容とあわせて担当官吏により記録された。

公室告・非公室告　告訴・告発に関しては、「公室告」「非公室告」という概念の存在が看過できない。この語が現れるのは、次の二つの問答である。

〈10〉公室告［何］殹〔也〕、非公室告可〔何〕殹〔也〕。賊殺傷盗它人為公室［告］。子盗父母、父母擅殺刑髡子及奴妾、不為公室告。

公室告とは何か、非公室告とは何か。他人に対して賊殺・賊傷・窃盗をはたらくことが公室告であり、子が父母から盗み、父母がほしいままに子又は奴妾を殺したり刑したり断髪したりすることは、公室告でない。（法律答問103, p. 117-118）

〈11〉子告父母、臣妾告主、非公室告、勿聴。●可〔何〕謂非公室告。●主擅殺刑髡其子臣妾、是謂非公室告、勿聴。而行告、告者辠。告［者］辠已行、它人有〔又〕襲其告之、亦不当聴。

子が父母を告し、臣妾が主を告するのは、公室告ではない、受理してはならない。●公室告でないとはどのような意味か。●主人がほしいままにその子や臣妾を殺したり刑したり断髪したりすること、これを公室告でないといい、受理してはならない。にもかかわらず告訴・告発を行なえば、申告した者が罪となる。申告した者の罪が既に執行された段階で、他人がまたその後を受けて告発を行なっても、やはり受理するには当たらない。（法律答問 104-105, p. 118）

〈10〉は「公室告」と「非公室告」との違いに関する問答であるが、その答えとして例示された、①「賊殺傷盗它人」、②「子盗父母」、③「父母擅殺刑髡子及奴妾」がいずれも犯罪行為であることを、まず確認しておきたい。③のような卑属親や隷属民に対する私刑が罪に問われたことは、「擅殺刑髡其後子、𤅊之」（法律答問 72, p. 110）といった規定や、「黥妾」を官に申請する例（後出〈19〉）などから疑いない。①にいう「它人」とは、②③の「子」や「奴妾」と対比すれば「家の構成員でない人間」の謂であろうから、ある犯罪が「公室告」であるか否かは結局のところ、家の構成員でない外部の人間に対する犯罪か（①）、あるいは構成員相互の犯罪か（②③）、を基準に決定されると言ってよい。臣妾・奴婢・僕虜などと呼ばれる隷属民が「家」の非血縁的構成員であることは、「厳家に悍虜なく、慈母に敗子あり（厳家無悍虜、而慈母有敗子）」（『韓非子』顕学）という俚諺などからうかがえる。

一方〈11〉の問答によれば、「家」内部の犯罪行為を構成員が「告」しても受理されない。「公室告」「非公室告」という犯罪類型は、このように申告の受理・不受理という基準によっても区別されるところから、「告」字を伴って呼ばれるのであろう。こうした「告」の制限は、父母・主人を中心とした「家」の秩序を保持する方向にはたらく。「非公室告」にあたる犯罪について告訴・告発を受理しない意図は、おそらくこの点にあったと思われる。[8] ただし、「非公室告」とはあくまで告訴・告発の制限であり、「家」の内部に公権力が関与しないことを意味するわけでは決してない。〈11〉の末尾に見える「它人が襲って告発しても受理しない」という規定は、裏を返せば、内部から申告がなされる以前であれば外部からの告発を受理する、との原則を示唆しているのではあるまいか。とするならば、「家」内部における犯罪行為は、里正や里老、伍人等の告発により探知されていた可能性があろう。

なお、張家山漢簡の「二年律令」に次のような条文が見える。

〈12〉子告父母、婦告威公、奴婢告主・主父母妻子、勿聴而棄告者市。

子が父母を告し、嫁が姑を告し、奴婢が主人や主人の父母妻子を告しても、受理せず、告した者を棄市とする。（二年律令 133, p. 151）

漢律においても「非公室告」に類した規定が存在したことは、この律文から疑いない。

三　環　この項の最後に、「三環（三たび環する）」という規定について検討しておこう。「三環」とは次の例のように、「不孝」罪についての問答に現れるものである。

〈13〉免老告人以為不孝、謁殺、当三環之不。不当環、亟執勿失。

免老がある人を不孝であると告発し、死刑にするよう求めた場合、三たび環するに相当するか否か。環するに当たらない。すみやかに執らえて取り逃がすな。（法律答問 102, p. 117）

「免老」とは六十歳以上の老人をいう（『睡虎地秦墓竹簡』）。銭大群は「環」字の訓詁を「還（かえす）」「却（しりぞける）」とした上で、「三環」とは唐代における「三審」制度の先蹤であると説いている（銭大群 一九八八）。唐の「三審」とは、慎重を期すため日を替えて訴状（「辞牒」という）を三度提出させる制度であるが、[9]この解釈の方向が正しいことは、張家山漢簡「二年律令」の出現によって裏付けられる結果になった。

〈14〉年七十以上告子不孝、必三環之。三環之各不同日而尚告、乃聴之。教人不孝、黥為城旦舂。〔七十歳以上の老人が〕子の不孝を〔告訴した場合〕、必ずこれを三たび環せよ。各々日を異にして三たび環し、なおも告訴するというのであれば、これを受理する。他人に不孝を教唆すれば、黥して城旦舂と為す。（二年律令36-37, p. 139）

「二年律令訳注稿（二）」では「告発を三度差し戻す」と訳しているが、従うべきであろう。〈13〉の問答と対照すれば、実子を不孝であると告訴する場合は「三環」に相当するが、他人の子を免老が告発した場合はこれに相当しない、ということになる。秦制と漢制の違いもあり、単純に比較することはできないが、実子の告訴に慎重を期すという「二年律令」の背景には、非公室告と同様「家」の保全を想定することが可能かも知れない。

（2）逮捕・勾留・訊問

告訴・告発を受理した官憲は、被疑者の身柄を確保する。もし逮捕を要するのであれば、「即ちに令史の某をして往きて丙を執らえしむ（即令令史某往執丙）」（封診式・出子85, pp. 161-162）とあるように、令史がその任にあたった。また、特に検分を必要とする事件の場合は、令史または丞が現場に赴いたが、これは「診」と呼ばれた。他殺死体発見の報を受けた県廷が「即ちに令史の某をして往きて診せしむ（即令令史某往診）」（封診式・賊死55-56, pp. 157-158）とあるのが、その例である。

ところで睡虎地秦簡には、「執」の他にやはり「とらえる」と読むべき「捕」ないし「得」（また「捕得」と熟す）という語が見えている。文字が異なれば語義が必ず異なるというわけではないが、「執」と「捕」「得」との間には、やはり意味上の使い分けがあるようにみえる。すなわち、前者が「身柄の確保」という側面に重心を置いた文字であるのに対し、後者の場合は現行犯や逃亡者を「捕らえる」行為自体を意味することが多い。したがって先述のように、「自出」と対になる語は「得」なのであり、「執」ではあり得ない。また、後に引く例〈16〉に「牢隷臣の某とともに丙を執え、某の室に得たり（与牢隷臣某執丙、得某室）」と見えているのは、「丙の身柄を確保に向かい、某の家で逮捕した」との意味であろう。さらに言えば、「執」が専ら令史などの官憲によって担われる一方、「捕」「得」の担い手は一般人であっても構わない。次の問答にいう「甲」なる人物は、特定の役職を示す肩書きを持たず、民間人による「捕得」を想定したものとみてよいだろう。

〈15〉夫・妻・子十人共盗、当刑城旦、亡、今甲捕得其八人。問甲当購幾可（何）。当購人二両。
夫・妻・子が十人で共同して盗みをはたらき、その罪は刑城旦に相当したが、逃亡し、今、甲がそのうち八人を捕得した。問う、甲の褒賞はいかほどに相当するか。一人につき二両の賞金に相当。（法律答問 137, p. 125）

張家山漢簡「二年律令」では、吏による捕得に民間人が協力することを「偏捕」すなわち「捕を偏《たす》ける」と呼んでいる（王子今　二〇〇三）。

身柄を拘束した被疑者に対し、訊問が開始される。「李斯の裁判」で見たように、被疑者は「獄」に勾留されて、時に再三にわたる取調を受けたと推測される。その大枠は、次に示す「封診式」の文面から知ることができる。

〈16〉告子　爰書。某里士五〔伍〕甲告曰、甲親子同里士五〔伍〕丙不孝、謁殺、敢告。即令令史己往執。令史己爰書。与牢隷臣某執丙、得某室。丞某訊丙、辞曰、甲親子、誠不孝甲所、毋它坐罪。

爰書。某里の士伍の甲が告訴して言うに、「甲の実子である同里の士伍の丙は不孝ゆえ、死刑にするよう求めます。以上、告訴いたします」と。ただちに令史の己に〔丙の〕身柄を拘束に行かせた。令史の己の爰書。牢隷臣の某とともに丙の身柄を拘束に行き、某の家で逮捕した。丞の某が丙を訊問すると、「甲の実子で、確かに甲に不孝でした。他に罪に坐することはしておりません」と供述した。（封診式 50-51, p. 156）

訊問を「訊」、供述を「辞」という。右の例によれば、供述は、被疑者本人であるとの陳述に始まり、「它の坐罪なし（毋它坐罪）」で結ばれる。ただし、これは「爰書」として記述されるにあたって要約・整理された表現であり、実際の訊問と供述においては様々に屈折した状況が想定される。この点については、「它の坐罪なし（毋它坐罪）」という文言とあわせて、次節であらためて検討したい。

（3）　県・郷への照会

被疑者の供述にもとづき、本籍のある県ないし郷に対して、姓名・身分・経歴の照会や資産の差押えを指示した文書が送られる。その文面は左記のようなものである。

〈17〉有鞫　敢告某県主。男子某有鞫、辞曰、士五〔伍〕、居某里。可〔何〕定名事里、所坐論云可〔何〕、可〔何〕辠赦、或覆問毋有、遣識者以律封守。当騰馬、皆為報。敢告主。

某県の責任者に通達します。男子の某の罪状が確定し、供述によれば「士伍で某里の住人」と言っております。

〔彼の〕姓名・身分・本籍は何か、かつていかなる罪に坐したことがあるか、いかなる罪が赦免されたか、覆問の必要があるか無いか、について確定し、記録係を派遣して律の規定により資産を差押えてください。〔この件は〕早馬に相当、すべてを回答してください。以上通達します。（封診式 6-7, pp. 148-149）

〈18〉覆　敢告某県主。男子某辞曰、士五〔伍〕、居某県某里、去亡。可〔何〕定名事里、所坐論云可〔何〕、可〔何〕辠赦、〔或〕覆問毋有、幾籍亡、亡及逋事各幾可〔何〕日、遣識者。当騰馬、皆為報。敢告主。

某県の責任者に通達します。男子の某が「士伍で某県某里の住人であり、逃亡した」と供述しています。〔彼の〕姓名・身分・本籍は何か、かつていかなる罪に坐したことがあるか、いかなる罪が赦免されたか、覆問の必要があるか無いか、幾日から逃亡したと記録されているか、逃亡および徭役からの逃避は各々何日間か、について確定し、記録係を派遣して〔律の規定により資産を差押えて〕ください。〔この件は〕早馬に相当、すべてを回答してください。以上通達します。（封診式 13-14, p. 150）

「識者」を「記録係」と訳すのは FCL の解釈であるが（p.136, n. 68）、その実態については「封守」とともに次項で述べる。後に「乞鞫」の項で論じる通り、「鞫」とは罪状すなわち犯罪内容を確定することをいうが、宮宅潔は「鞫」の前段階として本籍地への照会が必須であったと推定している（宮宅　一九九八、五五頁）。その間の事情は、張家山漢簡「奏讞書」の中にうかがうことができる。関連部分を見やすい形に改行して示してみよう。

●詰媚、媚故点婢、雖楚時去亡、降為漢、不書名数、点得、占数媚。媚復為婢、売媚当也、去亡、何解。

●媚曰、楚時亡、点乃以為漢、復婢、売媚。自当不当復為婢、即去亡。毋它解。

●問、媚年卌歳、它如辞。

●鞫之、娟故点婢、楚時亡、降為漢、不書名数、点得、占数、復婢、売豫所、娟去亡、歳卌歳、得、皆審。
●娟を詰問するに、「娟はもと点の婢であり、楚の時に逃亡したとはいえ、漢の時代になっても戸籍に登載せず、(10)点が捕らえて娟を登籍した。娟は再び婢となったのであるから、娟を売ることは妥当であるのに、逃亡したことは、どう釈明するのか」と。
●娟が答えるに、「楚の時に逃亡しましたが、点は漢の時代になると再び婢とし、娟を売りました。自身は再び婢にされるいわれはないと思い、逃亡しました。他に釈明することはありません」と。
●問うたところ、娟の年は四〇歳、その他については供述の通りであった。
●罪状を確定する。娟はもと点の婢、楚の時に逃亡し、漢の時代になって、戸籍に着けず、点が捕らえて登籍し、再び婢として豫に売ったが、娟は逃亡した。年齢は四〇歳。捕らえられた。以上のこと間違いなし。（奏讞書11-15, p. 214）

最後の「鞫之」で始まる一節が最終的な罪状の確定、それに先立つ「問」以下が照会に相当する部分である。娟自身の供述からは知り得なかった年齢が、ここで確認され、「鞫」に盛り込まれていることに注目したい。

〈17〉の文書に戻ろう。釈文を「騰馬」とした部分を、原簡は「騰〻」に作る。「睡虎地釈文註釈」は「当騰、騰皆為報」と釈した上で、「騰」字を「謄（写し）」に読み替えているが、里耶秦簡の用例からみて「騰〻」は「騰馬」の合文、したがって「当騰〻皆為報」とは「騰馬に当て、皆な報を為せ」と読むべきであり（本書付章一および「里耶訳注」）、敦煌・居延漢簡にいう「吏馬馳行」のような文書の送達方法の指示として解釈することができるだろう。なお、居延漢簡にも「騰書」という語が見えている。

☐証所言謁移大守府令武威自騰書河内

〔上端欠損〕発言内容を保証します。太守府に文書を送り、武威郡に自ら河内郡へ「騰書」させてくださるよう求めます。（EPT58.26）

一方、〈18〉の標題にいう「覆」とは、文中の「覆問」ともども「李斯の裁判」にいう「覆訊」すなわち再訊問の謂であろう。そう考える理由は、〈18〉文書が〈17〉を前提とした書式とみると理解しやすいからである。すなわち、有罪者の男子某について、再訊問の必要の有無を本籍地に問合せたところ、当該人物は逃亡者の可能性があるので再度訊問してほしいとの依頼があった。そこで再び訊問すると、確かに「去亡」したとの供述を得たので、あらためて逃亡の日時や日数について県に確認した。――およそこのような状況が両文書の間に想定できるように思う。〈17〉ですでに判明したはずの事がら、たとえば「名事里」や前科について〈18〉で再度尋ねているのは、不必要な繰り返しのようにも見えるが、「封診式」は公文書の実例ではなく書式である。実際の文書作成に際しては、必要に応じて項目を適宜、取捨選択したのであろう。

〈17〉や〈18〉とよく似た照会の文面は、次の例にもあらわれる。

〈19〉黥妾　　爰書。某里公士甲縛詣大女子丙、告曰、某里五大夫乙家吏、丙、乙妾殹〔也〕。乙使甲曰、丙悍、謁黥劓丙。●訊丙、辞曰、乙妾殹〔也〕、毋它坐。●丞某告某郷主、某里五大夫乙家吏甲詣乙妾丙、曰、乙令甲謁黥劓丙。其問如言不然。〔何〕定名事里、所坐論云可〔何〕、或覆問毋有、以書言。

爰書。某里の公士の甲が大女子の丙を捕縛してやって来て、告して言うには、「〔私は〕某里の五大夫の乙の家吏で、丙は乙の妾〔婢女〕です。乙は甲を遣わして「丙は強悍なので、丙に黥・劓することを求めたい」と申しております」と。●丙を訊問したところ、「乙の妾です。他に罪に坐すことはしておりません」と供述した。●県丞の某が某郷の責任者に通達する。某里の五大夫の乙の家吏である甲が、乙の妾である丙を連れてやって来て、「乙は甲に丙を黥・劓するむね申請させた」と言っている。ついては、その言葉に相違ないか問い合わせる。姓名・身分・本籍は何か、かつていかなる罪に坐したことがあるか、覆問する必要があるか無いか、について確定し、文書によって回答せよ。（封診式 42-45, p.155）

二つ目の●以下、「丞某告某郷主」に始まる部分が通達であるが、書式の上で先の二例と若干異なる。すなわち、〈17〉〈18〉両文書が「敢告某県主（敢えて某県主に告ぐ）」で始まり「当騰馬、皆為報。敢告主（騰馬に当て、皆な報を為せ。敢えて主に告ぐ）」と結ばれているのに対し、〈19〉の文書は「丞某告某郷主（丞の某、某郷主に告ぐ）」で始まり「以書言（書を以て言え）」と結ばれている。こうした違いは、照会先が前二者では県であるのに対し、後者では郷であることによる。換言すれば、前二者は被疑者の本籍が他県にある場合、後者は自県にある場合の書式であろう。「当騰馬」という文書伝達手段の指示があるのも、離れた土地への照会であれば納得できる。むろん、照会を受けた県では、さらに管轄下の該当する郷に対して〈19〉の「丞某告」以下のような文書を送り、回答を求めたに違いない。次の例に見る通り、里民の戸籍や諸記録を把握しているのは、県廷ではなく郷官であった。

〈20〉亡自出　　郷某爰書。男子甲自詣、辞曰、士五（伍）、居某里、以迺二月不識日去亡。毋它坐。今来自出。●問之□名事定。以二月丙子将陽亡、三月中逋築宮廿日。四年三月丁未籍一亡五月十日。毋它坐、莫覆問。以甲献典乙相診、今令乙将之詣論。敢言之。

郷官某の爰書。男子の甲が自ら出頭して来て、供述して言うには、「士伍で、某里の住人です。この二月のしかとは分からない日に逃亡しました。他に罪に坐すことはしておりません。ここに自首します」と。●これを確認し〔一字不詳〕姓名・身分は確定しました。〔甲は〕二月丙子の日に遊蕩して逃亡、三月には宮殿修築の徭役を逃れること二十日間。四年三月丁未には「一たび逃亡すること五か月と十日間」と記録されています。他に罪に坐す事がらはなく、覆問していただく必要もありません。甲を里典の乙のもとに送って面通しさせ、乙に命じて論罪のため〔県へ〕連れて行かせました。以上申し上げます。（封診式 96-98, pp. 163-164）

逃亡者が郷官のもとに自首して来た、という状況を想定した書式である。原文に「問之□名事定」とある部分を「睡虎地秤文註釈」では「経訊問、其姓名・身分確実（訊問によりその姓名・身分は間違いない）」と訳しているが、逃亡者本人の訊問だけで「名事が定まる」ことはあり得ない。ここにいう「問」は、宮宅潔が張家山漢簡によって指摘する「診問」、すなわち役人たちへの照会とみるのが適当であろう（宮宅　一九九八、五二～五五頁）。具体的には「以二月」以下が照会により判明した事がらである。〈17〉や〈18〉において県に照会されている諸事項が、ここでは郷官の手によってすべて調べ上げられていることに注意したい。戸籍のみならず逃亡や逋事（徭役からの逃避）の記録もまた、郷に保管されていた証左と言えよう。

こうした県・郷への照会がもつ意義については、『急就篇』の「籍を受くれば証験し、記もて年を問う（籍受証験、記問年）」という一節に付された顔師古の注が参考となる。

簿籍所受計其価直、并顕証以定罪也。記問年者、具為書記、抵其本属、問年歯也。幼少老耄、科罪不同、故問年也。

簿籍は受くる所、其の価直を計り、并せ顕証して以て罪を定むなり。記も年を問うとは、具さに書記を為り、其の本属に抵《いた》して、年歯を問うなり。幼少・老耄は、科罪同じからず、故に年を問うなり。

おそらく顔師古の言う通り、単なる身元確認にとどまらず、刑の軽重に影響を与える諸条件を確定しておくことが、照会の主要な目的なのであろう。FCLでは、「法律答問」に「群盗の赦されて庶人と為り、盗械せし囚の刑罪以上を将いて亡さば、故罪を以て論じ、左止を斬りて城旦と為す（群盗赦為庶人、将盗戒〔械〕囚刑罪以上、亡、以故罪論、斬左止為城旦）」（法律答問 125-126, p. 123）とある一節を引き、赦に浴したのち犯行を重ねれば「故罪」に従って量刑されることがある点に注意を喚起している（p.136, n. 67）。妥当な指摘と言うべきであろう。

（4）差押え

〈17〉に見える「封守」については、「封診式」にその手続を伝える書式がある。

〈21〉封守　郷某爰書。以某県丞某書、封有鞫者某里士五〔伍〕甲家室・妻子・臣妾・衣器・畜産。●甲室・人、一宇二内、各有戸、内室皆瓦蓋、木大具、門桑十木。●妻曰某、亡、不会封。●子大女子某、未有夫。●子小男子某、高六尺五寸。●臣某、妾小女子某。●牡犬一。●幾訊典某某・甲伍公士某某、甲党〔儻〕有[它]当封守而某等脱弗占書、且有罪。某等皆言曰、甲封具此、毋它当封者。即以甲封付某等、与里人更守之、侍〔待〕令。

郷官某の爰書。某県の丞の某からの文書に従い、罪状の確定した某里の士伍、甲の家室・妻子・臣妾・衣器・畜産を差押えました。●甲の家と構成員は、一つ屋根の下に二部屋、それぞれに入口あり、家屋はいずれも瓦葺きで、木製の大きな家財と、門前に桑の木が十本。●妻は某といい、逃亡して差押えに立ち会わず。●子の大女子の某、未婚。●子の小男子の某、身長六尺五寸。●臣の某、妾の小女子の某。●牡犬一匹。●里典の某某ならびに甲と同伍の公士の某某に対し、「もし甲に他の差押えるべきものがあるのに、某等が脱漏して登記しなければ有罪となる」と問い質しました。某等は皆な、「甲の差押えるべきものはこれで全部、他に差押えに相当するものはありません」と答えました。そこで甲の差押えた資産を某等に委ね、里人と交代で見張らせ、命令を待たせてあります。

（封診式 8-12, p. 149）

「封守」とは、「差押え（封）」て「看守する（守）」の謂であろう。この手続の意味に関してFCLは、「相坐制のもとに置かれた構成員が誰ひとり逃亡できないようにするためだ」と説く（p.137, n. 72）。しかし、相坐（縁坐）に備えることだけが目的であれば、「家室・衣器・畜産」といった資産までも含める理由が説明できない。ここで想起すべきはむしろ、唐律に見える「簿斂之物」という呼称であろう。『唐律疏議』巻四名例律に贓物の没収と返還について定めた一条があり、次のような文章が見える。

即簿斂之物、赦書到後、罪雖決訖、未入官司者、並従赦原。

即《も》し簿斂の物なれば、赦書の到る後、罪決し訖《おわ》ると雖も、未だ官司に入らざれば、並《み》な赦原に従う。

疏議曰、簿斂之物、謂謀反大逆人家資合没官者。

疏議して曰く、簿斂の物とは、謀反大逆人の家資の、合《まさ》に没官すべき者を謂う。

滋賀秀三の指摘する通り、「簿斂之物」とは「反逆罪において没収せられる犯人所有の全財産」のことで、「まずその財産目録を作成した上で没収の手続に入るゆえにこの名があるのであろう」（滋賀　一九七九、一九〇頁）。睡虎地秦簡の「封守」も唐律と同様、資産の没収を前提とした措置であったに違いない。有罪者の妻子や資産が没収されたことは、本章第三節に引く張家山漢簡「奏讞書」からうかがえる。そこでは再審の結果、黥城旦から解放された男性について、「妻子の已に売られし者は、県官、贖を為せ。它収の已に売られしは、価を以てこれに畀《あた》えよ（妻子已売者、県官為贖。它収已売、以賈（価）畀之）」（奏讞書 122-123, p. 222）という指示が出されているのである。買戻しのできない「它収（その他の没収物）」とは、「封守」にいう「臣妾・衣器・畜産」に相当しよう。

この「封守」の手続で目録を作成する責任者つまり記録係が、〈17〉〈18〉に見える「識者」であろう。全体が「郷某爰書」として報告されているのは、「識者」の実体が郷官であったことを示唆する。戸籍を始め里民に関する諸記録を掌握している郷官であれば、家族や資産の差押えを執行するのも自然なことだと言えるだろう。また、この手続が「某県の丞の某からの文書に従い」開始されているのは、〈19〉に「丞某告某郷主」とあるように、県から郷への通達が県丞を通じてなされたことと符合する。

（5）裁判・再審

確定した罪状に応じて刑罰を適用することを「論」という。したがって、「以律論」といえば「律に従って刑罰を定める」という意味であり、「不当論」ないし「毋論」であれば「刑罰を適用するに相当しない」こと、つまりは無罪の謂となる。

〈22〉行命書及書署急者、輒行之。不急者、日觱〔畢〕、勿敢留。留者以律論之。　行書。

命書〔制書〕および「急」と記された文書は、ただちに伝送せよ。「急」でなくとも、当日中に伝送し、滞留してはならない。滞留したら律に従って刑罰を定める。行書律。（秦律十八種 183, p. 61）

〈23〉甲乙交与女子丙奸、甲乙以其故相刺傷、丙弗智。丙論可〔何〕殹。毋論。

甲・乙はともに女子の丙と姦通しており、それが原因で互いに刺傷するに至ったが、丙はそのことを知らなかった。丙はいかに論ずるか。論じない。（法律答問 173, p. 134）

女子丙が事件の経緯を「弗智」であったということは、訊問によって始めてわかる事実であろう。したがって「毋論」とは、案件の審理を行なった結果の判断であり、はなから審理に立ち入らない「不聴」とは異なる。

右の〈23〉に限らず、睡虎地秦簡の「法律答問」は大半が、「何論・論何（どう論ずるか）」「当論不当（論に相当するか否か）」といった「論」をめぐる問答から構成されており、さながら「論獄問答」といった感がある。それは訴訟をつかさどる小吏にとって、「論」すなわち刑罰の適用を誤らないことが最も留意すべき点であったからに相違ない。序章に引いた『漢書』巻五一路温舒伝の一節を、あらためてここで想起したい。

父為里監門、使温舒牧羊。温舒取沢中蒲、截以為牒、編用写書。稍習善、求為獄小吏、因学律令、転為獄史。県中疑事皆問焉。太守行県、見而異之、署決曹史。

父、里の監門と為り、温舒をして牧羊せしむ。温舒、沢中の蒲を取り、截ちて以て牒を為り、編みて写書に用う。稍く習善すれば、求めて獄の小吏と為り、因りて律令を学び、転じて獄史と為る。県中、疑事は皆なこれに問う。

太守、県を行《めぐ》り、見《あ》いてこれを異とし、決曹の史に署す。

前漢時代の逸話であるが、判断の難かしい事案に対して的確な論断を下せることが、優れた獄史（獄吏）の条件であったことは、秦代においても同様であろう。

故意に「論」を誤ることは、「論獄不直」と称して懲罰の対象となった。

〈24〉論獄［可（何）謂］不直、可（何）謂縦囚。辠当重而端軽之、当軽而端重之、是謂不直。当論而端弗論、及傷其獄、端令不致、論出之、是謂縦囚。

論獄にあたり何を不直といい、何を縦囚というのか。罪が重い刑に相当するのに故意に軽くしたり、軽い刑に相当するのに故意に重くしたりすることを不直という。論に相当するのに故意に論ぜず、または案件に手心を加えて、故意に有罪の基準に満たぬようにし、無罪放免することを縦囚という。（法律答問 93, p. 115）

「当」とは犯罪が刑罰に相当することをいうから、[11] とするならば「不直」とは罪状との均衡を欠いた刑罰の適用を意図的に行なうことを意味する。これに対して正当な理由なくして無罪とすることを「縦囚」といった。張家山漢簡「二年律令」では、両者が「鞫獄故不直」「鞫獄故縦」として現れる。それぞれ一例ずつ挙げてみよう。

〈25〉毋敢以投書者言毄（繫）治人。不従律者、以鞫獄故不直論。

投書者の言葉に従って人を勾留し取調べてはならない。律に従わなければ、鞫獄故不直の罪を適用する。（二年律令 118, p. 150）

〈26〉群盗・盗賊発、告吏、吏匿弗言其県廷、言之而留盈一日、以其故不得、皆以鞫獄故縦論之。

群盗・盗賊が発生し、吏に告げたが、吏は隠匿してそれを県廷に報告せず、又は報告を一日以上怠り、そのため逮捕することができなかったら、いずれも鞫獄故縦の罪を適用する。（二年律令 146, p. 153）

ちなみに「二年律令」によれば、「鞫獄故不直」「鞫獄故縦」に対する刑罰は左記のように定められている。

〈27〉鞠〔鞫〕獄故縦・不直、及診・報辟故弗窮審者、死罪、斬左止〔趾〕為城旦、它各以其罪論之。（下略）

鞫獄故縦・不直、および診・報を回避して故意に窮審しなかった場合、死罪であれば、左趾を斬り城旦と為し、その他の罪であれば各々その罪が適用される。（二年律令 93, p. 147）

「二年律令訳注稿（二）」が注記する通り、「報辟故弗窮審」という律の文章は、『漢書』巻六七胡建伝に「辟報故不窮審」とある表現と同義であろう。言うところの「辟」とは「罪に当たるのを避ける・回避する」の謂、「窮審」とは「調べ尽くすこと」だから、「診・報辟故弗窮審」とは「診（検視）や報（相当する刑罰の判断）にあたり罪を回避するため意図的に十分調べ尽くさない」との意味になる。なお、この律の全文は第五章で引用する。

以上はいずれも「端（故意）」に為された不正であるが、不注意により刑の適用を誤った場合は、「失刑」をもって呼ばれる。

〈28〉士五〔伍〕甲盗、以得時直〔値〕臧〔贓〕、臧〔贓〕直〔値〕過六百六十、吏弗直〔値〕、其獄鞫乃直〔値〕臧〔贓〕、臧〔贓〕直〔値〕百一十、以論耐。問甲及吏可〔何〕論。甲当黥為城旦、吏為失刑罪。或端為、為不直。

士伍の甲が盗みをはたらき、捕らえた時点で贓物を値踏みすれば、贓物は六百六十銭を超えていたが、吏は値踏みせず、罪状を確定する断になってようやく値踏みし、贓物の価値は百十銭とし、（甲に）耐を適用した。問う、甲および吏の罪はどのように論ずるのか。甲は黥して城旦と為すに相当、吏は失刑の罪と為す。もし故意に行なったのであれば、不直と為す。（法律答問 33-34, p. 101）

ここにいう「耐」とは、実際には「耐為隷臣」を指す。「先自告」の項で述べた通り、一一〇銭相当の窃盗に対する刑罰は耐隷臣妾であった。睡虎地秦簡で単に「耐」とのみ記される場合、それが「耐為○○」の省略形であることは、王占通によって論証されている（王占通　一九九一）。なお同じく「法律答問」によれば、軽罪を重罪に誤った場合も、故意でなければ「失刑」、故意であれば「不直」とされた（法律答問 35-36, p. 102）。

裁判の終了を「断」という。「獄已断（獄すでに断ぜらる）」（後述〈30〉）という表現から明らかなように、「断」とは「獄」つまり案件が結審したことをいう言葉である。

〈29〉廷行事、有辠当署、已断已令、未行而死若亡、其所包当詣署所。

廷行事によれば、徙遷刑に相当する罪を犯し、すでに断ぜられ令せられたが、まだ行かないうちに死ぬか又は逃亡するかした場合、随行する者が徙遷地に赴く。（法律答問 60, p. 107）

「令」とは、*RCL* が指摘するように、受刑者を徙遷地に送り届けよという内容の、関係機関に下された命令であろう（D48, n. 1）。

「断」との関係で指摘すべきは、再審理の制度である。周知の史料であるが、『周礼』秋官朝士職の「期内之治聴、期外不聴（期内の治は聴き、期外は聴かず）」という経文に付けられた鄭司農注に、次のような文章が見えている。

鄭司農云、謂在期内者聴、期外者不聴、若今時徒論決、満三月不得乞鞫。

鄭司農云う、期内に在る者は聴き、期外の者は聴かざること、今時の徒の論決は、三月に満つれば鞫を乞うを得ざるが若きを謂う。

「乞鞫（鞫を乞う）」とは文字通り「鞫（罪状認定）」のやり直しを「乞う」こと、つまりは再審請求の謂である。「今時」すなわち後漢の制度では、もし確定された罪状に被疑者が不服であれば、三か月の期間を限って再審理の請求が認められていた。同様の制度は睡虎地秦簡にも確認される。

〈30〉以乞鞫及為人乞鞫者、獄已断乃聴、且未断猶聴殹〔也〕。獄断乃聴之。失鋈足、論可〔何〕殹〔也〕。如失刑罪。

以（?）鞫を乞い及び人のために鞫を乞う者は、獄が断ぜられたのち受理するのか、それとも断ぜられずとも受理するのか。獄が断ぜられてのち受理する。鋈足を失した場合は、どのように論ずるのか。刑を失した罪のように論ずる。（法律答問 115, p. 120）

「乞鞫」は「獄已断」すなわち結審を待って提起されるべきものであった。なお、この問答の「失鋈足」以下を「睡虎地秤文註釈」では「另一条（別の一条）」だと注するが、その実、本章第三節で述べる通り、「乞鞫」と「失」とは密接な関係にあり、全く無関係な文章ではない。また、冒頭の「以」字について「睡虎地釈文註釈」では「此処読為已（ここは已と読み替える）」と指示するが、同じ文中に「已」字がある以上、読み替えの可能性は低い。ここはむしろ、さらに前段に文章があった可能性を考えるべきではあるまいか。

ちなみに、張家山漢簡の「二年律令」にも、「乞鞫」について定めた一条がある。

〈31〉罪人獄已決、自以罪不当欲乞鞫者、許之。乞鞫不審、駕〔加〕罪一等、其欲復乞鞫、当刑者、刑乃聴之。死罪不得自乞鞫、其父・母・兄・姉・弟・夫・妻・子欲為乞鞫、許之。其不審、黥為城旦舂。年未盈十歳為乞鞫、勿聴。獄已決盈一歳、不得乞鞫。乞鞫者各辞在所県道。県道官令・長・丞謹聴、書其乞鞫、上獄属所二千石官、二千石官令都吏覆之。都吏所覆治、廷及郡各移旁近郡、御史・丞相所覆治移廷。

罪人が、判決を受けた時点で、自ら罪の評価が不当であると考えて鞫を乞わんとした場合は、これを許す。乞鞫の内容が不審であれば、罪一等を加えるが、なおも鞫を乞わんとすれば、刑罰に相当している者は、刑を執行した後これを受理する。死罪を犯した者は自ら鞫を乞うことができないが、其の父・母・兄・姉・弟・夫・妻・子が代わりに鞫を乞わんとすれば、これを許す。もし不審であれば、黥して城旦舂と為す。年齢が十歳に満たない者が他人のために鞫を乞うても、受理しない。獄が決せられて一年を経過したら、鞫を乞うことはできない。鞫を乞う者は各々居住地の県・道に申し出る。県道の官の令・長・丞は謹んでこれを受理して、鞫を乞う内容を書き記し、獄案を所轄の二千石官に上呈し、二千石官は都吏にこれを再審理させる。都吏の再審理した結果は、廷及び郡が各々近傍の郡に文書を送り、御史・丞相の覆治した結果は廷に文書を送れ。（具律 **114-117, p. 149**）

全体は四枚の簡から成るが、最後の一枚にあたる「及郡（及び郡が）」以下の文章は前段と接続せず、別な条項の文章である可能性が強い。冒頭の「罪人獄已決」が〈30〉にいう「獄已断」の言い換えであることは論を待たない。〈31〉はつまり「獄已決（已断）」の時点で「乞鞫」する際の諸条件を定めた律ということになる。同様な

「乞鞫」の条件が秦律においても定められていた可能性は否定できない。

審理の結果が被疑者にどのような形で告知されるのかについて、睡虎地秦簡や張家山漢簡に明確な規定は見られない。しかし、他の文献史料から推測するに、「読鞫」すなわち罪状の読み聞かせという手続がそれに相当するとみてよいだろう。『周礼』秋官小司寇職「読書則用法」の鄭司農注に、「書を読まば則ち法を用うとは、今時の鞫を読み已わらば、乃ちこれを論ずるが如し（読書則用法、如今時読鞫已、乃論之）」とあるのを見れば、「論」すなわち刑罰が決まる以前の、認定された罪状のみを告知するのが、読鞫の原則だったようである。したがって、それは判決と言うより、「律令適用への同意を求める段階」（宮宅　一九九八、五六頁）とみるのが妥当であろう。なお、後漢時代の事例によれば、「読鞫」の終了後あまり間をおかずに刑を執行する場合があった。(12)『続漢書』律暦志下・劉昭注に引く蔡邕の上章（「上漢書十志疏」）に、次のような張俊の故事が見えている。

臣初決罪雒洛陽詔獄、生出牢戸、顧念元初中故尚書郎張俊、坐漏泄事、当伏重刑、已出穀門、復聴読鞫、詔書馳救、〔減罪〕一等、輸作左校、俊上書謝恩、遂以転徙。

臣、初めて雒陽詔獄に決罪せられ、生きて牢戸を出でしとき、顧みて念《おも》えらく、元初中、故《もと》の尚書郎の張俊、事を漏泄するに坐し、重刑に伏すに当たり、已に穀門を出で、復た読鞫を聴くも、詔書もて馳せ救い、〔罪〕一等を〔減じて〕、左校に輸作せられしに、俊、上書して恩を謝し、遂に以て転徙せしことを。

同じ話を『後漢書』列伝第三五張俊伝では、「廷尉の将《ひき》いて穀門を出で、行刑に臨むに、鄧太后、詔もて騎を馳せ減死を以て論ぜしむ（廷尉将出穀門、臨行刑、鄧太后詔馳騎以減死論）」と伝えているから、張俊は「読鞫」の後、いましも処刑されんとするところを救われたことになる。

(6) 小　結

以上が睡虎地秦簡と張家山漢簡から読み取れる、県レベルにおける刑事訴訟の手続である。考証が煩瑣にわたったため、もう一度ここで全体を通覧しておこう。

犯罪は一般に、官憲に対する「告」すなわち申告により発覚する。「先自告」すなわち発覚前に自首した場合は減刑されたが、虚偽の申告は、故意であれば「誣告」「誣人」、故意でなければ「告不審」と称し、いずれも罪に問われた。「州告」という申告のやり直しや、「投書」という匿名文書による告発などは認められない。また、犯罪の内容によっては「非公室告」とされ、申告が受理されないこともあった。その代表例は「家」内部の犯罪を構成員みずから訴える場合であったが、「不孝」罪に関しては「三環」という手順を踏んだ上で告訴を受理したようである。こうした制度の背景として、「家」の秩序の保全という権力の意図を読み取ることが可能であろう。「告」を受けた県廷は、拘引や検分が必要であれば、県丞もしくは令史を派遣した。

被疑者に対する訊問は「訊」、供述は「辞」という。供述は通常、自らの身元の告知に始まり、「毋它罪」と結ぶ。その結果を受けて、姓名・身分・経歴や前科の有無を照会する文書が被疑者の本籍地に送達されたが、同時に「封守」すなわち資産と家族の差押えも指示された。こうした照会文書は、被疑者の本籍が県内の里にあれば、県丞の名で該当する郷に通達し、もし他県の里にあれば、該当する県に宛てて送られた。単なる身元確認にとどまらず、身分・年齢や前科の有無など量刑に影響を与える諸条件を確定しておく点に、照会の目的があったと推定される。

こうして被疑者の照会が終わり、訊問によって罪状が確定されると、刑罰の適用すなわち「論」がなされる。

「論」は裁きを担当する官吏の責任で行なわれるが、この手続に意図的な不正があれば「論獄不直」ないし「論獄縦囚」、故意でなくとも「失刑」と呼ばれ、ともに懲罰の対象となった。裁定行為の終了を「断」ないし「決」といい、この時点でもし不服があれば、「乞鞫」すなわち再審理の請求が認められていた。漢律によれば、再審理の請求期間は、結審から一年以内と定められていた。

二　訊問の原理

(1)　治　獄

第一章での検討によれば、「李斯の裁判」の核心をなす手続は、「案治」あるいは「験」と呼ばれる、当事者への訊問による事実の確定であった。ただし、『史記』の作者の関心が趙高の姦計に置かれていたために、訊問の実態については、拷問が用いられたことを除いて具体的な叙述に欠ける憾みがあった。幸いなことに、睡虎地秦簡「封診式」の中に訊問の実態を示す二篇の文章がある。そこで本節では、訊問がどのような原理のもとに、どのような形式で行なわれていたのかを、この史料によって解明することにしたい。それぞれに難解な表現が含まれており、解釈の分かれる箇所も少なくないが、重要な史料と思われるので、煩を厭わず諸説を批判・検討しながら語義を確定していくことにする。最初にとりあげる文章は、「治獄」と題する封診式の一節である。

〈32〉治獄　治獄、能以書従迹其言、毋治〔笞〕諒〔掠〕而得人請〔情〕為上、治〔笞〕諒〔掠〕為下、有恐為敗。（封診式1, p. 147）

治　獄　「睡虎地釈文註釈」は「審理法律案件」（「編年記」注50）、FCLはtrying a case、*RCL*はtrying lawsuitsと訳す。案件の審理と解する点で諸説は共通する。「睡虎地訳注初稿（一）」が指摘するように、『塩鉄論』刑徳篇に「春秋之治獄、論心定罪（春秋の獄を治むるや、心を論じて罪を定む）」と見えている。なお、下文で「笞」字に読みかえているように、「治」には「笞打つ」という語義もあるが、「治獄」の場合は「案治」「聴治」などの「治」と同様、「おさめる・しらべる」の謂であろう。

能以書従迹其言　「睡虎地釈文註釈」では「従迹」の語を「追査」すなわち「追及」の謂であると説き、全体を「能根拠記録的口供、進行追査（記録した供述にもとづき追及を進めることができる）」と訳す。「従迹」の目的語は「其言」であるから、訳文として不正確なように思われる。FCLはif one can use the documents to track down [the evidence in] their statements（もし文書を用いて当事者の供述［に含まれる事実］を突き止めることができれば）と訳し、*RCL*も大筋においてこれに同意する。妥当な解釈と思われるものの、「文書を用いて事実を突き止める」とは具体的にどのような手続なのか、この文章だけでは判然としない。この点について「睡虎地訳注初稿（一）」が、次に検討する「訊獄」の「必先尽聴其言而書之、各展其辞」との関連を示唆しているのは、当を得た指摘と言えよう。

得人情　「睡虎地釈文註釈」では『周禮』小宰の疏に「情、謂情実」とある訓詁を挙げて、「察得犯人的真情」という訳語を与える。FCLではget the facts on the parties（当事者についての事実を得る）。*RCL*も同様にobtaining the facts of the person と訳し、the person はまた被疑者と証人を含めた意味で the persons concerned とも訳せると注記する。「得人情」を「真実・真相を得る」と解する点で、三者の理解は一致する。これに対して「睡虎地訳注初稿（一）」では、「戦国から秦漢にかけての「人情」の用例は、ほとんど「人の本性」……を意味しているようである」との認識にもとづき、「心をつかむ」と翻訳している。この解釈によれば、「毋笞掠而得人情為上」とは「拷問によらないでその心をつかむのが上策」という意味になる。些細な違いに見えるけれども、「人情」という語の解釈は、当時の裁判像の理解をも大きく左右する鍵となる。いずれの解釈が妥当であるか、史料にもとづいて確定しておく必要があろう。

私見によれば、「人の心をつかむ」という解釈は、二つの点で成り立たない。第一は、語法の上から。「毋笞掠而得人情為上」と対照すれば明らかなように、「笞掠為下」とは「笞掠而得人情為下」の省略された表現である。したがって、もし「得人情」を「人の心をつかむ」と解するならば、「笞掠為下」とは「拷問によってその心をつかむのは下策」という意味になる。いかに「下策」であろうとも、これは奇妙な想定であろう。第二は、「人情」という語の用例から。確かにこの語を「人の本性」の意味で用いる例は少なくないが、他方、「得情」「情得」のように「得」字とともに用いられる「情」の字は、しばしば「真実・真相」の意味になる。たとえば『漢書』巻八三朱博伝に、若いころ密通をはたらき頬に傷を受けた尚方禁が、上官の朱博に傷の理由を問われると、「自ら情の得られたるを知り、叩頭して服状（自知情得、叩頭服状）」したという話を伝える。また、劉熙の『釈名』釈喪制に「獄死するを考竟と曰う。其の情を得て其の命を獄に竟《お》えるなり（獄死曰考竟、得其情竟其命於獄也）」とある「得其情」は、真実を得るための厳しい取調べのこと。同・釈宮室に「獄は确なり。人の情偽を実确するを言うなり（獄、确也。言実确人情偽也）」とある「人の情偽」は、「真実と虚偽」の意味である。以上により、「治獄」に見える「人情」の語は、やはり「人の情」すなわち「被疑者に関する真実・真相」の意味に理解すべきだと考える。

有恐為敗　「睡虎地秤文註釈」では、「恐嚇犯人以致不得真情就是失敗（犯人を脅して真相を得られないことになれば失敗である）」と注する。この説によれば、「為敗」とは「治獄」評価の最下位を意味する語ということになる。一方*RCL*では「有恐」以下を「笞掠為下」の理由を述べた文と考え、(for) when there is fear, (everything) is spoiled と翻訳している。拷問はその恐怖ゆえに「治獄」を失敗に終わらせるから「下と為す」のだ、という理解であろう。「睡虎地訳注初稿（一）」も*RCL*と同じく、「脅しによる取調べは、結局は失敗に陥るであろう」と解釈している。これに対して張建国は、張家山漢簡「奏讞書」における「恐為敗」「為敗」の用例から推して、「恐」とは「恐怖・恐喝」でなく「恐れる・危惧する」、「敗」とは「敗事」すなわち「だめにする」の意味であると説く。さらに「有」字を「又」と読み替えて、拷問は下策であり、「そのうえ敗事という結果をもたらす恐れがある」とするのが、張建国の解釈である（張建国　一九九七a、二八五～二八七頁）。注目すべき見解と言えよう。ちなみに、つとにFCLでは「有」字の「又」への読み替えと「敗」字をruinと訳す可能性とに言及していたが、訳文は「睡虎地秤文註釈」に従いintimidation is considered the worst [course of action] となっている。

以上の検討にもとづいて〈32〉全文を翻訳すれば、およそ次のような文章になろう。

〈32〉案件を審理するにあたっては、文書によって当事者の言葉を追及し、拷問を行なうことなく真実に至ることが上策である。拷問は下策であるうえに、悪い結果をもたらす恐れがある。

なお検討を要する箇所があるものの、述べられている内容は明白であろう。一言で言えば、拷問に頼ることなく真実を追求することが「治獄」の要諦である、という主旨の文章である。

（2）訊　獄

次に検討すべきは、同じく封診式の「訊獄」と題する一節である。

〈33〉訊獄　凡訊獄、必先尽聴其言而書之、各展其辞、雖智〔知〕其訑、勿庸輒詰。其辞已尽書而毋解、乃以詰者詰之。詰之有〔又〕尽聴書其解辞、有〔又〕視其它毋解者、以復詰之。詰之極而数訑、更言不服、其律当治〔笞〕諒〔掠〕者、乃治〔笞〕諒〔掠〕。治〔笞〕諒〔掠〕之必書曰、爰書、以某数更言、毋解辞、治〔笞〕訊某。（封診式 2-5, p. 148）

訊　獄　「睡虎地釈文註釈」は「審訊案件」、**FCL** は **questioning parties to a case**（案件について当事者を訊問する）、***RCL*** は **interrogating in a lawsuits**。訊問手続を意味する語とみる点で諸説は共通する。「睡虎地訳注初稿（一）」は、『説苑』君道篇の「訊獄詰窮毋《ママ》其辞、以法過之、四阻也」という一文を引き、「訊獄のやり方が窺える史料である」と述べている。追って明らかになるように、これは傾聴すべき指摘である。

各展其辞　「睡虎地釈文註釈」では「展、陳述」と注して、「使受訊者各自陳述（訊問を受ける者にそれぞれ陳述させる）」と訳し、**FCL** も同じく **with each party developing his statement** という訳文を与える。***RCL*** もこれと同様。対して「睡虎地訳注初稿（一）」では、「この条の全体を通じての主語は、あくまで「訊問」をする官吏である」との認識のもとに、「その供述の各部分を整理検討して」との解釈が示される。「展」字を「整」と解する点はさて措くとしても、「各展」を「各部分を整理検討して」と読めるかどうか、語法の上で無理があるように思われる。

毋　解　「睡虎地秂文註秂」は「問題没有交代清楚（問題点に明白な説明がない）」、FCLではthere are no explanations（説明がない）、*RCL*はit cannot be understood（書き留められた供述が理解できない）、「睡虎地訳注初稿（一）」は「供述の筋が通らない」。ニュアンスに多少の違いはあるものの、いずれも「毋解」を「供述内容に不明・不透明な点がある」と解する点で一致していると言ってよい。しかしながら、張家山漢簡「奏讞書」には、やや意味の異なる「毋解」が見える。その一例を必要部分のみ抜粋して示そう。

詰闌、闌非当得取〔娶〕南為妻也、而取〔娶〕以為妻、与偕帰臨菑〔淄〕、是闌来誘及奸、南亡之諸侯、闌匿之也、何解。闌曰、来送南而取〔娶〕為妻、非来誘也。吏以為奸及匿南、罪、毋解。

闌〔人名〕を詰問するに、「闌は南〔人名〕を妻として娶《めと》るべきでないのに、妻として娶り一緒に臨淄に帰ろうとした。闌は来誘および密通、南は諸侯への亡命、闌はこれを隠匿した罪になる。どう釈明するのか」と。闌の言うに、「〔斉国から〕南を送り届けた際に娶って妻としたのであって、来誘したのではありません。吏によって南と密通しこれを隠匿したとされた件については罪を認めます。〔これ以上〕釈明はありません」と。（奏讞書19-21, pp. 214-215）

事件の経緯ならびに「来誘」の語については、前後の文章とともに次項であらためて取り上げる。ここではただ、「詰」に対する返答が「毋解（解なし）」と結ばれている点に注目したい。この返答が〈33〉に「尽聴書其解辞」という「解辞」であり、結びに見える「毋解」こそ「其辞已尽書而毋解」とある「毋解」に当たる。飯島和俊が指摘する通り、「奏讞書」に見える訊問の場合、詰者の訊問の末尾は「何解」、被詰者の返答の末尾は「存吏毋解」「毋解」「毋它解」と締めくくられる（飯島　二〇〇二）。つまり「毋解」という語は本来、供述の結びの文言であり、「これ以上、釈明はない」という、言わば終了の意思表示であった。こうした例に照らして見れば、「訊獄」にいう「其辞已尽書而毋解」という一文は、「その供述がすべて記録され終わり、釈明なしの意思表示があれば」の意味であろうと推定できる。後文に見える「有〔又〕視其它毋解者」は、「さらにその他の釈明なしの意思表示がある供述を示し」との謂であろう。『礼記』曲礼上「幼子常視毋誑（幼子には常に誑《いつわ》り毋きを視《しめ》す）」の鄭注に「視、今之示字」とあるように、「示」の意味で「視」字を用いる例は、戦国秦漢時代の文献に少なくない[13]。

詰之極　「睡虎地釈文註釈」では「詰問到犯人辞窮（犯人が言葉に詰まるまで詰問する）」、FCL は When you have interrogated him to the greatest extent possible（できる限り訊問し）、*RCL* は When one has insisted to the limit、「睡虎地訳注初稿（一）」は「とことん詰問し」と翻訳する。「極」字が「窮」の謂であることは疑いないが、文献での用例としては、「詰問されて返答に窮する」ことを意味する場合も、「詰問を突き詰める」ことを意味する場合もある。『漢書』巻八三薛宣朱博伝の論賛に「事発見詰、遂陥誣罔、辞窮情得、仰薬飲鴆（事発《あら》われて詰せられ、遂に誣罔に陥り、辞は窮し情は得られて、薬を仰ぎ鴆を飲む）」とあるのは前者の例、『礼記』月令「詰誅暴慢、以明好悪、順彼遠方（暴慢を詰誅し、以て好悪を明らかにして、彼の遠方を順わしむ）」の鄭注に「詰謂問其罪窮治之也（詰とは其の罪を問い之を窮治するを謂うなり）」とあるのは後者の例である。ここにいう「詰之極」はどちらの意味にも解せるが、「官吏がまさに問いただすべきことを限界まで極めること」（「睡虎地訳注初稿（一）」）、すなわち「拷問を用いない訊問に手を尽くした」という解釈が、前後の文脈からみて穏当であろう。前節の〈27〉に引いた張家山漢簡「二年律令」の文章に、「診・報辞故弗窮審者（診・報を避けて故《ことさら》に窮審せざれば）」とある「窮審」にあたる。

更言不服　「睡虎地釈文註釈」は「更言、改変口供」と注して、「還改変口供、拒不服罪（なお供述を変えて、罪に服そうとしない）」と訳し、FCL、*RCL* ともこれと同様。FCLではさらに「李斯の裁判」に見える「終不敢更言、辞服」（第一章の〈7〉段落）という表現に注意を促す。「更言不服（言を更《か》え服さず）」が「不敢更言、辞服（敢えて言を更えず、辞服す）」の正反対の表現であることは明白であろう。「睡虎地訳注初稿（一）」は「不服」を「供述内容が一致しない」と訳しているが、訊問の場に見える「服」の語は、「李斯の裁判」に見える通り、ほぼ例外なく「服罪」の意味である。

毋解辞、治〔笞〕訊某　「睡虎地釈文註釈」は「無従弁解、対某拷打訊問（弁解のすべなく、某を拷問により訊問した）」、FCLは there were no explanatory statements, we questioned X by beating と訳し、*RCL* もこれと同様。先の「毋解」と異なり、ここにいう「毋解辞」は「説明・弁明ができない」という意味であろう。[14] 張家山漢簡「奏讞書」に、次のような用例が見える。

詰孔、何故以空鞞予僕、謾曰弗予。雅佩鞞刀、有〔又〕曰未嘗。孔毋解、即就訊磔、恐猲欲笞、改曰、（下略）

孔〔人名〕を詰問するに、「なぜ空《から》の鞞《さや》を奴僕に与えたのに、与えないと嘘をついたのか。もともと鞞付きの刀を携行していたのに、そうしたことはないと言ったのか」と。孔は弁明しなかったので、地面に引据えて、笞打つと脅したところ、改めて言うには（下略）（奏讞書 219-220, pp. 228-231）

前後を省いて引用したが、婢女を刺傷して金銭を奪った被疑者の孔を、凶器となった鞞刀の件で訊問している箇所である。「就訊磔」三字の意味が十分明白とは言えないが、後に引く「奏讞書」の一節に講という名の被疑者を「地に磔して」背中に水を浴びせたと見えていることから、拷問のため地面に平伏させることだと推測される。この「奏讞書」の一節は、「解辞毋《な》ければ笞もて訊《ただ》す」という「訊獄」の文言を理解する上で、看過できない史料であろう。

以上の検討にもとづいて、〈33〉の全文を翻訳しておく。

〈33〉およそ訊問にあたっては、必ず先ず当事者の言い分をすべて聞き、それを文書に記録せよ。それぞれに供述を行なわせ、偽りであることが判っても、すぐに詰問してはならない。供述がすべて記録され終わり、釈明なしの意思表示があれば、そこで詰問すべき事項を詰問せよ。詰問したら再度その釈明の言葉を聞き取って記録し、さらにその他の釈明なき供述を示して、もう一度それを詰問せよ。詰問に手を尽くしたが、〔被詰問者が〕何度も虚言を述べ、言をひるがえして罪状を認めず、律の規定により拷問に相当する場合は、そこで拷問せよ。拷問した場合は必ず「爰書。某は何度も言をひるがえして釈明がないので、拷問を用いて某を訊問した」と記せ。

「爰書」については第四章で述べる。FCLによれば、「律の規定により」と訳した箇所は、供述の態度が律では拷問に値するとみることも、被疑者の年齢・性別が律の規定にかなっていると考えることもできる（p. 132, n. 60）。いずれにせよ、ここに記されている内容が、詰問によって被疑者の罪状自認を得るための手続であることは明白である。『魏書』巻百十一刑罰志が伝える獄官令の規定は、こうした流れの延長上にあると言えよう。

諸察獄、先備五聴之理、尽求情之意、又験諸証信、事多疑似、猶不首実者、然後加以拷掠。

諸そ獄を察するには、先ず五聴の理を備え、情を求めるの意を尽くし、又たこれを証信に験《ため》して、事多く疑似するも、猶お首実せざれば、然る後、加うるに拷掠を以てせよ。

「五聴」とは『周礼』秋官小司寇職に「以五声聴獄訟、求民情（五声を以て獄訟を聴き、民の情を求む）」とあるのにもとづく。北魏の獄官令でも拷問は――少なくとも建前上は――手を尽くした後に残された最後の手段であった。

（3）　詰問と真実

以上検討した二つの文章は、互いにどのような関係にあるのだろうか。あらためて両者を対比してみると、文章の抽象度に違いはあるが、内容の上では同じ事がらを述べていることに気付くだろう。すなわち、〈32〉「治獄」においては「拷問に頼ることなく真実を追求すること」が上策であると説き、〈33〉「訊獄」においては「供述の録取と詰問とによって被疑者自身に罪状を認めさせる手続」について詳述する。つまり両者は訊問という手続について、目的と手段、理念と実践の関係にあると言えよう。「治獄」において上策とされた「文書によって当事者の言葉を追及し、拷問を行なうことなく真実に至る」訊問を実現するための具体的な方法が、すなわち「訊獄」に言う「必ず先ず当事者の言い分をすべて聞き」から「もう一度それを詰問せよ」までの部分にあたる。下策とされた「笞掠」すなわち拷問は、「詰問に手を尽くしたが、何度も虚言を述べ、言をひるがえして罪状を認めない」場合に限り――爰書にそのむね明記することを条件として――認可された手段であった。

右の理解に大過なしとすれば、ここからは当時の訊問について二つのことが読み取れる。第一は、どのような状態をもって「真実が得られた」と認めるのか、という点である。「訊獄」によれば、何度も虚言を述べ、言をひるがえし「服」さない場合は、拷問を認めるとされていた。ということは、拷問の目的は「服」を得ることであり、また、拷問を待たずに「服」すれば、それで訊問は終了ということになる。訊問は「情」すなわち真実を得るために行なうのであるから、つまりは被疑者が「服」した時点をもって、「情」が得られたと見なされたのであろう。「李斯の裁判」における訊問が、最初の「案治」では拷問による「誣服」をもって、次の「験」では自発的な「辞服」をもって、各々終了していることを想起したい。

第二は、どのような手段によって訊問は「服」に至るのか、という点である。上述の通り、それは供述の録取と詰問とを通じてであった。被疑者に対し嫌疑の事実を提示し、その供述を「毋解」であるむね確認のうえ書き留める。ついで供述の内容について不審な点を詰問するが、ひとたび「毋解（これ以上、釈明すべきことはない）」と意思表示した内容に、なお虚偽や矛盾が存在すれば、被詰問者は返答に窮するに違いない。このように、供述を録取し、詰問によりその虚偽・矛盾を突いて、被詰問者を追い詰めていくことが、「文書によって当事者の言葉を追及する（以書従迹其言）」方法であろう。その好例が先に一部を引用した張家山漢簡「奏讞書」の一節である。つとに宮宅潔や李均明によって注意を喚起されている文章であるが（宮宅　一九九八／李均明　二〇〇二ａ）、貴重な史料と思われるので、前後を含めて再録しておく。

〈34〉●十年七月辛卯朔癸巳、胡状・丞憙敢瀻〔讞〕之。刻〔劾〕曰、臨菑〔淄〕獄史闌令女子南冠繳〔縞〕冠、詳〔佯〕病臥車中、襲大夫虞伝、以闌出関。●今闌曰、南斉国族田氏、徙処長安。闌送行、取〔娶〕為妻、与偕帰臨菑〔淄〕、未出関得、它如刻〔劾〕。●南言如刻〔劾〕及闌。●詰闌、闌非当得取〔娶〕南為妻也、而取〔娶〕以為妻、与偕帰臨菑〔淄〕、是闌来誘及奸、南亡之諸侯、闌匿之也、何解。闌曰、来送南而取〔娶〕為妻、非来誘也。吏以為奸及匿南、罪、毋解。●詰闌、律所以禁従諸侯来誘者、令它国毋得取〔娶〕它国人也。闌雖不故来、而実誘漢民之斉国、即従諸侯来誘也、何解。闌曰、罪、毋解。（下略）

●高祖十年〔前一九七〕七月三日、胡県の状・丞の憙が上讞いたします。劾〔起訴状〕によれば、「臨淄の獄史の闌が女子の南に縞《しろぎぬ》の冠をかぶらせ、病気といつわり馬車の中に臥せ、大夫の虞の通行証によって闌とともに不法に出関しようとした」とあります。

●今、闌が言うには、「南は斉の国族の田氏で、長安に遷徙することになりました。闌は送り届けた際に、娶って妻とし、一緒に臨淄に帰ろうとしましたが、関を出ないうちに捕らわれました。その他の点は劾の通りです」と。

●南の言い分も劾および闌と同様。

●闌を詰問するに、「闌は南を妻として娶るべきでないのに、妻として娶り一緒に臨淄に帰ろうとした。闌は来誘および密通、南は諸侯への亡命、闌はこれを隠匿した罪になる。どう釈明するのか」と。闌の言うに、「〔斉国から〕南を送り届けた際に娶って妻としたのであって、来誘したのではありません。吏によって南と密通しこれを隠匿したとされた件については罪を認めます。〔これ以上〕釈明はありません」と。

●闌を詰問するに、「律が諸侯からの来誘を禁じているのは、他国に他国の人間を娶らせないためである。闌は意図的に来たのでないとはいえ、行為の内実は漢の民を誘って斉国に行こうとしたのであるから、つまりは諸侯から来誘したことになる。どう釈明するのか」と。闌の言うに、「罪を認めます。〔これ以上〕釈明はありません」と。

（下略）（奏讞書 17-22, pp. 214-215）

張家山漢簡「二年律令」に「□来誘及為間者、磔。亡之□」（「二年律令」3, p. 133-134）とあるように、「来誘」すなわち諸侯の人間が漢に入国し、漢の女性を娶って帰国することは、間諜と並ぶ重罪であった。上記の例で被疑者の側は、故意の不存在を理由に「来誘」罪を否定するが、詰問者は「行為の実体は来誘に同じ」という論理を対置することで、結局「罪、毋解（罪あり、解毋《な》し）」という自認に追い込んでいる。このような状況で発せられる「毋解」とは、睡虎地秦簡の「封診式」に見える供述の結び「毋它罪」「毋它坐罪」と同様、罪状自認の意思表示となる。これがすなわち「文書によって当事者の言葉を追及する」方法であり、「笞掠なくして人情を得る」実例であった。

以上のような訊問の背景にあるのは、詰問と自供を通して真実に到達できるとの確信であろう。本人が罪状を自認した以上、その有罪性に疑問を差し挟む余地はない。『急就篇』に「辞窮まり情得られて具獄堅し（辞窮情得具獄堅）」とあるように、訊問による真実の獲得こそが反駁の余地なき獄案の基礎であった。しかしながら、こうした確信が最終的に拷問という暴力によって担保されていることはやはり看過できない。「笞掠なくして人情を得る」訊問が常に可能でないことは、ほかならぬ「訊獄」の文章が語る通りであろう。右の『急就篇』の文章も、次のような流れの中の一句であった。

盗賊繋囚榜笞髕、（盗賊を捕らえて尻を笞打ち）
朋党謀敗相引牽、（一味の者を芋蔓式に）
欺誣詰状還反真、（嘘つきも詰問により真相を語り）
坐生患害不足憐、（悪事なす者に同情はしない）

辞窮情得具獄堅。（問い詰めて真実を得れば獄案は不動）

詰問と自供にもとづく真実の発見は、冤罪を生む構造を必然的に備えていた。史書を繙けば、拷問による「誣服」の例は枚挙にいとまない。前章「李斯の裁判」の骨格をなしていたのも、このような形の訊問であった。先述した『説苑』君道篇の一節は、そうした裁判のもつ弊害を批判した文章と言ってよい。

且夫国之所以不得士者、有五阻焉。…（中略）…訊獄詰窮其辞、以法過之、四阻也。

且つ夫れ国の士を得ざる所以の者は、五阻あり。…（中略）…獄を訊し其の辞を詰窮し、法を以てこれを過《とが》めるは、四阻なり。

しかしながら他方では、こうした弊害を防ぐ制度もまた存在していた。「訊獄」の末尾に「笞掠之必書曰、爰書、以某数更言、毋解辞、笞訊某（拷問した場合は必ず「爰書。某は何度も言をひるがえして釈明がないので、拷問を用いて某を訊問した」と記せ）」とあるように、拷問を用いたことの報告を義務づける規定がそれである。時代の下る史料ではあるが、次に示す長沙走馬楼出土の三国呉簡は、「榜押（拷問）」を加えた事実が訊問結果の報告書中に明言された例である（王子今　二〇〇一／徐世虹　二〇〇四a）。幅広の板（長二五・二、寛九・六㎝）を使用し、左上空白部に上級機関の批准を示す「若〔諾〕」字――いわゆる「画諾」――が草体で大書されている（王素　一九九九、四七～四八頁）。原文書の姿を伝える貴重な事例と思われるので、次に全文を掲示しておく（口絵4）。なお、本章では語釈に問題のある文字のみ注記し、官職などの考証は割愛したい。

録事掾潘琬叩頭死罪白。過四年十一月七日、被督郵敕考実吏許迪、輒与核〔覈〕事吏趙譚・部典掾烝若・主者吏李珠、前後窮核〔覈〕考問。迪辞、売官余塩四百廿六斛一斗九升八合四勺、僃〔博〕米二千五百六十一斛六斗九升已。二千四百卌九斛一升付倉吏鄧隆・穀栄等、余米一百一十二斛六斗八升、迪割用飲食不見〔現〕、為廖直事所覚。後迪以四年六月一日、偸入所割用米、畢付倉吏黄瑛□□録見都尉、知罪深重、詐言不割用米。重復実核〔覈〕、迪故下辞服。割用米審。前後榜押迪凡□□、不加五毒、拠以迪□□服辞結罪、不枉考迪。乞曹重列言府。傅〔付〕前解、謹下啓。琬誠惶誠恐、叩頭死罪死罪。

若〔諾〕　　二月十九日戊戌〔白〕

録事の掾の潘琬、恐れながら申し上げます。去る四年十一月七日に、督郵の敕を受けて吏の許迪を考実することになり、ただちに覈事の吏の趙譚・部典の掾の烝若・主者の吏の李珠とともに、繰り返し窮覈考問いたしました。迪が供述するには、「官の余塩四二六斛一斗九升八合四勺を売り、米二五六一斛六斗九升に換えました[15]。二四四九斛一升を倉吏の鄧隆・穀栄等に渡しましたが、残りの米一一二斛六斗八升は、迪が飲食しようと横領して見当たらないことが、当直の廖に気付かれました。その後、迪は、四年六月一日に、横領した米をこっそりと搬入し、全部を倉吏の黄瑛に渡して、〔文字不詳〕録を都尉に示し、罪の重いこと知り、米を横領していないと偽りを言いました」とのこと。繰り返し実覈したことで迪は供述を行い、罪状を自認しました。米を横領したのは事実です。繰り返し全部で〔文字不詳〕迪を拷問しましたが、五毒を加えてはおらず、その結果、迪が〔文字不詳〕罪状を自認し、罪が定まったのであり、迪に不正な取調べを行なってはおりません。どうか曹におかれましては再度、府に報告して下さいますように[16]。先の弁明を併せて、謹んで申し上げます。琬、恐惶叩頭死罪。二月一九日戊戌〔に申し上げます〕。（走馬楼呉簡 **J22-2540**）

官有の塩を米に換えた際、一部を横領したとの嫌疑により、許迪という官吏を訊問した記録の一節で、罪状自認にあたっては「榜押」したが「五毒を加えず」、「枉考（不当な訊問）」をしたわけではないと述べていることに注目したい。ここにいう「五毒」が具体的に何を指すのかは不明であるが、認可された拷問である「榜押」に対して、訊問における不当な暴力を指していることは確かであろう[17]。

いずれにせよ、「笞掠為下（拷問は下策である）」との「治獄」の文に照らせば、訊問に拷問を用いた事実を明記するということは、つまり「下策」に従ったことを明言するに等しい。とするならば、このようにして得られた真実は、拷問なしのそれに比べて、何らかの留保を伴うことになるのではないか。この規定がもつ意義については、漢代の爰書を論じる第四章において詳述したい。

三　乞鞫と失刑

第一節で述べたように、秦・漢の制度によれば、裁定の終了を待って「鞫を乞う」ことが認められていた。訴訟手続における「鞫」の目的は、「律令適用の前提となる行為が如何なるものだったか確認する」（宮宅　一九九八、五六頁）ことにあるから、乞鞫とは「刑罰の対象となった行為を再確認するよう請求すること」と定義できよう。乞鞫請求のための諸条件については、第一節の「裁判・再審」の項で述べた。ここで問題としたいのは、乞鞫が受理された後の官憲側の対応と、審理・裁定を担当した官吏への処分、ならびに雪冤を果たした本人に対する処遇である。

こうした問題を考えるにあたっては、張家山漢簡「奏讞書」の記載の中から、多くの示唆を得ることができる。

とりわけ99～123簡に記された、秦王政の二年（前二四五）にあたる紀年を冠した一件は、乞鞫が受理された後の手続を知る上で恰好の史料と言える。その内容は、共謀して牛を盗んだと誣告された人物が乞鞫により雪冤を求めたもので、本章では以下、当事者の名前をとって「毛誣講盗牛案」と仮称しておく。次にその文章を掲出するが、全体は長文にわたるため段落に区切り、当面の問題にとって重要な箇所以外は内容の要約をもって翻訳に替えたい。なお、この史料については、つとに飯尾秀幸や学習院大学漢簡研究会による訳注がある（飯尾　一九九五／学習院大学漢簡研究会　二〇〇〇）。本書と解釈の相違も散見するが、異同を逐一注記することは避けたい。

Ⅰ　黥城旦の講による乞鞫（99簡）

四月丙辰、黥城旦講乞鞫、曰、故楽人、不与士五（伍）毛謀盗牛、雍以講為与毛謀、論黥講為城旦。

四月丙辰、黥城旦の講が鞫を求めて言うには、「もと楽人、士伍の毛と牛を盗むことを共謀していないのに、雍県は講が毛と共謀したとして、講に黥城旦の刑罰を適用した」と。

Ⅱ　獄案の再点検（99～106簡）

覆視其故獄。元年十二月癸亥、亭慶以書言雍廷、曰、毛買（売）牛一、質、疑盗、謁論。毛曰、盗士五（伍）牝牛、毋它人与謀。牝曰、不亡牛。毛改曰、迺已嘉平可五日、与楽人講盗士五（伍）和牛、牽之講室、講父士五（伍）処見。処曰、守枅（汧）邑南門、已嘉平不識日、晦夜半時、毛牽黒牝牛来、即復牽去、不智（知）它。和曰、縦黒牝牛南門外、迺嘉平時視、今求弗得。以毛所盗牛献和、和識、曰、和牛也。講曰、践更咸陽、以十一月行、不与毛盗牛。毛改曰、十月中与謀曰、南門外有縦牛、其一黒牝、類擾易捕也。到十一月復謀、即識捕而縦、講且践更、講謂毛勉独捕牛、買（売）、分講銭。到十二月已嘉平、毛独捕、牽買（売）雍而得、它如前。●詰訊毛于詰、詰改辞如毛。

〔要約〕以前の獄案を再点検した。元年十二月癸亥、亭の慶から雍県に、毛の売っている牛が盗品であるようだとの訴えがあった。毛を訊問したところ、「士伍の牝の牛で、他人と共謀してはいない」と供述したが、牝は牛を盗まれてはいないと言う。すると毛は供述を改め、「先の嘉平〔蠟祭〕の五日目ごろに、楽人の講と謀って士伍の和の牛を盗んで講の父の処もその牛を見ている」と言った。処は嘉平の夜に毛が黒牛を牽いてきたのを見たと言い、和も自分の牛であるむね証言した。これに対し講が、「十一月から践更のため咸陽におり、毛と共謀してはいない」と抗弁すると、毛は言を改め、「十月に南門の外に放してある牛を盗む相談をした。十一月に再び相談し、講は践更に出るにあたり、毛が単独で牛を盗んで売り払い、その分け前を講に渡すよう言った。十二月の嘉平のおり、毛は単独で牛を盗み、雍県へ売りに行って捕らえられた」と供述した。

其鞫曰、購与毛謀盗牛、審。二月癸亥、丞昭・史敢・銚・賜論黥講為城旦。

その罪状認定によれば、「購は毛と共謀して牛を盗んだこと、明白」とある。二月癸亥に、丞の昭、史の敢・銚・賜は講を黥城旦の刑罰に当てた。

Ⅲ　関係者の再調査（106～116簡）

今講曰、践十一月更外楽、月不尽一日下総咸陽、不見毛。史銚初訊謂講、講与毛盗牛、講謂不也、銚即磔治〔笞〕講北〔背〕可□余、北〔背〕□数日、復謂講盗牛状何如。講謂実不盗牛。銚有〔又〕磔講地、以水責〔漬〕講北〔背〕。毛坐講旁、銚謂毛、毛与講盗牛状何如。毛曰、以十月中見講、与謀盗牛。講謂不見毛弗与謀、銚曰、毛言而是、講和弗□。講恐復治〔笞〕、即自誣曰、与毛謀盗牛、如毛言。其請〔情〕講不与毛謀盗牛。診講北〔背〕、治〔笞〕紖〔朋〕大如指者十三所、小紖〔朋〕癥相質五〔伍〕也、道肩下到要〔腰〕、稠不可数。

〔要約〕講が言うに、「十一月に外楽で践更のため、月末に咸陽に集まったが、毛と会ってはいない。史の銚が講を訊問し、毛と共謀して牛を盗んだと言うので、違うと言うと笞で拷問を受けた。数日後、また共謀について訊くので、本当に盗んでいないと言うと、地面に押さえつけられ背中に水をかけられた。毛がその旁らにいて、十月に講と会って牛を盗む相談をした、と言う。講はまた拷問されることを恐れ、毛と共謀して牛を盗んだむね曲げて自認した」と。講の体を調べると、背中に肩から腰にかけて大小の瘢痕が無数に認められた。

毛曰、十一月不盡可三日、与講盗牛、識捕而復縦之、它如獄。●講曰、十月不尽八日為走馬魁都庸〔傭〕、与偕之咸陽、入十一月一日来、即践更、它如前。毛改曰、誠独盗牛、初得□時、史騰訊毛謂盗牝牛、騰曰、誰与盗。毛謂独也。騰曰非請〔情〕。即笞毛北〔背〕、可六伐。居八九日、謂毛、牝不亡牛、安亡牛。毛改言請〔情〕、曰、盗和牛。騰曰、誰与盗。毛謂獨也。騰曰、毛不能独盗。即磔治〔笞〕毛北〔背〕殿〔臀〕股、不審伐数、血下汙池〔地〕。毛不能支治〔笞〕疾痛、即誣指講。講道咸陽来、史銚謂毛、毛盗牛時、講在咸陽、安道与毛盗牛。治〔笞〕毛北〔背〕、不審伐数。不与講謀、它如故獄。

〔要約〕毛はなおも共謀を主張したが、講が走馬の魁都の雇人として咸陽に行った事実を告げると、供述を改め、「最初、牝の牛を盗んだと供述し史の騰に訊問された際、単独犯を主張したが、独りで牛が盗めるはずがないと言われて拷問を受けた。その後、牝は牛を盗まれていないと言われたので、実は和の牛を盗んだと答えた。誰と盗んだかと聞かれたので、単独でと答えると、独りで盗めるはずがないと拷問を受け、痛みに耐えかねて講に濡れ衣を着せた。講が咸陽に行っていたことがわかると、史の銚は咸陽にいる者とどうして共謀できるのかと言って拷問した。実際は講と共謀していない」と告白した。

和曰、毛所盗牛雅擾易捕、它如故獄。●処曰、講践更咸陽、毛独牽牛来、即復牽去。它如獄。魁都従軍、不訊、其妻租言如講。

〔要約〕牛の持主の和は、「盗まれた牛はもともと温和で、単独でも捕らえやすい」と証言した。講の父の処は、「講が咸陽に践更しているおり、毛が独りで牛を牽いてやって来た」と証言した。魁都は従軍中のため訊問できなかったが、彼の妻が講と同じ証言をした。

Ⅳ　毛の詰問（116〜119簡）

●詰毛、毛笱〔苟〕不与講盗牛、覆者訊毛、毛何故不蚤〔早〕言請〔情〕。毛曰、覆者初訊毛、毛欲言請〔情〕、恐不如前言、即復治〔笞〕、此以不蚤〔早〕言請〔情〕。●詰毛、毛笱〔苟〕不与講盗、何故言曰与謀盗。毛曰、不能支疾痛、即誣講、以彼治罪也。診毛北〔背〕笞紖〔朋〕瘢相質五〔伍〕也、道肩下到要〔腰〕、稠不可数、其殿〔臀〕瘢大如指四所、其両股瘢大如指。

〔要約〕「もし講と共謀したのでないのならば、なぜ再度訊問された時に真実を告げなかったのか」と詰問すると、毛は、「真実を告げて前の供述と食い違えばまた拷問されるのを恐れた」と答えた。「講と共謀していないのに、なぜしたと言ったのか」と詰問すると、毛は「拷問の苦痛に耐えられず、講を誣告すればそれで理由になると思った」と答えた。毛の背中を調べると、肩から腰まで大小の瘢痕が無数にあった。

Ⅴ　原審担当者への質問（119〜120簡）

騰曰、以毛讂〈謾〉、笞。它如毛。銚曰、不智〔知〕毛誣講、与丞昭・史敢・賜論盗牛之罪、問如講。昭・敢・賜言如銚、問如辞。

〔要約〕騰は、毛が偽りを言ったので笞打ったと言った。銚は、毛が講を誣告したとは知らず、丞の昭、史の敢らと講を盗牛罪で裁いたと言った。昭・敢・賜の言い分も銚と同じであった。

Ⅵ　新たな罪状認定（120～121簡）

●鞫之、講不与毛謀盗牛、吏笞諒〔掠〕毛、毛不能支疾痛而誣講、昭・銚・敢・賜論失之、皆審。

罪状を確定する。講は毛と盗牛を共謀していない。吏が毛を拷問し、毛は苦痛に耐えられず講を誣告した。昭・銚・敢・賜らによる刑の適用は失当。以上すべて明白。

Ⅶ　講の就役地への通達（121～123簡）

●二年十月癸酉朔戊寅、廷尉兼謂汧嗇夫。雍城旦講乞鞫曰、故楽人、居汧酤中、不盗牛、雍以講為盗、論黥為城旦、不当。覆之、講不盗牛。講毄〔繫〕子県、其除講以為隠官、令自常、畀其於於。妻子已売者者、県官為贖。它収已売、以賈〔価〕畀之。及除坐者貲、貲□人環〔還〕之。騰書雍。

二年十月癸酉朔戊寅〔六日〕、廷尉の兼が汧の嗇夫に謂う。雍県で城旦の裁きを受けた講が乞鞫して言うには、「もと楽人で、〔今は〕汧県の酤中に居住。牛を盗んでいないのに、雍県は講が盗んだとみて、黥城旦に当てたが、不当である」と。再審理したところ、講は牛を盗んでいない。講は貴県に繫留されている。釈放して隠官となして「自常」させた上、身柄を於県に委ねよ。妻・子のすでに売られた者は、県官が贖身し、没収されて売られたその他の物は、代価を講に与えられたし。連坐した者の貲〔罰金〕を免除し、当人に返還されたい（？）。この文書を雍県に急送せよ。

冤罪の生まれる現場を目の当りにするような史料であるが、ここで論じたいのはそのことではない。検討すべきは、Ⅰ乞鞫の受理、Ⅱ～Ⅵ案件の再審理、Ⅶ就役地への通達のそれぞれについて、いかなる機関が担当しているのかという点である。この問題を考える上で、第一節に〈31〉として引いた張家山漢簡「二年律令」の文は看過できない。そこには次のような規定が見えていた。

乞鞫者各辞在所県道。県道官令・長・丞謹聴、書其乞鞫、上獄属所二千石官、二千石官令都吏覆之。都吏所覆治、廷

鞫を乞う者は各々居住地の県・道に申し出る。県・道の官の令・長・丞は謹んでこれを受理して、鞫を乞う内容を書き記し、獄案を所轄の二千石官に上呈し、二千石官は都吏にこれを再審理させる。都吏の再審理した内容は、廷が

「廷」より後の部分は錯簡と思われるので省いた。「在所」とは、「奏讞書」の一節に「武は六月壬午を以て出でて公粱亭に行き、今に至るも来らず、在所を知らず、求むれども得ず（武以六月壬午出行公粱亭、至今不来、不知在所、求弗得）」（75-76, p. 219）とあることからみて、「現に今いる場所、居場所」の意味であろう。黥城旦の講はⅦによれば、「汧県の酤中」で就役しているから、彼が乞鞫すべき「在所」とは汧県であるに違いない。したがって、Ⅰで乞鞫を受理し文書化したのは、汧県の令長・丞ということになる。同様に右の律文によれば、汧県は結果を二千石官に上申し、その指示によって都吏が再審理を行なう。汧県は内史に属しているから、この場合の二千石とは郡守ではなく内史であろう。都吏という呼称は「二年律令訳注稿（一）」が指摘するように、『漢書』巻四文帝紀に「二千石は都吏を遣りて循行せしむ（二千石遣都吏循行）」とあり、如淳注に引く「律説」に「都吏は今の督郵是れなり（都吏今督郵是也）」と見えている。Ⅱ～Ⅵの再審理を担った官吏は、二千石によって

うことになる。

派遣された行政監督官としての都吏である。換言すれば、Ⅱ～Ⅵの内容が律文に言う「都吏の覆治する所」とい

二千石の指示を受けた都吏がまず行なったのは、「故獄」すなわち原審の獄案を再点検することであった。つとに彭浩や宮宅潔が指摘している通り、当時の裁判は発覚地点（案発地）の県廷が管轄することを原則とする（彭浩　一九九五／宮宅　一九九八）。本件の端緒は雍県の亭長による告発であるから、毛・溝ともに雍県において裁かれた。したがって、講の裁判の経緯を記した一括書類は、雍県に保管されていたはずである。Ⅶの部分に「雍城旦講」と見えるのは、「雍県で城旦の裁きを受けた講」の意味であろう。

Ⅲ～Ⅴが都吏による再審理、Ⅵがその結果にもとづく新たな「鞫」である。Ⅱに記された原審の「鞫」と対照すれば、「鞫之」に始まり「審」と結ぶのが、この文書の書式であったことがわかる。(18) 興味深いのは、新たな「鞫」の文中に、講の雪冤にとどまらず、毛による誣告の事実と役人たちの対応の不当とが明記されていることである。「論失之（論これを失う）」とは、第一節〈27〉に引いた「法律答問」に言う「失刑」にあたる。故意に均衡を欠いた刑罰を当てれば「論獄不直」であるが、講のケースは役人たちへの質問の結果、毛の誣告を見破れなかった不注意に原因があると判断されて、「失刑」の罪に問われたのであろう。

再審の「鞫」を受けて、講が就役する汧県に通達が出される。この手続を記すⅦの部分は、全体が廷尉の兼から汧県の嗇夫に宛てた公文書の形式を備えている。上記「二年律令」の文に「都吏所覆治、廷（都吏の覆治する所は、廷）」とあるのは、この通達の手続を指している——したがって、本来は「尉」字で始まる簡に接続していた——に相違ない。

「毛誣講盗牛案」のⅧにはさらに、雪冤後の処遇についても記されている。黥刑を受けた刑余の身である本人

は隠官となし、没官ののち売られていた妻子は買い戻し、家族を復元させる。原住地の汧県ではなく於県へと行かせているのは、隠官（肉刑を受けたのち釈放された人々）に特有の職務内容もしくは身柄の管理と関係があろう。[19]「令自常」を「張家山釈文注釈」は「令自尚」と読み替えているが、この語の解釈については補論において詳述したい。

最後に関連して二つのことを指摘しておきたい。第一は、乞鞫と上讞（請讞）との類似である。周知のように、『漢書』巻二三刑法志に引く高祖七年の詔の中に、上讞についての原理的な文章が見える。

高皇帝七年、制詔御史。獄之疑者、吏或不敢決、有罪者久而不論、無罪者久繫不決。自今以来、県道官獄疑者、各讞所属二千石官、二千石官、以其罪名当報之。所不能決者、皆移廷尉、廷尉亦当報之、廷尉不能決、謹具為奏、傅所当比律令以聞。

高皇帝七年〔前二〇〇〕、御史に制詔す。獄の疑わしき者、吏或いは敢えて決せず、罪ある者は久しく論ぜられず、罪なき者は久しく繋がれて決せず。今より以来、県道の官、獄の疑わしき者は、各々所属の二千石官に讞し、二千石官は、其の罪名を以てこれに当報せよ。決する能わざる所の者は、皆な廷尉に移して、廷尉またこれに当報し、廷尉も決する能わざれば、謹んで具して奏を為し、当比する所の律令を傅し以聞せよ。

ここに明白に述べられる通り、上讞とは裁きにあたる地方官吏が二千石官に伺いを立て、裁判の滞留と誤審とを防止するための制度であった。これに対して、裁きを受けた者の請求により二千石官に再審を求める手続が、つまりは乞鞫であると理解できよう。両者は共に、秦から漢初にかけての二千石官がもつ司法監査の役割を、よく示す制度であると言ってよい。「毛誈講盗牛案」のような乞鞫の経緯を示す文章が、「讞」の案例ともども「奏讞書」として一括されているのは、単なる偶然ではないと思われる[20]。

第二は、乞鞫と「失」との関係である。すでに見たように、乞鞫の結果、冤罪が確定すれば、原審を担当した吏は――故意の誤審でない限り――刑罰の適用失当の罪に問われる。したがって、

〈30〉以乞鞫及為人乞鞫者、獄已断乃聴、且未断猶聴殹〔也〕。獄断乃聴之。失鋈足、論可〔何〕殹〔也〕。如失刑罪。

という第一節に引いた「法律答問」の文章は、全体が一つの関連のもとに解釈されるべきだろう。「鋈足」とは漢代の釱趾刑、すなわち金属製の足枷を付ける刑罰であり、秦においては肉刑を回避する場合に用いられた（劉海年　一九八二）。一方、「失刑」の「刑」とは先述のように、黥刑を中心とした肉刑を意味する場合が少なくない（冨谷　一九九八、三〇頁）。とするならば、「失鋈足」以下の文意は、「乞鞫の結果、失「鋈足」つまり鋈足刑に誤審したことが判明した場合も、失「刑」つまり肉刑の誤審と同じ扱いになる」と理解することが可能であろう。前文と「別の一条」では決してない。

おわりに

本章での検討により、秦から漢初にかけての地方レベルの刑事訴訟の実態は、かなりの程度まで明らかになったと考える。訴訟手続の全体を構成するのは、「告」「訊」「論」の三本の柱であるが、中でも核心に位置するも

のが「訊」すなわち訊問であった。第二節で見たように、訊問の具体的な方法は、被疑者に罪状を提示して問い詰め自認に追い込むことであり、その段階で「情」すなわち真実が得られたと判断された。このような自白にもとづく実体的真実の究明こそが、訊問の目的であったと言ってよい。

「告」すなわち犯罪の申告は、「訊」の手続を開始する前提となる。「告」をめぐって様々な規定が設けられているのは、当時の刑事訴訟が原則として「告」ないし「劾」をもって開始されたことの反映であろう。(21) 一方、「論」すなわち刑罰の適用にとって、慎重な訊問が前提となることは言うまでもない。睡虎地秦簡や張家山漢簡が伝える秦漢の律は、すでに緻密で複雑な全体像を備えているが、それは訊問により得られた真実が無限の多様性をもつことと対応している。犯罪の態様はもちろん、時に犯罪人の心意に至るまで仔細に特定する訊問の姿勢が、刑罰の細分化を促したであろうことは想像に難くない。その結果、細分化された律が今度は、犯罪内容を細部にわたって特定することを求める。訴訟手続の特性と実体法の特性とは、互いに原因と結果の関係にあると言えようか。

こうした訴訟をつかさどるのは、「毛誣講盜牛案」にその名の見える県丞と史つまり書記官であった。史書にいう獄吏の実態は、県においてはこうした書記官たちであり、鄢県の「令史」である睡虎地十一号秦墓の墓主もその一員であった。県レベルにおける訴訟の担い手が秩百石以下の小吏であることは、つとに宮宅潔によって指摘されており（宮宅 一九九八）、その意味で「獄吏主導型」ないし「小吏主導型」の刑事裁判と呼ぶことも可能であろう。

そうした小吏主導型の裁判は、上級機関である二千石から中央の廷尉、さらには皇帝に至る官僚制度のヒエラルキーの末端に位置していた。本章では一例として乞鞫と上讞に言及したが、それ以外にも死刑のような重罪に関しては、二千石に「具獄」（治獄に関連する文書一式）を呈上し、都吏に「復案」を乞う必要があった。[22] このように上級の批判にさらされることは、一面で冤罪を防ぐ効果をあげたが、反面、獄吏の側でも容易に反駁されぬよう周到な文案の作成に意を用いる結果となった。前漢の路温舒は先述の通り「県中、疑事は皆なこれに問う」ほどの能吏であったが、彼にはまた宣帝の即位にあたり「尚徳緩刑」を求めた上奏文があり、その中に次のような一節が見えている（『漢書』巻五一）。

夫人情安則楽生、痛則思死。棰楚之下、何求而不得。故囚人不勝痛、則飾辞以視之、吏治者利其然、則指道以明之、上奏畏卻、則鍛錬而周内之。蓋奏当之成、雖咎繇聴之、猶以為死有余辜。何則、成練者衆、文致之罪明也。

夫れ人情は安らかなれば則ち生を楽しみ、痛みあれば則ち死を思う。棰楚の下、何をか求めて得ざらんや。故に囚人は痛みに勝えざれば、則ち辞を飾り以てこれに視《しめ》し、吏の治する者は其の然るを利とすれば、則ち道を指し以てこれを明らかにし、上奏には卻けらるるを畏《おそ》るれば、則ち鍛錬してこれを周内す。蓋し奏当の成るや、咎繇と雖もこれを聴き、猶お死するも余辜ありと以為《おも》わん。何となれば、成練する者衆《おお》く、文致の罪明らかなればなり。

「周内」とは、文章に破綻なきよう入念に論理の隙間を埋めること。[23] そうすれば、獄訟に長じた咎繇であろうと納得させてなお余りある、と路温舒は言う。上級機関による冤罪摘発の難しさを告発した文章であるが、裏を返せば、治獄にあたる小吏たちが訴訟文書の作成にいかに腐心していたかを伝える証言でもある。「毛誣講盗牛案」において点検された「故獄」の文章が、それ自体では何の矛盾も含まぬことを、あらためて想起すべきであろう。

注

（1）秦の制度との対比を視野に入れた研究として、包山楚簡を用いて楚国の訴訟制度を解明した廣瀬薫雄の論考がある（廣瀬二〇〇二）。

（2）本文で後述するように、「論」とは罪状に応じて刑罰を当てること、「収」とは収孥つまり家族の身柄を官に没収することである。この問答で「論および収に相当するか否か」が問題となっているのは、犯人の甲が死去した後の告発であっても存命中と同様の裁きをするのか、判断に迷うためである。「論」のみならず「収」についても問われていることから、殺人罪に対する刑罰に家族の収孥を伴ったことがうかがえる。

（3）『後漢書』本紀第二明帝紀、永平八年条

詔三公募郡国中都官死罪繋囚、減罪一等、勿笞、詣度遼将軍営、屯朔方・五原之辺県。妻子自随、便占著辺県。父母同産欲相代者、恣聴之。

（4）睡虎地秦簡「封診式」15-16, p. 150

盗自告　□□□爰書。某里公士甲自告曰、以五月晦与同里士五〔伍〕丙盗某里士五〔伍〕丁千銭、毋〔無〕它坐、来自告、告丙。即令〔令〕史某往執丙。

（5）『後漢書』列伝第七馮異伝

至邯鄲、遣異与銚期乗伝撫循属県、録囚徒、存鰥寡、亡命自詣者除其罪、陰条二千石長吏同心及不附者上之。

『三国志』巻三九蜀書呂乂伝

亮卒、累遷広漢・蜀郡太守。蜀郡一都之会、戸口衆多、又亮卒之後、士伍亡命、更相重冒、姦巧非一。乂到官、為之防禁、開喩勧導、数年之中、漏脱自出者萬余口。

(6) たとえば佐原康夫は、官吏ではなく民間人が「劾」の対象となった例のあることを認めている(佐原 一九九七、一九～二〇頁)。とするならば、「劾」とは官吏の職権による告発であると理解するほうが穏当なのではあるまいか。ちなみに、沈家本『漢律摭遺』巻一目録では、「告」「劾」の違いを次のように説いている。

告・劾是二事、告属下、劾属上。…(中略)…凡此言劾者、並為上対下之詞、而告者乃下対上之詞、二字正相対待。

(7)『後漢書』列伝第二四梁統伝

松数為私書請託郡県、二年、発覚免官、遂懐怨望。四年冬、乃県飛書誹謗、下獄死、国除。(李賢注。飛書者、無根而至、若飛来也、即今匿名書也。)

(8) 金燁は「非公室告」の背景に家族間犯罪を「容隠」する伝統的家族倫理を読み取っている(金燁 一九九四)。「容隠」とは『論語』子路篇の、「父は子の為に隠し、子は父の為に隠す」ことを「直(正しい)」と評した孔子の言葉に由来する表現であるが、父が他人の羊を盗んだ行為を「隠す」ことをも「直」とする孔子の思想と、「非公室告」の理念とは相容れないのではあるまいか。なお、中国の伝統的法律文化を論じた范忠信らの著作でも、同様に「非公室告」を「容隠」精神を体現した規定であると解釈している(范・鄭・詹 一九九二、一〇〇～一〇一頁)。

(9)『通典』巻一六五・刑法三

諸告言人罪、非叛以上者、皆令三審。応受辞牒、官司並具暁示、並得叛反坐之情。毎審皆別日受辞(若使人在路、不得留待別日受辞者、聴当日三審)、官人於審後判記審訖、然後付司。若事有切害者、不在此例(切害、謂殺人・賊盗・逃亡若強姦良人、並及更有急速之類)。

(10) 陳偉によれば、張家山漢簡に見える「降漢」「降為漢」とは、「漢に降伏する」の謂ではなく、「漢朝になって」の意味である。「漢朝になって」戸籍に登載することが問題となっているのは、『漢書』巻一高帝紀下、五年五月の詔に、

民前或相聚保山沢、不書名数。今天下已定、令各帰其県、復故爵田宅、吏以文法教訓辨告、勿笞辱。

とある一節と関連すること、やはり陳偉の説く通りであろう(陳偉 一九九七)。なお陳偉論文の存在については、廣瀬薫雄氏より教示を受けた。

(11) 史書では「当」の代わりに「抵〔氐〕」字を用いることもある。この「抵〔氐〕」字について、王念孫『読書雑志』四・漢書

十一「具罪」に興味深い考証がある。やや長文にわたるが、次に引用しておこう。（ ）内は原文割注である。

彭越張敖南郷称孤、繋獄具罪。師古曰、或繋於獄或至大罪也。念孫案、如師古注、則正文本作繋獄氐罪。氐者、至也。故注言至大罪。氐字或作抵（礼楽志、大氐皆因秦旧事焉。師古曰、其後字或作抵、音義並同）。文選作繋獄抵罪、是其明証也。今本作具罪者、氐譌為具（隷書氐字或作互、又作亙。形与且相似、因譌為且。史記高祖功臣侯者年表、稾祗侯陳錯、漢表祗作祖。地理志、常山郡元氏、泜水首受中邱西山窮泉谷、今本泜譌作沮。皆其例也）、後人又改為具耳。説文曰、氐、至也。呂氏春秋必己篇、宋桓司馬抵罪出亡、高誘曰、抵、当也。漢書高帝紀、傷人及盗抵罪、応劭曰、抵、至也、当也。除秦酷政但至於罪也（見史記集解）。杜延年伝或抵其罪法、師古曰、抵、至也。致之於罪法。以上凡言抵罪者、皆謂至於罪也。抵与氐同、故此注云、或至大罪。若改氐罪為具罪、則非其義矣。

(12) ただし漢代においては、刑罰と陰陽・季節とが密接に関連付けられた結果、刑を執行しうるのは冬の三か月間に限られていた。『周礼』秋官郷士「協日刑殺」の鄭司農注に「協は合なり、和なり。支幹の善日を和合すること、今時の望後の利日の若きなり（協、合也、和也。和合支幹善日、若今時望後利日也）」と説くのによれば、行刑の日は望後に限定されていたかに思えるが、『論衡』譏日篇に「其の市に刑するや、吉日を択ばず（其刑於市、不択吉日）」とあるように、必ずしも望後にこだわらない記述も見える。この問題については、西田太一郎「刑罰と陰陽・季節」（西田　一九七四）を参照のこと。

(13) たとえば『漢書』巻二四下食貨志下

昭帝即位六年、詔郡国挙賢良文学之士、問以民所疾苦、教化之要。皆対願罷塩鉄酒榷均輸官、毋与天下争利、視以倹節（師古曰、視読曰示）、然後強化可興。

また、本文110頁に引く路温舒伝にも「飾辞以視之（辞を飾り以てこれに視す）」と見えている。ちなみに、『礼記』曲礼上「幼子常視毋誑」の正義には次のようにある。

古者観視於物及以物視人、則皆作示旁著見。後世已来、観視於物作示旁著見、以物示人単作示字。故鄭注経中視字者、是今之以物示人之示也。是挙今以辨古。

(14)「毋解」に両様の意味のあることは、すでに張建国が指摘している（張建国　一九九七b）。すなわち、一つは「被告が犯罪事実を承認し、引き続き弁解する問題がない」状態、もう一つは「被告が事実を承認せず、かつ自己の行為もしくは供述中の詰問を受けている部分について回答ができない」状態をいう。

(15)「僠」字について胡平生は、上下の文意から推測すれば、「沽・売の意で、許迪は官塩を売って米に変えたのであろう」と述べている（胡平生　一九九九、四六頁）。思うに、「僠」は「博」の通仮字ではないか。「博」に「換易（かえる）」の意味があることは、『宋書』巻九五索虜伝の次の用例からうかがえる。

　此後復求通和、聞太祖有北伐意、又与書曰、…（中略）…今聞彼自来、設能至中山及桑乾川、随意而行、来亦不迎、去亦不送。若厭其区宇者、可来平城居、我往揚州住、且可博其土地（傖人謂換易為博）。

(16)「列言」とは「報告」の謂。たとえば『宋書』巻九七夷蛮伝天竺迦毗黎国条に

　元嘉十二年、丹陽尹蕭摹之奏曰、…（中略）…請自今以後、有欲鋳銅像者、悉詣台自聞。興造塔寺精舎、皆先詣在所二千石通辞、郡依事列言本州。須許報、然後就功。其有輒造寺舎者、皆依不承用詔書律、銅宅林苑、悉没入官。

(17)「五毒」が笞掠以外の拷問であることは、たとえば『後漢書』列伝第四一陳禅伝の文章からうかがえる。

　陳禅字紀山、巴郡安漢人也。仕郡功曹、挙善黜悪、為邦内所畏。察孝廉、州辟治中従事。時刺史為人所上受納臧賂、禅当伝考、無它所齎、但持喪斂之具而已。及至、笞掠無筭、五毒畢加、禅神意自若、辞対無変、事遂散釈。

文中に見える「伝考」について李賢注は「伝謂逮捕而考之也」と注する。ここに言う「逮捕」は唐制の「赴逮」すなわち訊問のため獄に召喚することを指すのであろう。第四章注5を参照のこと。

(18)このほかにもたとえば「奏讞書」には次のような例が見える。官米を盗んで売り払った醴陽県令の恢という人物に対する処断を述べた部分である。

　鞫、恢吏、盗過六百六十銭、審。当、恢当黥為城旦、毋得以爵減・免・贖。律、盗臧〔贓〕直〔値〕過六百六十銭、黥為城旦。令、吏盗、当刑者刑、毋得以爵減・免・贖。以此当恢。（下略）(71-73, p. 219)

「恢は、吏にして、盗六百六十銭を過ぐること審（まこと）なり」という一文が犯罪の内容を確定した「鞫」、「恢は黥して城旦と為すに当て、爵を以て減じ・免じ・贖するを得ること毋し」の部分が相当する刑罰を定めた「当」（李斯列伝にいう「奏当」）にあたる。続く記述は「此れを以て恢に当つ」という一句からみて、「当」の根拠となった律・令の抜粋であろう。

(19)隠官の身分については、里耶秦簡J1⑯5およびJ1⑯6に見える文章が注目される。

令曰、伝送委輸、必先悉行城旦舂・隷臣妾・居貲贖責。急事不可留、乃興繇〔徭〕。今洞庭兵輸内史及巴・南郡・蒼梧、輸甲兵当伝者多。節〔即〕伝之、必先悉行乗城卒・臣妾・城旦舂・鬼薪白粲・居貲・贖責・司寇・隠官・践更県者。田時殹〔也〕、不欲興黔首。

武器の搬送にあたっては、まず刑徒や隠官に行なわせ、「黔首（庶人）」の徴発をひかえよという内容である（「里耶訳註」参照）。このように、隠官は庶人と異なる身分であったけれども、その発生理由に照らして見れば、身分的隷属からは自由であったと思われる。物資の搬送にあたって隠官が刑徒と共に動員されているのは、農作業を担っていない――したがって徴発により田事を妨げることがない――ためであり、もし「急事」でかつ「田時（農繁期）」でなければ庶人も徴発されたに違いない。張全民が隠官の「身分的自由」を強調するのは、刑徒よりむしろ庶人に近い存在だという認識においては、正当なものだと言えるだろう（張全民　一九九八）。ただし、隠官が居住地の移動を命じられているのは、その生活の態様が庶人と全く同一でなかったことを示唆する。張家山漢簡「二年律令」の規定によれば、

公卒・士五〔伍〕・庶人各一頃、司寇・隠官各五十畝。（312, p. 176）

宅之大方卅歩。…（中略）…公卒・士五〔伍〕・庶人一宅、司寇・隠官半宅。（314-316, p. 176）

のように、隠官の所持できる田地や宅地は士伍や庶人の半分とされていた。ちなみに、周暁瑜によれば、睡虎地秦簡にいう「隠官」とは史書にいう「隠宮」（官は宮の借文だという）であり、「宮＋人名」の形式をもつ秦代の刻文は、「隠宮（官）」に所属した工匠の勒名であるという（周暁瑜　一九九八）。周知の通り、「隠官工」という名称が、睡虎地秦簡「秦律十八種」に見えている（軍爵律 155-156, p. 55）。

(20) 張建国によれば、「奏讞書」という名称は、上讞の案例を集めた「讞書」と上呈案文を集めた「奏書」とで構成されることに由来するという（張建国　一九九七b、二九六頁）。

(21) 張家山漢簡「二年律令」113, p. 149

治獄者、各以其告劾治之。敢放訊杜雅、求其它罪、及人毋告劾而擅覆治之、皆以鞫獄故不直論。

「二年律令訳注稿（一）」に指摘する通り、この規定は唐の断獄律「依告状鞫獄条」の先蹤にあたる。「二年律令」が禁じているのは、告劾を受けた内容以外の罪を訊問によって引き出そうとすることと、告劾を受けることなく勝手に「覆治」することで

ある。「覆治」の語を「二年律令訳注稿（二）」は「つまびらかに取り調べることであろう」と推測するが、本文〈31〉に引いた「二年律令」に再審結果を「都吏所覆治」と呼んでいるところから考えるならば、審理をやり直すことを指すのではないか。「告」を受けて「覆治」した例は、たとえば『漢書』巻七六趙広漢伝に見える。

初、広漢客私酤酒長安市、丞相史逐去客。客疑男子蘇賢言之、以語広漢。広漢使長安丞按賢、尉史禹故劾賢為騎士屯覇上、不詣屯所、乏軍興。賢父上書訟罪、告広漢、事下有司覆治。禹坐腰斬、請逮捕広漢。有司即訊、辞服、会赦、貶秩一等。

(22) 張家山漢簡「二年律令」396-397, p. 186

県道官所治死罪及過失・戯而殺人、獄已具、勿庸論、上獄属所二千石官。二千石官令毋害都吏復案、問〔聞〕二千石官、二千石官丞謹掾、当論、乃告県道官以従事。徹侯邑上在所郡守。

県から郡に「具獄」を呈上して「論」を仰ぐ実例が『漢書』巻七一于定国伝に見えている。

東海有孝婦、少寡、亡子、養姑甚謹。姑欲嫁之、終不肯。姑謂鄰人曰、孝婦事我勤苦、哀其亡子守寡。我老、久累丁壮、奈何。其後姑自経死。姑女告吏、婦殺我母。吏捕孝婦、孝婦辞不殺姑。吏験治、孝婦自誣服。具獄上府、于公以為此婦養姑十余年、以孝聞。必不殺也。太守不聴、于公争之、弗能得。乃抱其具獄、哭於府上、因辞疾去。太守竟論殺孝婦、郡中枯旱三年。

『周礼』秋官郷士職の鄭司農注に述べるところも、おそらくは同様の制度であろう。

獄訟成、士師受中、協日刑殺、肆之三日（鄭司農云、士師受中、若今二千石受其獄也。中者刑罰之中也）。

(23) 王念孫『読書雑志』四・漢書九「周内」

上奏畏卻、則鍛錬而周内之。晋灼曰、精孰周悉致之法中也。念孫案、晋注精孰是解鍛錬二字、周悉是解周字、致之法中是解内之二字。如此則周内分為二義矣。今案、内、読為納。納者、補也。周、密也。此承上上奏畏卻而言、謂密補其奏中之罅隙、非謂致之法中也。（鍛練而周内之、謂鍛練其文而周納其隙。）広雅曰、紩、納也。又曰、衲、補也。論衡程材篇曰、納縷之工、不能織錦。納衲内古字通。今俗語猶謂破布相連処為納頭矣。

【補論】 龍崗六号秦墓出土の乞鞫木牘

一九八九年に湖北省雲夢県で発掘された龍崗六号秦墓は、秦律の断片を含む二百九十枚余りの竹簡、通称「龍崗秦簡」が出土したことで知られている（湖北省文物考古研究所ほか 一九九四／劉信芳・梁柱 一九九七／中国文物研究所ほか 二〇〇一）。出土器物によれば、墓の年代観は統一秦の最末期（湖北省文物考古研究所ほか 一九九〇）、睡虎地十一号秦墓に後れ、張家山二四七号漢墓に先立つ年代である（図2）。

ところで、同墓からは律の断簡以外に一枚、きわめて興味深い内容の木牘が出土している。長さ三六・五、幅三・二、厚さ〇・五㎝の完形品で、出土時には他の竹簡とは別に、単独で墓主の腰部に置かれていた。正面に二行、背面に一行の記載があり、文面は左記の通りである（口絵5）。

●鞫之、辟死論不当為城旦、吏論失者已坐以論。九月丙申、沙羨丞甲・史丙免辟死為庶人、令（正面）

自尚也。（背面）

この木牘について考証した文章は少なくないが、当初は刑罰名と思われていた「辟死」二文字を、劉国勝が人名であると看破したことで（劉国勝 一九九七、六五頁）、全文の無理のない通釈が可能になった。唯一問題が残るのは、末尾に位置する「令自尚」の三文字であるが、これについては後述しよう。

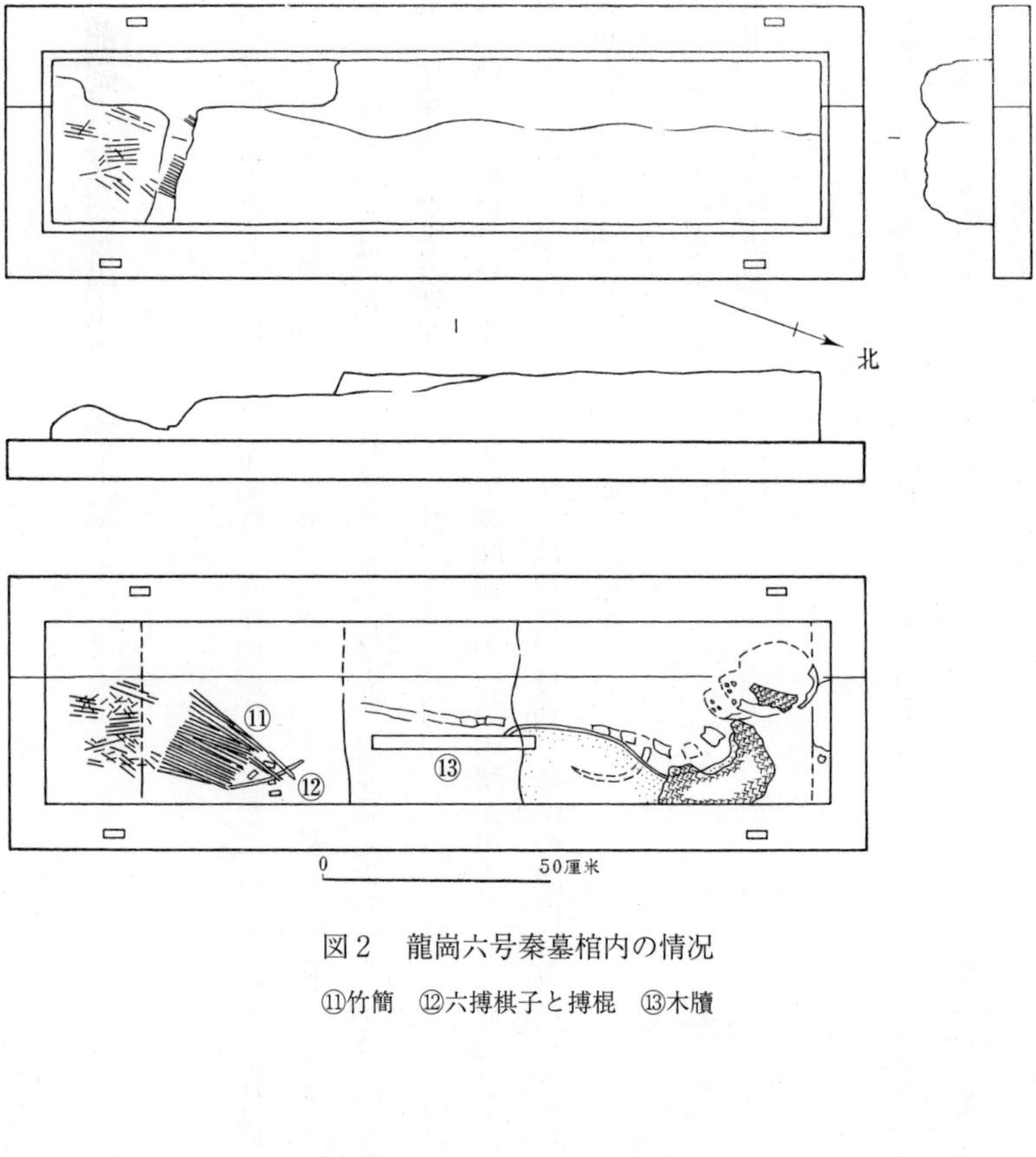

図２　龍崗六号秦墓棺内の情況

⑪竹簡　⑫六搏棋子と搏棍　⑬木牘

まず注目したいのは、「鞫之」で始まる前半部分、木牘の正面第一行の文章が、辟死への量刑不当と「論失」した担当者の処罰とを記していることである。張家山漢簡「毛誣講盗牛案」のⅥ部分、

鞫之、講不与毛謀盗牛、吏笞諒〔掠〕毛、毛不能支疾痛而誣講、昭・銚・敢・賜論失之、皆審。

という文と対照すれば、これが乞鞫による再審の結果を示していることは疑いない。翻訳すれば次のようになる。

罪状を確定する。辟死に城旦の裁きを下したのは不当であり、刑を誤った役人はすでに裁きを受けた。

後半部分「九月丙申」以下の文章は、「沙羨県の丞の甲と史の丙が辟死を釈放して庶人とした」ことを伝える。沙羨県の治所は長江の南岸、現在の武昌県金口付近に比定されており、対して龍崗六号秦墓は江北の安陸県の故地にある。この不一致は、劉国勝が指摘する通り、被葬者がもと刑徒であった事実と関係しよう（劉国勝　一九九七、六八～六九頁）。「毛誣講盗牛案」のⅦ部分に見るように、冤罪が確定した時点で刑徒の就役地には「講を釈放して隠官となし自尚させよ」との指示が送られる。したがって、刑徒に対して最終的に釈放を宣告したのは、就役地の機関であったはずである。辟死の釈放を記した文書が沙羨県から発せられているのは、そこが就役地であったためであろう。沙羨県で就役していた辟死が釈放されたのち死亡し、本籍地の安陸県に埋葬されたと考えれば、墓所との不一致は整合的に解釈できる。

「令自尚」という文末の文言については、考証に少しく紙幅を費やす必要がある。この文言が「毛誣講盗牛案」に見える「令自常」と同義であることは疑いない。龍崗秦簡の注釈においては、「毛誣講盗牛案」での用法を注記した上で、「令自尚」とは「使他自由（彼を自由にする）」ことだと解釈している（中国文物研究所ほか　二〇〇一、

一四四～一四五頁）。「自由」とは曖昧な言葉であるが、もし刑徒身分からの解放を言うのであれば、その意味は「為庶人」で尽くされているのではないか。他方「法令准許自謀職業（法令により自ら職を求めることを認める）」という劉国勝の解釈も（劉国勝　一九九七、六六頁）、原住地から隠官として於県に移住を命じられている「毛誣講盗牛案」の講を見る限り、「自謀職業」がどこまで可能であったのか、やはり疑問と言わざるを得ない[1]。

これに対して劉昭瑞は、「自尚」を「自上」に読み替えるべきだと主張する（劉昭瑞　二〇〇二、四四一頁）。「自上」とは「上書自訟」、すなわち無実を「自ら釈明する」の謂であり[2]、とするならば龍崗木牘の文面は、「辟死を釈放して庶人となし、自ら釈明させる」といった意味に解釈できる。その場合、釈明される内容は、言うまでもなく乞鞫による再審の結果であり、本人が死者である以上、釈明先は地下つまり来世を措いて外にない。——以上が劉昭瑞の説である。この劉説は、龍崗木牘に限って見れば魅力的な解釈であるが、反面、「毛誣講盗牛案」の「自常」には当てはまらないように思われる。これから隠官として他県に赴く講が、行く先の官に再審結果を「自ら釈明する」とは、およそ考えられない光景であろう。そのような通達を行なうことは、何よりも講が刑徒として就役していた汧県の職務であったはずである[3]。

ところで、この文言は龍崗秦墓木牘と「毛誣講盗牛案」のほかに、張家山漢簡「二年律令」にも見えている。煩を避け、必要箇所のみ引用しよう。

庶人以上、司寇・隷臣妾無城旦舂・鬼薪白粲罪以上、而吏故為不直及失刑之、皆以為隠官、女子庶人、毋筭〔算〕事其身、令自尚。

庶人以上か司寇・隷臣妾で、城旦舂・鬼薪白粲以上の罪を犯していない者を、吏が故意に不直を為すか、または不注意で刑に処した場合、すべて（男子は）隠官となし、女子は庶人となして、一身の算賦と徭役を免除し、自尚させる。（二年律令 124, p. 150）

この律は「庶人以上または司寇・隷臣妾」に対する規定であるから、文中の「女子庶人」とは「女子や庶人は」ではあり得ない。おそらくは上文の「以為隠官」と互文の関係と見て、「男子は隠官と為し、女子は庶人と為す」と解釈するのがよいだろう。「失刑」の「刑」が肉刑とりわけ黥であることは本章で述べた。黥だけが単独で科刑されることはないから、「刑」とは黥城旦舂に相違ない。末尾の「毋算事其身、令自尚」が庶人となった女子だけに対する規定であるのか、隠官にも係っているのか、判断のつきにくい文章であるが、いずれにしても「令自尚」なる文言が刑徒の釈放に際して現れる点は他の史料と共通している。まとめるならば左記のような関係である。

［龍崗秦墓木牘］　城旦　→庶人＋令自尚
［毛誣講盗牛案］　黥城旦　→隠官＋令自常
［二年律令］　刑（黥城旦舂）→（隠官・）庶人＋令自尚

一見して明らかなように、「令自尚」――以下「尚」字で代表させる――という文言は、釈放されて庶人となった場合にも、隠官となった場合にも付随する。先述の通り庶人と隠官の社会的地位は異なっているから、「自由」にせよ「自謀職業」にせよ、釈放後の身分に伴う処遇として解釈すると、双方を満足させることは難しい。むしろそれは、三つの史料に共通する釈放前の身分、すなわち城旦刑への服役という事実に関連させて理解すべきだと思われる。城旦刑に服していた刑徒が釈放後、庶人であれ隠官であれ真先に必要としたものは、家族の回復なのではないか。石岡浩が論証している通り、秦から漢初の制度においては、「城旦舂・鬼薪白粲以上」の刑に対して「収」すなわち家族の没官が伴った（石岡　二〇〇五）。「毛誣講盗牛案」において、釈放された講の妻子を国家が買い戻しているのは、釈放後の生活にとって必要な家族を復元するためである。この処置がすなわち「令自尚」であると考えるならば、女性・男性、庶人・隠官を問わず、城旦刑から釈放された場合に——むろん既婚者に限るけれども——付随することの説明がつく。「毛誣講盗牛案」の例を根拠に、張全民が「妻子との団欒を認め、その財産の損失を官府に賠償させる」ことだと解し（張全民　一九九八、三五一頁）、専修大学『二年律令』研究会が「もとの状態にもどす」と訳しているのは（専修大学『二年律令』研究会　二〇〇四、一七八頁）、共に正解に近いと言える。ただし厳密に言えば、財産や生活などまで「判決の前の状態にもどす」ことは不可能——隠官の生活は明らかに「判決前」と異なっている——だから、「もどす」対象は配偶者に限るとみるべきであろう。(4)

右の解釈にもとづいて木牘の後半を翻訳すれば、次のような文章となる。

九月丙申、沙羨県の丞の甲・史の丙は、辟死を釈放して庶人とし、もとの妻を娶らせた。

以上の考証から明らかなように、木牘に記された内容は「毛誣講盗牛案」の再審結果を記した部分と基本的に一致している。龍崗六号秦墓木牘のモデルとなったのは、乞鞫の結果を記す公文書であったと言ってよい。ただし、人名が甲や丙のように記号化されていることから判断すると、この木牘は埋葬用の擬制文書に違いない。(5)龍崗六号秦墓の墓主は男性と推定されるが、遺体には「下肢骨」がなく、生前に斬趾刑を受けた可能性があるという（湖北省文物考古研究所ほか　一九九四、一二〇頁）。報告者による観察が確かだとすれば[6]、辟死は肉刑を受けた刑徒であるにもかかわらず、釈放ののち隠官ではなく庶人に復したことになる。こうした点は、辟死に対する雪冤が事実であるというよりも、葬礼に伴う虚構であった可能性を示唆するように思われる。

注

（1）隠官については本章注（19）を参照。

（2）劉昭瑞が「自上」の用例として重視するのは、『後漢書』列伝第二八馮緄伝の一節である。馮緄の父の馮煥は、幽州刺史として悪事の摘発に尽力したため、かえって怨みを買い、偽りの璽書によって自殺を命ぜられる。

　煥欲自殺、緄疑詔文有異、止煥曰、大人在州、志欲去悪、実無它故。必是凶人妄詐、規肆姦毒。願以事自上、甘罪無晩。煥従其言、上書自訟、果詐者所為。

ここにいう「自上」は確かに後文の「上書自訟」のことである。

（3）黄盛璋も劉昭瑞と同様、「自尚」を「自上」と読みかえているが、その意味は地下世界つまり来世に「自ら赴く」ことであるという（黄盛璋　一九九六、五八～五九頁）。この解釈であれば、「毛誣講盗牛案」の「自常」にも当てはまる——つまり於県に講が「自ら赴く」意味となる——けれども、次に引く「二年律令」の「令自尚」には相応しくないように思われる。

（4）尚字の訓詁としては「配」「耦」「対」などが当てられよう。朱駿声『説文通訓定声』壮部第一八・尚字の項に、當字の仮借として次のような用例が挙げられている。

　又為當。易泰、朋亡、得尚于中行、注、猶配也。又漢書王吉伝、娶天子女曰尚公主。史記絳侯世家、勃太子勝之尚之、韋昭注、奉也、非。司馬相如伝、車《ママ》王孫自以使女得尚司馬長卿晩。按猶耦也対也。

韋昭の「奉也」という注を「非」としているのは、司馬相如伝に見えるように身分の高くない人物に嫁がせる場合も「尚」字を用いているからであろう。ただし、司馬相如伝の「尚」字については、王念孫『読書雑志』四・漢書八「尚魯元公主」に次のような異論がある。

又司馬相如伝、卓王孫自以得使女尚司馬長卿晩。師古曰、尚猶配也、義与尚公主同。今流俗書本此尚字作當、蓋後人見前云文君恐不得當、故改此文以就之耳。念孫案、此尚字即當字也、与尚公主之尚不同。古字當与尚通（史記魏其武安伝、非大王立當誰立哉、漢書當作尚）、故一本作當。広雅、配、當也。當可訓為配、尚則不可訓為配。

王念孫に従えば、「令自尚（常）」は「令自當」の仮借だということになる。彭浩が「毛誣講盗牛案」の「令自常（尚）」について「隠官が自由に婚姻できること」だと述べたのは、こうした「尚（當）」字の訓詁が念頭にあったものと思われる（彭浩 一九九五、四五頁）。ただし劉国勝が批判する通り、講はもとの家族を回復したのであり、「自由に婚姻」したわけではない（劉国勝 一九九七、六六頁）。「自尚」の「自」とは「自由に」ではなく、「もとの配偶者と一緒になる」ことを意味するのではあるまいか。

（5）文書副葬の目的について、劉昭瑞や黄盛璋は来世に向けた申告と解して疑わないが（黄盛璋 一九九六、劉昭瑞 二〇〇二）、木牘の文面に来世を示す明確な表現は見えない。たとえば江蘇省邗江胡場五号漢墓に副葬された木牘は、龍崗六号秦墓出土のものと同様、墓主の「獄事」が終了したことを記した文書であるが、その冒頭には「卌七年十二月丙子朔辛卯、広陵宮司空長前丞能敢告土主」のように、「土主」すなわち地下世界の役人が宛先として明記されている（揚州博物館ほか 一九八一）。

（6）「下肢骨」とは大腿骨以下を指す総称であるが、図2を見る限り、下半身の骨格はすべて欠損しているように思われる。

第三章　居延出土の冊書と漢代の聴訟

はじめに

本章では、新居延漢簡の二通の冊書をもとに、漢代に「聴訟」と呼ばれた訴訟について考察したい。出土文字史料を逐語的に読み解いていくという点においては、前章との間に方法的な違いはないが、本章で分析の対象とするのは個別の訴訟案件を伝える文書である。したがって全体として、手続の原理的な考察を展開すると言うよりも、史料からうかがえる限りでの「聴訟」像を提示する限定的な内容になろう。

周知の通り、『周礼』秋官大司寇の鄭玄注には「訟とは財貨を以て相い告ぐる者を謂う。…（中略）…獄とは相い告ぐるに罪名を以てする者を謂う（訟謂以財貨相告者。…（中略）…獄謂相告以罪名者）」という文章があり、地官大司徒の鄭注にもまた「争罪を獄と曰い、争財を訟と曰う（争罪曰獄、争財曰訟）」と見えている。むろん、この定義には、異議を唱える余地がある。『周礼』秋官士師の職に「凡そ財を以て獄訟する者は、これを正すに傅別・約剤を以てす（凡以財獄訟者、正之以傅別約剤）」とあるように、「財」に関して「獄」字を用いる例も皆無ではない。鄭玄注に対しては「按ずるに、争財を訟と為し、争罪を獄と為すは、経に明文なし、鄭は特《た》だ臆して之が説を為すのみ（按、争財為訟、争罪為獄、経無明文、鄭特臆為之説）」（黄生・黄承吉『字詁義府合按』義府巻上）という批判があることも看過すべきではないだろう。しかしながら、経書の世界はともかくとして、秦漢時代の文献に限って言えば、両字の意味する範囲は多くの場合、異なっているように思われる。「獄」と「訟」を事案の性質によって区別するのは、経書に即した分析結果と言うよりも、漢代の現実の反映であると見るべきだろう。鄭玄と同様の解釈はまた、『呂氏春秋』孟秋紀の高誘注にも見えている。(1)

事案を意味する「獄」「訟」に対し、手続を表わす際に頻出するのは、「断獄」「治獄」ならびに「聴訟」「理訟」という熟語であった。「獄」「訟」の別と同様、二つの語群もおおむね使い分けられており、手続の上で何らかの相違があったことをうかがわせる。しかしこの場合、用字の違いが手続の相違に直結するわけではない。「治」も「理」も共に「おさめる」の謂であり、また「獄」においても被疑者の供述を「聴く」手続は不可欠であった。(2)訴訟手続の実態はやはり、具体的な事例に即して分析される必要があろう。前章で論じたように、「治獄」と呼ばれる訴訟においては、訊問による罪状自認と、犯罪内容に応じた的確な刑の適用とが手続の核心をなしていた。これに対して漢人が「聴訟」と呼ぶ訴訟においては、どのような原理のもとに、どのような裁きが行なわれたのか。また、「断獄」「治獄」と「聴訟」「理訟」との並存は、「刑事訴訟と民事訴訟との区別が法律によって規定されていた」（李交発　二〇〇二、一三五頁）ことを意味するのであろうか。本章では以下、「財を争う」事案を伝える出土史料にもとづいて、こうした問題を検討していくことにする。

分析の対象となる二通の冊書のうち、一通はよく知られた「候粟君所責寇恩事冊書」（以下「候粟君冊書」と略称）であり、もう一通は内容から仮に名づけるならば「駒罷労病死冊書」（以下「駒罷労冊書」）と呼ぶべき一括文書である。両者は共に、A８（破城子／Mu-durbeljin）すなわち漢代の甲渠候官にあたる遺跡の、文書庫と思われる小部屋（F22）から出土しており、奇しくも同じ建武三年（後二七）十二月の日付をもつ。次章であらめて詳述するが、「候粟君冊書」という史料について、従来の研究の関心は爰書の機能の解明に集中しているかの感がある。確かにこの冊書の大半は爰書によって占められており、伝世文献の欠を補う貴重な史料であることは疑いない。しかしながら私見によれば、「候粟君冊書」のもう一つの価値は、漢代の訴訟における裁判機関の上下関係について、明確な認識を与えてくれる点にある。

「駒罷労冊書」については、管見の限り専論はない。ただし、高恒の論文中に「案験」の一例として引かれているほか（高恒　二〇〇二）、徐世虹が民事訴訟の手続を論じた文章の中で、「判決」の実態を示す史料として分析している（徐世虹　二〇〇二）。冊書の内容は、死んだ仔馬の賠償請求に端を発するもので、「候粟君冊書」と同様、「財を争う」聴訟手続の特徴を伝える貴重な史料と言える。次節ではまずこの冊書について全文の読解を試みるが、本論の主題から外れることを承知の上で、訴訟の実体面も検討の対象に含めたい。なぜなら本冊書は一面で、漢代における辺境警護の実像を知る貴重な史料ともなるからである。

一　駒罷労病死冊書

最初に「駒罷労冊書」を取り上げる。全体は一六簡から成る一括文書で、書体は手馴れた草書体。うち一五枚は一簡一行（紀年を記した簡の背面に署名がある）の連続した文章をなしているが、残る一枚は上端部に両行で記された独立の簡であり、文面からみて冊書全体の「内容見出し《ヘディング》」であろうと考えられる（口絵1）。全体の釈文は次の通り。

1　甲渠言、永以県官事行警檄、牢駒
　燧内中。駒死、永不当負駒。（EPF22.186）
2　建武三年十二月癸丑朔丁巳、甲渠鄣候獲叩頭死罪敢言之。（EPF22.187A）
3　府記曰、守塞尉放記言、今年正月中、従女子馮足借馬一匹、従今年駒。四月（EPF22.188）
4　九日、詣部、到居延収降亭、馬罷。止害燧長焦永行檄還、放騎永所用駅（EPF22.189）
5　馬去、永持放馬、之止害燧。其日夜人定時、永騎放馬行警檄、牢駒（EPF22.190）
6　燧内中、明十日、駒死。候長孟憲・燧長秦恭皆知状。記到、験問明処言。（EPF22.191）
7　会月廿五日。前言解。謹験問放・憲・恭、辞皆曰、今年四月九日、憲令燧長焦永行（EPF22.192）
8　府卿蔡君起居檄、至庶虜還、到居延収降亭、天雨。永止須臾去、尉放使（EPF22.193）
9　士吏馮匡呼永曰、馬罷、持永所騎駅馬来。永即還与放馬、持（EPF22.194）

10 放馬及駒、随放後、帰止害燧。即日昏時、到呑北、所騎馬更取留燧駅馬一匹、（EPF22.195）
11 騎帰呑遠燧。其夜人定時、新沙置吏馮章行殄北警檄来。永求（EPF22.196）
12 索放所放馬、夜罝不能得。還騎放馬行檄、取駒牢燧内中去、到呑北燧（EPF22.197）
13 ……罷……中歩到……倶之止害燧、取駒去、到（EPF22.198）
14 呑北燧下、駒死。案、永以県官事行警檄、恐負時騎放馬行檄。駒素罷労病死。（EPF22.199）
15 放又不以死駒付永、永不当負駒。放以県官馬擅自仮借、坐蔵為盗。請行法。（EPF22.200）
16 獲教勅要領放毋状、当并坐。叩頭死罪死罪敢言之。（EPF22.201）
2’ 掾譚・尉史堅。（EPF22.187B）

原簡写真によれば、簡10の「留燧」二字は「取駅」二字の右側に小さく書き込まれており、追記の可能性が強い。簡3～4の「従今年駒。四月九日」という文章は、高恒の指摘する通り「従駒。今年四月九日」の誤記であろう（高恒　二〇〇一、三〇二頁）。また、簡14に見える鉤状のマークは、案件に対する候官の判断（後述）に当たる部分に付されており、「確認済み」を示す符号と思われる。敦煌文書などには散見するものの、[3] 漢簡にはほとんど類例がない。

では次に、いくつかの語句に注釈を加えていこう。

府記曰、守塞尉放記言　「府」という呼称は居延・敦煌漢簡の場合、郡太守府・都尉府のいずれをも指す。後述の通り、「候粟君冊書」においても提訴の先は「府」であるが、兪偉超は、そこにいう「府」を太守府であると断じている（兪偉超　一九七八）。都尉府は本来、軍事機関としての性格が強く、建武六年以後「稍《ようや》く分県を有し民を治めること郡に比《なぞら》う」ようになった（『続漢書』百官志五）というのが、その理由である。しかしながら、居延漢簡には貸金の回収を肩水都尉府に依頼している例があり（第四章103簡）、聴訟のような職務については建武六年以前であっても都尉府の関与が見られたようである。また、「駒罷労冊書」の場合、甲渠候官の属吏が提訴する先としては、二〇〇㎞も南の觻得県に郡治のある張掖太守府よりも、三〇㎞足らずのK688遺跡に当たる居延都尉府（宋・李　一九九四／羅仕傑　二〇〇三）の方が自然なのではあるまいか。したがって、「候粟君冊書」「駒罷労冊書」ともに、「府」とは都尉府を指すとみるのが妥当であろう。ちなみに言えば、「府記」の「記」とは府から発せられた下行文書の一種で「教」ともいう（鵜飼　一九八八／連劭名　一九八九）。他方、「放記」の「記」とは守塞尉（塞尉心得）の放という人物が府に差出した奏記であり、下文にみる通り本冊書では焦永に賠償を求める申述書の役割を果たしている。

候長孟憲・燧長秦恭皆知状　「知状」とは「事情を知っている」の謂で、「妻の君寧、時に旁らに在りて状を知る（妻君寧時在旁知状）」（『漢書』巻九二陳遵伝）のように用いられる。ここに「知状」として候長孟憲の名が挙げられているのは、簡7～8に「憲は燧長の焦永をして府卿蔡君の起居の檄を行《や》らしむ」とある通り、彼が焦永に檄の伝達を命じた直接の上官であったことによる。また、あわせて燧長秦恭にも言及されているのは、彼が当時、簡11に見える呑遠燧の燧長の任にあり、放の行動の一端を知っていたためだと考えられる。秦恭が呑遠燧長であったことは、次の二枚の簡から証明できる。

17　而不更言請〔情〕、辞所出入罪反罪之律辨〔辯〕告、乃爰書験問恭、辞曰、上造、居延臨仁里、年廿八歳、姓秦氏。往十余歳、父母皆死、与男同産兄良異居。以更始三年五月中、徐為甲渠呑遠燧長。（EPF22.330）

18　建武四年三月壬午朔己亥、萬歳候長憲敢言之。官記曰、第一燧長秦恭、時之倶起燧、

取鼓一、持之呑遠燧。李丹・孫詡証知状。験問具言。前言状。●今譴召恭詣治所、験　（EPF22.329）

烽燧に置いた太鼓の所在をめぐる冊書の一部で、内容は次章であらためて述べる。簡17に「更始三年（後二五）五月中を以て、徐せられて甲渠呑遠燧長と為る」と見えている秦恭が、すなわち「駒罷労病死冊」にいう「燧長秦恭」に外ならない。簡18によれば、彼は建武四年（後二八）三月以降のある時点で第一燧長に遷ったようであるが、駒死事件の起きた建武三年四月の段階では、なお呑遠燧長の任にあったに違いない。ちなみに、簡18の「萬歳候長憲」なる人物が焦永に檄の伝達を命じた候長孟憲その人であるとすれば、建武三年の時点で止害燧を管轄していた責任者は萬歳候であったことになる。

験問明処言　「験問」とは、前章までに述べた通り、取調べ・訊問のこと。「明処」の語は「候粟君冊書」にも「府録、令明処」と見えており、「駒罷労冊書」と同様、府が下級機関に下達した文章の中に現れる。その語義については、次に引く『論衡』案書篇の一節から了解されよう。

卿決疑訟、獄定嫌罪、是非不決、曲直不立、世人必謂卿獄之吏才不任職。至於論、不務全〔詮〕疑、両伝并紀、不宜〔肯〕明処。孰与剖破渾沌、解決乱絲、言無不可知、文無不可暁哉。

郷、疑訟を決し、獄、嫌罪を定むるに、是非決せられず、曲直立たざれば、世人必ずや郷獄の吏は才、職に任えずと謂う。論に至るや、詮疑に務めず、両伝并紀されて、明処するを肯《がえ》んぜず。渾沌を剖破し、乱絲を解決し、言に知るべからざる無く、文に暁《さと》るべからざる無きと孰《いず》れぞや。

「卿」字は裘錫圭に従い「郷」に読み替えた（裘錫圭　一九九二、一一一～一一二頁）。郷官や獄官が訴訟を裁く際に理非曲直が曖昧であれば、世間の人は彼らを役人として不適格だと非難する。しかるに、こと著述となると、甲とも乙ともつかぬあやふやな態度が許容されるのはどうしたわけだ——というのが、王充の批判の要点である。ここでは「不肯明処」と「剖破渾沌、解決乱絲」と一体どちらが望ましい著述態度であろうか、と疑問を投げかけているわけだから、言うところの「明処」とは「自己の判断を明確に示すこと」の意味に違いない。「処とは弁証（理非をはっきりと説くこと）を謂う」と説く黄暉の注（『論衡校釈』巻二九）も、この解釈を支持するだろう。つまり、冊書にいう「験問明処言（験問・明処して言え）」とは、該当者を取調べて案件に明確な判断を下し、その結果を報告するよう求めた文言なのである。

前言解　第二章第二節で詳述したように、「解」とは釈明・弁明の謂。したがって、「前言解」とは「先に釈明した」と訳すことができる（裘錫圭　一九七九、六一三頁）。この句は「候粟君冊」では郷から県への回答の中に、また先の簡18では「前言状」という形で候から候官への返信の中に、それぞれ現れる。「駒罷労冊書」で「先に釈明した」と述べているのは、一方の当事者である焦永を訊問した文書が、放・憲・恭らの験問に先立って府に送られていたためではあるまいか。なお、「前言解」が下達文書の結び文言である可能性を示唆する意見もあるが（浅原　一九九八）、前章第二節に引いた長沙走馬楼呉簡の上達文書 **J22-2540** には「乞曹重列言府、傅前解（曹の重ねて府に列言するを乞い、前解を傅す）」という文言が見えており、現有史料による限り裘説がやはり妥当なように思われる。

府卿蔡君起居檄　「檄」とは下達文書の一種であるから、府へ送付するはずはなく、この箇所は「府卿の蔡君からの起居の檄」と解釈する以外にない。「起居の檄」とは耳慣れない語であるが、匈奴侵入への警戒度が高まった折に発せられる、「起居」すなわち行動に抜かりなきよう戒める布告であろう。居延地区で近年出土した額済納漢簡の一枚に、「吏卒謹候望、即見匈奴人、起居如蓬火品約（吏卒は候望を謹み、即《も》し匈奴人を見れば、起居すること蓬火品約の如くせよ）」（2000ES9SF3:1）と見えているのは、そうした「起居」の用例であろう。(4) とするならば、「起居」を指示した「府卿」とは当然、辺境防備を職責とする都尉府の長ということになる。

永即還与放馬、持放馬及駒、随放後、帰止害燧　ここに見える「還」「帰」の二字に注意したい。ともに「かえる」と訓むべき文字でありながら、両字は明らかに使い分けられている。簡4に明記される通り焦永は止害燧長であるから、その本来の持ち場である止害燧へ「かえる」ことを特に「帰」と表現したのであろう。対して、収降亭から立ち去りかけたところを呼び戻されて「ひきかえす」場面では「還」字が用いられている。つまり「帰」とは単に「もどる」のではなく、あるべきところへ「帰還する」場合に用いる文字なのではあるまいか。(5) もしそうであるとするならば、「帰」字のもう一つの用例である簡11の「騎帰呑遠燧」という一句について、次のような推定が可能となるだろう。すなわち第一に、ここで呑遠燧に「帰」った主体は焦永ではありえず、おそらくは放であろうということ。第二に、守塞尉の職にある放が「帰」った呑遠燧は、他の諸燧と何らかの違いがある燧、おそらくは呑遠部の治所のある燧ではないかと思われることである。簡4に「詣部（部に詣《いた》る）」とある「部」は、この呑遠部のことであろう。

夜罝不能得　「罝」とは見慣れない文字であるが、次のような漢簡にも見えている。

□内郡蕩陰邑焦里田亥告曰、所与同郡県□☐
19　☐□死、亭東内中、東首、正偃、罝冥、口吟、両手捲、足展、衣☐
□当時死、身完、毋兵刃木索迹、実疾死審、皆証☐　（EPT58.46）

後ろ二行は死体の検視記録であり、「死〔屍〕は、亭の東内の中〔にありて〕、東に首《む》き、正偃《あおむけ》」といった表現は、睡虎地秦簡「封診式」の「賊死」と題する爰書に見える「男子死〔屍〕在某室、南首、正偃」（封診式56, p.157）という文言に酷似する。ただし、他殺死体の検視を述べる「賊死」に対して、簡19は末尾の字句から明らかなように病死者を対象としており、あるいは「卒病死爰書」の断片ではないかと推定される。問題の「罥」字は「罥冥」と熟して、「口吟（口を閉じる）」、「両手捲（両手を曲げる）」、「足展（足を伸ばす）」など死体の態様を示す語とともに現れている。また、香港中山大学文物館蔵簡牘では、序寧という女性が死去したさまを「頭望目窅、両手以捲」ないし「頭望目顚、両手以抱」と表現している（陳松長　二〇〇一／李均明　二〇〇二b）。「罥」はこの「窅」（すなわち「窈」）の異体字であり、「くらい」転じて「目が見えない」ことを意味する語ではあるまいか。もし然りとすれば、「夜罥不能得」とは、「夜目がきかず馬を捕らえることができない」という意味になる。

坐蔵為盗　この語はたとえば『漢書』巻五景帝紀、元年秋七月条に次のように見える。

廷尉信謹与丞相議曰、吏及諸有秩受其官属所監・所治・所行・所将、其与飲食計償費、勿論。它物、若買故賎、売故貴、皆坐臧為盗、没入臧県官。（下略）

廷尉の信、謹んで丞相と議して曰く、吏及び諸々の有秩、其の官属の監する所・治する所・行する所・将する所より受けたれば、其の飲食に与《あずか》りしものは、費を計償せしめて、論ずる勿れ。它物〔を受け〕、若しくは買うこと故《ことさら》に賎《やす》く、売ること故に貴くしたるものは、皆な臧に坐して盗と為し、臧を県官に没入せよ。云々

監督臨検の相手から饗応・賄賂を受けたり、物品を不正な価格で売買して利益を上げたりした官吏に対する処罰を定めた奏議の一節で、「坐臧為盗」とは「不法に授受または売買した財物の評価額に応じて窃盗罪を適用す

る」の意味である。とするならば、「駒罷労冊書」の「坐蔵〔臧〕為盗」も同様に、「勝手に借用した県官の駅馬の評価額に応じて窃盗罪を適用する」と訳すことができるだろう。なお、簡15にいう「県官」は、簡14「県官事」や右の景帝紀「没入臧県官」などの用例と同じく、朝廷ないし国家を意味する。(6)「留燧の駅馬」である以上、県の所有する馬であるはずがない。

獲教勑要領放毋状、当并坐　「某々を教勑〔勅〕すること毋状」という言い回しは、たとえば次のような簡にも現れる。

20　燧長侯倉・候長樊隆、皆私去署。誠教勅吏毋状、罪当死。叩頭死罪死罪敢言之。（EPF22.424）

燧長の侯倉・候長の樊隆らは、みな私用で部署を離れました。誠は吏を教勅すること毋状、その罪は貲刑に相当します。叩頭死罪死罪、つつしんで申し上げます。

ここでは配下の燧長・候長らが自分の利益のために持ち場を離れたことに対し、おそらくは候（候官の長）の立場にあった誠が「吏を教勅すること毋状」と陳謝しているわけである。このような場合の「毋状」とは、「行なうところ醜悪にして善状なきを自ら言う」語（『漢書』巻六五東方朔伝師古注）。つまり「某々を教勅〔勅〕することと毋状」とは、属吏を教導する立場にある者が不行届きを上級機関に謝罪した表現であるが、佐原康夫の指摘する通り「単なる謝罪文や始末書というよりも、一種の進退伺いと考えたほうがよい」（佐原　一九九七、二六頁）。「獲教勅要領放毋状（獲は放を教勅要領するに毋状）」という一句も、甲渠鄣候の獲が守塞尉の放に対する教導の不備を理由に、都尉府に進退伺いをした文章であろう。「要領」とは、あるいは「約束」などと同じく「しつける・監督する」の謂であろうと思われる。部下に対する教導の不備が法令違反であることは、第三節であらためて述べる。

以上の注釈をもとに、全文を翻訳してみよう。検討の便のために、内容にもとづいて全体を六つの段落に区切っておく。

Ⅰ　甲渠候官は言った、「永は公務で警檄を伝送したのである。仔馬を燧の室内に囲っておき、仔馬は死んだけれども、永に仔馬を賠償する必要はない」と。

Ⅱ　建武三年〔後二七〕十二月癸丑朔丁巳〔五日〕、甲渠鄣候〔候官の長〕の獲が恐れながら申し上げます。

Ⅲ　府の記によれば、「塞尉〔候官の尉〕心得の放が奏記して言うには、「今年の正月中、女子の馮足より馬を一頭、仔馬と共に借りました。今年の四月九日に部へ赴いたおり、居延県の収降亭に着いたところで馬が疲れてしまいました。そこへ止害燧長の焦永が檄の伝送から戻って来たので、放は永の使用していた駅馬に乗って去り、永は放の〔仔馬付きで借用した〕馬を牽いて止害燧へ行きました。その夜の人定時に、永は放の馬に乗って警檄を伝送に行き、〔その間〕仔馬を燧の室内に囲っておいたところ、明くる十日に仔馬は死んでしまいました。候長の孟憲と燧長の秦恭とが、みなこの事情を知っております」と。府の記が届いたなら、取調べの上、明確に判断を示して報告せよ。今月二十五日に集合」とのこと。〔この件は〕すでに説明したところです。

Ⅳ　つつしんで放・孟憲・秦恭を験問いたしましたところ、みな次のように陳述いたしました。「今年の四月九日に、孟憲は燧長の焦永に命じて、府卿の蔡君からの起居の檄を伝送するため遮虜燧へ行かせました。〔そこより〕戻って来て居延収降亭に着いたところ、雨になったので、永はしばらく留まって立ち去りました。すると塞尉の放が士吏の馮匡をよこして永を呼び止め、「馬が疲れたので、永の乗っている駅馬を持って来い」と言いました。永はすぐに引き返して放に駅馬を与え、〔かわりに〕放の馬と仔馬を牽き、放に従って止害燧に帰りました。〔放は〕その日の昏時に呑北燧に着き、乗っていた馬と引換えに呑北燧に備え付けの駅馬一頭を取ると、それに乗って呑遠燧に帰りました。その夜の人定時に、新沙置の吏の馮章が殄北候官の警檄を伝送して来ました。永は放の放っていった駅馬を捜し求めましたが、夜目がきかず捕らえることができなかったので、引き返して放の馬に乗って檄を伝送することにし、仔馬を捕らえて燧の室内に囲い、〔檄を持って放の馬で〕呑北燧へと向かいました。……（文字欠損）……一緒に止害燧へ行き、仔馬を引き出し、呑北燧のそばまで来たところ、仔馬は死んでしまいました」。

Ｖ　案ずるに、焦永は公務として警檄を伝送したのであり、時間の浪費を恐れて放の馬に乗って檄を伝えたのです。仔馬はもとより疲労のため病死したのであり、放も死んだ仔馬を焦永に渡したわけではありませんから、永に仔馬を賠償する必要はありません。放は公用の馬を無断で借用したのですから、馬の額に応じて窃盗罪を適用すべきです。法を執行されるよう求めます。獲は放を教導するに無状、放と共に罪に坐するに相当します。

Ⅵ　叩頭死罪、つつしんで申し上げます。

掾の譚・尉史の堅。

簡13の上半部分が欠損しており、途中の足取りに不明の箇所があるけれども、「いったん呑遠燧に帰った放が自分の馬を引き取るために止害燧へ向かう途上、呑北燧まで戻ったところで檄を伝送に来ていた焦永と再会しように思う。

た」という内容を推定すると、「一緒に止害燧へ行き（俱之止害燧）」という文章とも接続し、前後の辻褄が合う

右の翻訳に従い、「駒罷労冊書」から読み取れる訴訟の経緯をまとめておこう。そもそもの発端は、守塞尉の放が都尉府に奏記して焦永を訴えたことにあった。訴えの内容は冊書中に明記されていないけれども、死んだ仔馬——それ自体、放が親馬と共に他人から借用したものである——を賠償せよというものであったに違いない。そこで府は候官に記を下して「験問明処言」と指示する。ここで記の下達先が甲渠候官となっていることの意味は、後にあらためて詳述しよう（以上Ⅲ）。それを受けて候官では、放と孟憲、秦恭の三者を訊問する。孟憲と秦恭はいずれも放が「知状」者として名前を挙げた人物であった。この手続が府記にいう「験問」にあたる。ここで両当事者のうち放だけが訊問を受けているのは、「前言解」の注釈で推測したように、焦永の訊問はすでに済んでいたためかも知れない。もしそうであるならば、この「駒罷労冊書」は、案件をめぐる関連書類の一半に過ぎないということになろう。訊問の結果判明したのは、焦永の側に落ち度はなく、かえって放が駅馬を無断使用していたという事実であった（以上Ⅳ）。この験問にもとづいて、甲渠鄣候の獲は当該案件に対する自己の判断を述べる。その要点は二つ、「焦永は放に仔馬を賠償する必要はない」ということと、「公用の駅馬を勝手に借用した放の行為は窃盗罪に相当する」ということであった。この段が府記の求める「明処」にあたる（以上Ⅴ）。以上の結果は、結び（Ⅵ）と書き出し（Ⅱ）とを添えた上行文書として、候官から府へと提出された。その際、候官では手控えのため冊書の写しを作成し、見出し簡（Ⅰ）を付けた上で文書庫に保管した。それがすなわち、破城子F22より出土した本冊書に外ならない。全体が草書体で書かれているのは、控えの文書であることを意味する。

二　候粟君所責寇恩事冊書

次に「候粟君冊書」における訴訟の経緯を考察しよう。本冊書は全三六枚から成り、伴出した楬に「建武三年十二月候粟君所責寇恩事（建武三年十二月、候粟君が寇恩に貸財の返済を求めた一件）」と見えることからこの名称がある。冊書の構成についての議論は次章に譲るが、全体が四通の文書から成ることは疑いない（次章181頁参照）。本節で検討の対象とするのは、その後半の訴訟手続を伝える部分、冒頭の日付に従い「辛未文書」「己卯文書」と呼ばれる二通の公文書である（口絵2・3）。次にその部分の釈文を掲げ、「駒罷労冊書」にならって語句の注釈を試みる。ただし、訴訟の実体面については関連論考に譲り、ここでは以下の考察に必要な手続面に限って取り上げる。

［辛未文書］

21　建武三年十二月癸丑朔辛未、都郷嗇夫宮敢言之。廷移甲渠候書曰、去年十二月中、取客民寇恩為就、載魚五千頭到觻得、就賈用牛一頭穀廿七石。恩願沽出時行銭卌萬、以得卅二萬、又借牛一頭　（EPF22.29）

22　以為犗、因売不肯帰、以所得就直牛償不相当廿石。書到、験問治決言。前言解。廷却書曰、恩辞不与候書相応、疑非実。今候奏記府、願詣郷爰書是正。府録、令明処。　（EPF22.30）

23　更詳験問治決言。謹験問恩辞、不当与粟君牛不相当穀廿石、又以在粟君所器物直
銭萬五千六百、又為粟君買肉糴穀三石、又子男欽為粟君作賈直廿石。皆[尽][償][所][負]　（EPF22.31）

24　粟君銭畢。粟君用恩器物弊敗、今欲帰、恩不肯受。爰書自証、写移
爰書、叩頭死罪死罪敢言之。　（EPF22.32）

［己卯文書］

25　十二月己卯、居延令　守丞勝移甲渠候官候[所]責男子寇恩[事]、[郷]
置辞、爰書自証。写移書[到]……辞　（EPF22.34）

26　須以政不直者法、亟報。如律令。　掾党、守令史賞　（EPF22.35）

廷移甲渠候書曰　この一句は「廷の移せる甲渠候の書に曰く」と解すべきであり、「廷が甲渠候の書を移して曰く」ではなく、ましてや「廷が甲渠候に書を移して曰く」でもない。なぜなら、本章では引用を省略したが、「候粟君冊書」の前半部分を構成する「乙卯冊書」と「戊辰冊書」の書き出しによれば、都郷嗇夫は「廷が移する所の甲渠候の書を以て（以廷所移甲渠候書）」寇恩を召喚して験問したと明言しているからである。この「甲渠候書」を粟君の訴状とみる見解もあるが（兪偉超一九七八／張建国　一九九六b）、訴状の末尾を「書到、験問治決言（書到らば、験問治決して言え）」という執行文言で結ぶことはあり得ない。[7]「候粟君」の「候」が「甲渠候」の「候」と同義で「候官の長」を意味するとしても、冊書に「甲渠候」と明記されている箇所は、すべて粟君とは別人として理解するのが妥当であろう。さもないと、府に提訴した訴訟について、自らが審理の一端を担うという奇妙な事態を想定せざるを得なくなる。「駒罷労冊書」に明らかな通り、建武三年十二月時点の甲渠候（甲渠

鄣候）は「獲」という名の人物であるが、鵜飼昌男の研究によれば、獲の姓は「張」であり、粟君とは別人の可能性が強い（鵜飼　一九九六、二八～三〇頁）。粟君を表わす冊書の表現は「候粟君」ないし「候」であり、「甲渠候粟君」と記されている箇所はない。「粟君＝甲渠候」という前提に立った「候粟君冊書」の解釈は、根底から再検討されるべきだろう。

前言解。廷却書曰　「前言解」とは「駒罷労冊書」の語釈で述べたように「先に釈明した」の謂。ここでは居延県廷から転送されて来た甲渠候の指示に従い、寇恩の陳述結果（「乙卯文書」）を送付した事実を指す。「廷却書」を「廷郵書」と釈読する説もあるが（甘粛居延考古隊簡冊整理小組　一九七八）、ここは裘錫圭に従って、都郷嗇夫から提出された最初の寇恩の陳述を県廷が差し戻したという意味に解釈したい（裘錫圭　一九七九、六一三頁）。張建国は張家山漢簡の「奏讞書」に「解書廷（書を廷に解す）」とあることに注目し、「前言解廷、却、書曰」と句読した上で、「前回の治決言は県廷に報告したが、差し戻され、〔同時に県から送られて来た〕文書には、云々」と解釈している（張建国　一九九六b、三二五～三二六頁）。興味深い説ではあるが、前掲の簡18のように文末に「前言状」とのみ記す例もあり、この解釈は成り立たないように思われる。

願詣郷爰書是正　この部分についてフルスウェは、その意味を理解しかねると述べている（Hulsewé 1979: 33）。確かに分かりにくい文章であるが、粟君の要求内容を指すことは前後の文脈から疑いない。次章であらためて検討する通り、「候粟君冊書」の前半部分「乙卯冊書」と「戊辰冊書」によれば、都郷嗇夫の宮は二度にわたって「恩を召して郷に詣らしめ（召恩詣郷）」て、

証財物故不以実臧五百以上、辞已定満三日而不更言情者、以辞所出入罪反罪之律。

財物を証するに故《ことさら》に実を以てせざること臧五百以上にして、辞すでに定まり三日を満たすも更《あらた》めて情《まこと》を言わざれば、辞の出入する所の罪を以て反ってこれを罪するの律。

という虚偽の陳述に対する罰則規定、いわゆる「証不言情律」（連劭名　一九八六）を申し聞かせた上で、爰書により験問を行なっている。とするならば、「詣郷爰書是正」とは粟君による二度目の験問要求、すなわち「寇恩を郷に召喚して最初の爰書を正す」よう求めた語ではあるまいか。謝桂華論文では「郷に行って爰書を糾正することを承知した」と訳しているが（謝桂華　一九九一、一七頁）、「願」は「承知した」ではなく、文字通り「願い出た」という意味であろう。ちなみに言えば、候粟君が府に奏記して「爰書是正」を求めているのは、寇恩の最初の陳述が都尉府まで届いていたことを示唆する。とするならば、県廷は都郷嗇夫の報告をひとまず受け取り、候官に取次いだ——候官はさらに都尉府に報告した——のち、おそらくは候官からの指示を承け郷に「差し戻した」ものと思われる。

府録、令明処、更詳験問治決言　「府録」について兪偉超は、候官の指令を「官録」と呼んでいる敦煌漢簡の例（T.xv.a.i.6/Ch536）を挙げて、「太守府の命令」であろうと述べている（兪偉超　一九七八、四〇頁）。「太守府」説の成り立たないことは先述したが、居延漢簡にも「府録」（EPT65.270）、「官録」（EPT49.85）、「使者治所録」（EPF22.360）などの例が見えており、「録」が「記」に類した何らかの指示書の呼称であることは確かであろう。この都尉府からの指示は、まず甲渠候官に下されて、そこから居延県へ転送されたと思われる。「己卯文書」に見られる通り、居延県が寇恩の験問結果を甲渠候官に送付しているのは、都尉府からの指示が候官経由で届いたことの証左であろう。「明処」については、すでに述べた。「令明処」とは見慣れない句法であるが、社稷壇の修繕を命じた居延漢簡に、「謹脩治社稷、令鮮明」という文言があり（笠沙　二〇〇三）、勧農土牛の製作を命じた「張景碑」（後述）では、「明検匠所作務、令厳」という指示が見えている。いずれも命令の厳正な執行を指示する文言であろう。「令明処、更詳験問治決言」という府からの指示は、「駒罷労冊書」にいう「験問明処言」に相当する。「更《あらた》めて詳しく」験問せよと述べているのは、最初の験問も都尉府の指示によるものであった——したがって粟君は最初から都尉府に提訴していた——ことを示唆する。(8)

須以政不直者法、亟報　初仕賓・蕭亢達は「己卯文書」を「論報文書」と呼び、粟君を「政不直」の罪で処断せよとの居延県廷の判決を記した文書とみる（初仕賓・蕭亢達　一九八一、一一四頁）。フルスウェも同様に He must be condemned according to the rule for "dishonesty in the administration"（「政不直」の法に従って有罪判決を受けるべし）と訳し（Hulsewé1979: 29）、著者もまた旧稿ではこの説に従った。しかしながら、冊書の文面を見る限り、粟君の行為にとりたてて政務上の「不直」は認められない。ここは裘錫圭が指摘し浅原達郎が注意を喚起する通り、「須」を「待」、「政」を「正」と読むのが正解であろう（裘錫圭　一九七九／浅原　一九九八）。『史記』巻一〇六呉王濞列伝に

降者赦其罪復故、不降者滅之。王何処、須以従事。
降者は其の罪を赦して故に復し、降せざる者はこれを滅ぼさん。王、何《いず》れにか処《よ》るや。須《ま》ちて以て事に従わん。

という文章があり、正義が「王の計を定めるを待ち、以て事を行なう（待王定計、以行事）」と注するように、「須以〇〇」とは「結果を待って〇〇する」の謂である。また、『後漢書』列伝第三四張禹伝に、

〔元和〕三年、遷下邳相。…（中略）…功曹史戴閏、故太尉掾也、権動郡内。有小譴、禹令自致徐獄、然後正其法。自長史以下、莫不震粛。

〔元和〕三年、下邳の相に遷る。…（中略）…功曹史の戴閏、故《も》と太尉の掾なり、権は郡内を動《ゆる》がす。小譴あり、禹、自ら徐の獄に致《いた》らしめ、然る後その法を正《さだ》む。長史より以下、震粛せざるもの莫し。

とあるように、「正○○法」とは「○○について法により罪を定める」ことをいう。つまり「須以政不直者法」とは「須《ま》ちて以て不直なる者の法を正《さだ》む」、すなわち「審理の結果を待った上で、不直なる人物について法により罪を定める」という意味である。この解釈の妥当性は、裘論文も一部を引用する次の漢簡から裏付けられる。

27　任小吏忘為中程、甚毋状、方議罰。檄到、各相与邸校、定吏当坐者言、須行法。

小吏を推薦するにあたり規定に合致することを失念した点、はなはだ無状、罰を議すべきである。この檄が届いたら、それぞれ邸〔倉庫〕の係と点検して、吏の罪に坐すべき者の供述を確定し、それを待って法を執行せよ。

（55.13＋224.14＋224.15/ 労図 253）

官有物を横領した吏に対して処罰を指示した檄の一部であろう。ここにいう「定吏当坐者言、須行法（吏の当に坐すべき者の言を定め、須ちて法を行なえ）」という表現が、「候粟君冊書」の「須以政不直者法」に相当することは疑いない。なお、「須以政不直者法」という文章は、候官に宛てた文書の中に記されているが、「駒罷労冊書」の「請行法」と同様、最終的には都尉府に伝えられるべき内容である。回答を求める常用句としての「亟報」も、語義の上からは「甲渠候官に対して急ぎ回答を求めるという意味」（裘錫圭　一九七九、六一四頁）であろうが、正確に言えば「都尉府の決定が下り次第、急ぎ取次いで回答されたし」と解釈されるべきだろう。
以上の注釈をもとに、「辛未・己卯文書」を訳してみよう。「駒罷労冊書」と同様、内容ごとに分段しておく。

［辛未文書］

A　建武三年〔後二七〕十二月癸丑朔辛未〔十九日〕、都郷嗇夫の宮が申し上げます。

B　居延県廷から移送されて来た甲渠候〔候官の長〕の文書によれば、「去年十二月中に、客民の寇恩を雇用して、魚五千匹を車に積み觻得県に行かせた。賃金は穀物二七石相当の役牛一頭である。恩は売りに出る際、売り上げを行銭四〇万と請け合ったが(9)、得たのは三二万銭であった。また運搬のために借りた牛一頭を、売り払ってしまい返そうとせず、賃金の牛で差額の二〇石を埋め合わせようとしている。この文書が届いたなら、取調べの上、結果を確定して報告せよ」とのことでした。〔この件は〕すでに説明したところです。

C　県廷は〔先の説明の〕文書を差し戻して、「寇恩の陳述は甲渠候からの文書と一致せず、事実ではない疑いがある。今、候〔粟君〕は府に奏記して、〔寇恩を〕郷に出向かせて先の爰書を正すよう願い出ており、府からは「明確に判断を下し、改めて詳しく取調べ、結果を確定した上で報告せよ」との指示が来ている」と言いました。

D　つつしんで恩の陳述を験問しましたところ、粟君に牛の差額の穀物二〇石を与える必要はないし、また粟君の所にある器物の値が一万五千六百銭、粟君のために肉や穀物を買った総額が三石、息子の欽が粟君の庸作となり働いた賃金が二〇石。以上で粟君への負債はすべて返済し終わっております。粟君は恩の器物を使用して消耗したので返還しようとしていますが、恩は受け取ろうとしません。〔以上の点は〕爰書により自証しました。

E　爰書を写し送ります。叩頭死罪死罪、つつしんで申し上げます。

[己卯文書]

F　十二月己卯〔二七日〕、居延県の令の某〔一字空白〕、丞心得の勝が甲渠候官に送達する。候〔粟君〕が男子の寇恩に返済を求めている一件につき、郷において陳述し、爰書により自ら証言した。写し送るこの文書が届いたら、〔文字欠損〕を待って不直なる者について法により罪を定め、〔結果を〕すみやかに報告されたい。以上、律令の如くせよ。

掾の党、守令史の賞。

ここから読み取れる訴訟の経緯は次の通りである。そもそも事件の発端は、粟君が居延都尉府に対して寇恩を訴えたことにあった。訴えの内容は、売り上げの差額と勝手に処分した役牛の代金とを返済せよというもので、この件について都尉府は甲渠候官に対し「験問治決言」との指示を出す。この候官への指示は居延県へと伝達され、これを承けて県廷は都郷嗇夫に寇恩の験問を命じる（以上B）。都郷嗇夫は験問結果を県に送るが、県廷は候官からの文書との不一致を理由にこれを差し戻し、さらに粟君が都尉府に奏記して寇恩を再度験問するよう求めたことに伴い、再度くわしく「験問治決言」との指示が下されているむねを伝える（以上C）。そこで都郷嗇夫は爰書によって再度験問を行なうが、結果は、寇恩に返済の義務がないのみならず、器物の使用について粟君の側に非があるというものであった。これが都尉府の求めた「明処」にあたる（以上D）。都郷嗇夫は、以上の経緯と験問結果を文書に記し、書き出し（A）と結びの文章（E）を添えて居延県へと上申し、居延県では当事者の不直なる側を法に従って裁くよう求めた意見を付して、甲渠候官へと送付する（F）。甲渠候官では、以上の結果を都尉府に報告すると同時に、関連文書一束と験問結果を伝える二通の爰書（乙卯・戊辰文書）とを組み合わせ、「候粟君所責寇恩事」と記した楬を付して、塢内の文書庫に保管した。「辛未文書」と「己卯文書」の筆跡が異なっているのは、角谷常子が指摘する通り、県廷における書き手が異なったためであろう（角谷　一九九六、二一八頁）。とするならば、この二通の文書に関する限り、候官に保管された冊書がオリジナルであり、都尉府へはあらためて浄書したものを送ったということになる。

三　聴訟の諸相

（1）　府と下級機関

二通の冊書から読み取れる訴訟の特徴について、ここであらためて考えてみよう。「候粟君冊書」に記された訴訟手続に関しては、徐蘋芳が簡潔ながら重要な指摘をしている。それは第一に、事案が「府」に提起されている以上、最高判決権は「府」にあるはずだということであり、[10]第二に、本冊書は判決に至る手続の前半部分、「張湯の鼠裁判」にいう「劾」「験治」「伝爰書」を伝えているということである（徐蘋芳　一九七八、三四頁）。二つの点は「駒罷労冊書」とも関連すると思われるので、以下、徐蘋芳の指摘に従って、それぞれの冊書を検討していくことにする。

まずその第一点、府と下級機関との関係について取り上げる。前節で分析した通り、「駒罷労冊書」では守塞尉（塞尉心得）の放が、「候粟君冊書」では候の粟君が、それぞれ都尉府に訴えた結果、手続が開始されている。つまり両冊書ともに府の指揮下における訴訟の実態を伝える文書と言ってよい。「候粟君冊書」の場合、なぜ被告の居住する居延県にではなく都尉府に対して提訴したのか、あるいは候粟君という原告の身分と関わるようにも考えられるが、確かな理由は分からない。一方、「駒罷労冊書」の場合は、都尉府に提訴する前段階で、候官による解決が図られたものと推測される。なぜなら、事件の発生した四月から、候官による最終的な審理の結果が報告された十二月までのあいだ、日時が開き過ぎているように思われるからである。想像をめぐらすならば、塞尉の放はまず甲渠候官に訴えたが埒が明かず、やむなく都尉府への上訴という挙に出たのではないか。仔馬の死をめぐる一連の放の行為が上司である甲渠候の監督責任に波及することを思えば、候官での審理が遅延したとしても不思議ではない。

興味深いのは、いずれの場合も提訴を受けた都尉府が自ら審理に乗り出すことをせず、候官に案件を下げ渡していることである。「候粟君冊書」における都尉府の指示が、被告の居住する居延県にではなく甲渠候官に下されているのは、直接の管轄下にある機関に対して審理を委ねることが制度上の慣行であったためだと推定される。従来の「候粟君冊書」に対する解釈は、この点の理解が不十分であったため、なぜ寇恩の験問結果が陳述を記した爰書とともに甲渠候官に送られ、かつそこに保管されていたのか、納得のいく説明がなされて来なかった(11)。「駒罷労冊書」においても、候官に「験問明処」を命じたのは、管轄下の機関への付託という制度に従ったに過ぎず、審理を差し戻したというわけではない。二件の訴訟で中心になって審理を進めているのが候官であるという事実を、あらためてここで確認しておきたい。

とはいえ、いずれの訴訟においても――「府」への提訴である以上、当然ではあるが――最終的な決定権は、上級機関である都尉府が保持している。徐世虹は「駒罷労冊書」に言う「永不当負駒」と「坐臧為盗」とが焦永と放に対する「初審判決」に相当し、Ｖ部分に見える「請行法」の三文字が「この案件について府の保持している覆審権を表わしている」と述べている（徐世虹　二〇〇一、一二八頁）。審理の付託に対する理解は正確であるが、甲渠候官の判断は「初審判決」というよりも「判決のための原案」とみるのが適当であろう。「候粟君冊書」の場合も、都郷嗇夫による「不当与粟君牛不相当穀廿石（粟君に牛の差額の穀物二〇石を与える必要はない）」という判断は、県廷に対する回答であり、何らかの「判決」を意味しているわけではない。

二通の冊書に見える訴訟は、訴えを受けた上級機関が管轄下の下級機関に案件の審理と判決のための原案作成とを命じ、その報告にもとづいて最終的な決定を下すという手続を踏んでいる。こうした制度が辺境の軍事機関のみならず、内地の民政機関においても同様であったと思われることは、『漢書』巻八三薛宣伝の一節から推測できる。

代張禹為丞相、封高陽侯、食邑千戸。…（中略）…宣為相、府辞訟例不満萬銭不為移書、後皆遵用薛侯故事。

張禹に代わりて丞相と為り、高陽侯に封ぜられ、邑千戸を食む。…（中略）…宣の相と為るや、府の辞訟は例ごとに萬銭に満たざれば移書を為さず、後、皆な薛侯の故事を遵用す。

係争物の価値が一万銭に満たない訴訟は以後「移書を為さず」ということは、裏を返せば、丞相府への上訴は従来、案件の大小にかかわらず「移書」という手続をとるのが原則であったことになる。ここに言う丞相府からの「移書」が居延の冊書に見える「府記」と同様、下級機関へ審理を命じた文書であることは想像に難くない。

このような下級機関への事案の付託は、訴訟案件の場合に限らない。それは府のような上級機関に事案が持ち込まれた場合、ごく普通に行なわれる方式であった。その好例として、後漢時代の碑文を次に引用しよう。

府告宛、男子張景記言。府南門外勧農土牛、□□□□
調発十四郷正、相賦斂作治。并土人犂耒艸簟屋、功費六七
十萬、重労人功、吏正患苦。願以家銭、義作土牛上瓦屋欗楯
什物、歳歳作治。乞不為県吏列長伍長、徴発小繇。審如景言
施行復除、伝後子孫。明検匠所作務、令厳、事畢成言。会廿□
府君教。大守丞印。延熹二年八月十七日甲申起。
八月十九日丙戌、宛令右丞慴告追鼓賊曹掾石梁。写移□
遣景、作治五駕瓦屋二間、周欗楯拾尺。於匠務令功堅、奉□
畢成言。会月廿五日。他如府記律令。　掾趙述□□
府告宛言、男子張景以家銭義於府南門外守□□□
瓦屋、以省賦斂、乞不為県吏列長伍長小繇□□

a　府、宛に告ぐ。男子の張景、記もて言えらく、「府の南門外の勧農土牛、〔文字不詳〕、十四郷の正より調発し、相い賦斂して作治せしむ。土人・犂耒・艸簟・屋を并せて、功費は六七十万、人功を重労し、吏正は患苦す。願わくは家銭を以て土牛・上瓦屋・欗楯・什物を義作し、歳々作治せん。乞うらくは県吏・列長・伍長と為

し、小繇を徴発せざらんことを」と。審《まこと》に景の言の如くんば、復除を施行し、後の子孫に伝えよ。匠の作務せる所を明検して厳ならしめ、事畢《おわ》り成らば言え。廿□に会せよ。府君の教。大守丞印。延熹二年八月十七日甲申起す。

b　八月十九日丙戌、宛令の右丞の慴、追鼓賊曹掾の石梁に告ぐ。写移〔至らば〕景を遣《や》りて、五駕の瓦屋二間と周欄楯拾尺を作治せしめよ。匠務に於いては功堅ならしめ、奉□畢り成らば言え。月の廿五日に会せよ。他は府記律令の如し。掾の趙述□□

c　府、宛に告げて言う。男子の張景、家銭を以て府の南門外の守〔文字不詳〕瓦屋を義し、以て賦斂を省き、県吏・列長・伍長・小繇を為さざらんことを乞う。

先に言及した「張景碑」の全文で、公文書をそのまま立碑した例として貴重である（永田編　一九九四）。a部分では宛県の男子張景が南陽郡府へ「奏記」して、勧農土牛の製作を毎年請け負うかわりに県から課される諸般の雑役を今後いっさい免除してほしいと申請する。これを受けた府では宛県に対し、もし張景の言う通りであれば彼の要求通りに取り計らった上で結果を復命するよう、「記」によって指示を下す。続くbでは県からさらに担当部局へ具体的な指示が下されているが、おそらくは、その結果を宛県が太守へと復命し、張景の雑役免除が最終的に確定したのであろう。cの部分は後半の文章を欠いているものの、府の決定を布告しているに相違ない。いずれにしてもここに記される郡府と県の関係が、二通の冊書から読み取れる都尉府と候官の関係に共通することは明白であろう。府が下級機関に審理と判決原案の作成を付託するのは、こうした政務分担の慣行に従ったためにすぎない。(13)

（2）聴訟から断獄へ

第二の問題、「張湯の鼠裁判」との関連に移ろう。前述のように徐蘋芳は「候粟君冊書」のB部分について、候粟君の訴えを「劾」、都郷嗇夫による二度の験問を「治」、県廷への寇恩の陳述送達を「伝爰書」に、それぞれ比定している。この冊書全体を史書にいう「具獄」の実例ととらえ、漢代の「治獄鞫訊制度」つまり刑事訴訟の研究に大きな意義をもつと述べる兪偉超も、ほぼ同様の理解であると言ってよいだろう（兪偉超　一九七八）。しかしながら、前章における認識をもとに「辛未文書」を通覧すると、刑事訴訟との相違点がまず目に止まる。それは何よりも訴訟の核心となる訊問・験問の部分に現れる。

既述の通り、「治獄」すなわち刑事訴訟の特徴は、被疑者を問い詰め、罪状自認を得るという手続にあった。したがって、治獄に関わる文書には、詰問もしくは服罪を示す文言が必ず明記されている。前章で引いた関連史料から該当箇所を抜き出してみよう。

訊丙、辞曰、乙妾殹〔也〕、毋它罪。

丙を訊すに、辞して曰く、「乙の妾なり、它の罪なし」と。（睡虎地秦簡「封診式」黥妾）

詰闌、…（中略）…何解。闌曰、罪、毋解。

闌を詰すに、「…（中略）…何と解するか」と。闌曰く、「罪あり、解なし」と。（張家山漢簡「奏讞書」）

重復実核〔覈〕、迪故下辞服。割用米審。前後榜押迪凡□□、不加五毒、抛以迪□□服辞結罪、不枉考迪。

重復して実覈するに、迪、故《よ》りて辞を下して服す。米を割用したるは審《まこと》なり。前後に迪を榜押すること凡そ〔文字不詳〕なるも、五毒を加えず、拠りて以て迪〔文字不詳〕服辞結罪し、迪を枉考せず。（走馬楼呉簡J22-2540）

ところが「候粟君冊書」には、こうした詰問や服罪にあたる文言が一言半句も現れない。上述の「辛未文書」Dの部分は、「明処」を求めた都尉府の指示に対する験問担当者の報告であるが、そこに述べられるのは「粟君への負債はすべて返済し終わっている」という事実関係の認定にとどまる。つまり、粟君にせよ寇恩にせよ、有罪性は当面の問題となってはいない。この段階で寇恩を「爰書験問」する目的は、あくまで陳述の真実性を保証することにあり、罪状自認を得ることにあるわけではない。

この点は、「駒罷労冊書」においても同様である。そのV部分、「明処」せよとの都尉府の指示に答えた文章において、判断の核心は「永に仔馬を賠償する必要はない」という点にあった。むろん「坐臧為盗」「并坐」という罪名が見えてはいる――後述の通り、それは単なる修辞ではない――が、この罪名で放らを訊問したわけではない。被験問者の陳述は、淡々と事実を述べることに終始しており、詰問や服罪の形跡は全く見当たらない。

こうした相違は、つとに張建国によって指摘されている。粟君の訴訟の性格を「民事案件」と規定した上で、張氏はおよそ次のような見解を述べている（張建国　一九九六b、三三五頁）。

この案件から見れば、民事訴訟の手続は刑事案件と異なる点がある。立案後の験問と証言は法廷外で進められ、事案に責任を負う郷嗇夫は、おそらく当事者の話を記録するのみで、審理・判決の権力をもたなかった。すなわち、民事案件の処理の仕方は、係争が生じた時点で一方が官府に告げるが、官府は刑事事件のように被告を勾留することは決してせず、先ず原告の起訴状を被告の所在地に送る、というものであった。しかる後、被告自身に証言を提出させるが、その録取を担当するのは、非司法機関である郷官でも構わなかった。のみならず、最初に都郷から報告された文書を県廷が差し戻したという情況から見れば、県廷は当事者に証言を改める機会を与えるよう望んでいるのであり、より厳しいであろう法廷での審判に、ひたすら頼っているわけではないのである。

確かに張論文が指摘する通り、陳述に「事実ではない疑いがある」ので改めて問い質せという指示（辛未文書C）は、供述の矛盾を突いて「毋解」に追い込む治獄においては考えがたいことである。この点に関する限り、二通の冊書の「験問」を「鼠裁判」の「治」になぞらえることが適切であるとは言い難い。しかし反面、あらためて冊書の文面を見ると、「財を争う」訴訟でありながら、手続の上に刑事的な要素が皆無でないことにもまた気付くのである。たとえば「駒罷労冊書」のV部分には、次のような一節が見えていた。

案、永以県官事行警檄、恐負時騎放馬行檄。駒素罷労病死。放又不以死駒付永、永不当負駒。放以県官馬擅自仮借、坐蔵為盗。請行法。獲教勅要領放毋状、当并坐。

案ずるに、焦永は公務として警檄を伝送したのであり、時間の浪費を恐れて放の馬に乗って檄を伝えたのです。仔馬はもとより疲労のため病死したのであり、放も死んだ仔馬を焦永に渡したわけではありませんから、永に仔馬を賠償する必要はありません。放は公用の馬を無断で借用したのですから、馬の額に応じて窃盗罪を適用すべきです。法を執行されるよう求めます。獲は放を教導するに無状、放とともに共に罪に坐するに相当します。

験問にあたった甲渠鄣候の獲が示した判断は、「永に仔馬を賠償する必要はない」というにとどまらず、「放の行為は窃盗罪に当たり、自らもまた連坐に当たる」という罪状にも言及するものであった。験問の結果、事案の中に刑罰に相当する要素が発見されれば、迷うことなく指摘する。こうした獲の態度を理解するには、『漢書』巻二三刑法志に記す一文が手掛かりとなろう。

及至孝武即位、外事四夷之功、内盛耳目之好、徵発煩数、百姓貧耗、酷吏撃断、姦軌不勝。於是招進張湯・趙禹之属、条定法令、作見知故縦・監臨部主之法、緩深故之罪、急縦出之誅。

孝武即位するに至るに及び、外は四夷の功を事とし、内は耳目の好《たの》しみを盛んにす。徵発煩数して、百姓貧耗し、酷吏は撃断するも、姦軌勝《や》まず。是に於いて張湯・趙禹の属を招進し、法令を条定し、見知故縦・監臨部主の法を作り、深故の罪を緩《ゆる》くし、縦出の誅を急《きび》しくす。

「見知故縦・監臨部主之法」とは、顔師古によれば「人の法を犯せるを見知して挙告せざるを故縦と為し、監臨・部主する所に罪有らば並《とも》に連坐するなり（見知人犯法不挙告為故縦、而所監臨部主有罪並連坐也）」と解される。つまり犯罪行為を見知っていながら挙劾・告発しない者を処罰し、部下を監督する立場の者や部局の責任者を連坐させる法をいう。放の「坐臧為盗」を告発し、自らも「当并坐」と恐縮している獲の態度が、この法規の存在を意識していることは疑いない。

こうした候官による判断を受けて都尉府が放を「坐臧為盗」で挙劾したならば、その段階で案件は刑事手続へと移行したはずである。その場合、放は居延県の獄に収監されて、獄吏による訊問を受けたと推測される。(14) そしてその訊問においては、「公用の馬を無断で借用した」という罪状を示して放を詰問し、自認へと追い込む手続がとられたのであろう。「駒罷労冊書」が伝えているのは、聴訟から断獄へと、まさに移行せんとする訴訟の姿に外ならない。聴訟と断獄とは截然と二分されているわけではなく、訴訟の進行に伴い連続しうる手続であった。

刑事手続との関連性は、「候粟君冊書」にも看取することができる。ここではF「己卯文書」の文言に注目したい。都郷嗇夫による験問の結果を承けて、居延県から甲渠候官に送られた文書である。

十二月己卯、居延令　守丞勝移甲渠候官候所責男子寇恩事、郷置辞、爰書自証。写移書到……辞、須以政〔正〕不直者法、亟報。如律令。

十二月己卯〔二七日〕、居延県の令の某〔一字空白〕、丞心得の勝が甲渠候官に送達する。候〔粟君〕が男子の寇恩に返済を求めている一件につき、郷において陳述し、爰書により自ら証言した。写し送るこの文書が届いたら、〔文字欠損〕を待って不直なる者について法により罪を定め、〔結果を〕すみやかに報告されたい。以上、律令の如くせよ。

ここに言う「不直」とは、前章で検討した論獄や鞫獄の不正と異なり、「言い分に筋が通らない」ことを意味する。[15] 留意すべきは、「須以政不直者法（須《ま》ちて以て不直者の法を政《さだ》めよ）」という表現が「不直者」に対する刑罰の適用を前提としていることである。「不直者」について裘錫圭は、寇恩のみならず粟君に対しても「証不言情律」を告知した上で陳述を録取したとの想定にもとづき、寇恩であれ粟君であれ陳述を偽った側を指すと考えている（裘錫圭　一九七九、六一四頁）。しかしながら、本案件の場合、係争の原因は運送賃の牛をめぐる双方の理解の行き違いであり、[16] 証すべき財物の額に関する限り、偽りを言う必要性は両当事者ともに認められない。とするならば「不直なる者」とは、都尉府における最終的な審理の結果、「言い分に筋が通らないと判断された側」を指しているのではあるまいか。

右の考えに大過なしとすれば、この「己卯文書」の文言は、「財を争う」訴訟であっても主張に筋の通らぬ側は「有罪」と見なされたことを意味する。換言すれば、民事的な案件も時に刑罰を結果する場合があった。フルスウェが「候粟君冊書」の翻訳に続けて、「これは民事訴訟なのだろうか、それとも刑事訴訟なのであろうか」と疑問を呈し、「我々の社会であれば民事訴訟と見なされるような案件であっても、不可避的に刑事の領域 **the criminal sphere** へと引き込まれることになったのではないか」と述べているのは（Hulsewé 1979: 29）、この訴訟が民事訴訟として単純に割り切れない面をもつことを指摘した点で、正鵠を射たものと言えよう。結局のところ、「財を争う」訴訟であっても、最終な局面において科刑がなされる可能性は排除されない。したがって、漢人の意識において「争財」が刑罰と結びついて理解されたとしても、何ら異とするに当たらない。たとえば『後漢書』列伝第一五魯恭伝に伝える逸話は、その好例であると言えるだろう。

恭専以徳化為理、不任刑罰。…（中略）…亭長従人借牛而不肯還之、牛主訟於恭。恭召亭長、勅令帰牛者再三、猶不従。恭歎曰、是教化不行也。欲解印綬去、掾史泣涕共留之。亭長乃慙悔、還牛、詣獄受罪、恭貰不問。於是吏人信服。

恭、専ら徳化を以て理《さば》きを為し、刑罰に任せず。…（中略）…亭長、人より牛を借り、これを還すを肯んぜず、牛主、恭に訟《うった》う。恭、亭長を召し、勅して牛を帰さしめんこと再三なるも、猶お従わず。恭、歎きて曰く、是れ教化の行われざればなり、と。印綬を解きて去らんと欲するに、掾史泣涕して共にこれを留《とど》む。亭長すなわち慙悔して、牛を還し、獄に詣《いた》りて罪を受けんとするも、恭は貰《ゆる》して問わず。是に於いて吏人信服す。

貸借をめぐる不誠実を「罪」として「獄に詣」った亭長の意識は、理訟に刑罰が用いられたことを示唆する冒

頭の一句とともに、「財を争う」訴訟が時に刑事的色彩を帯びることの証左であろう。『周礼』地官大司徒の職に、

凡万民之不服教而有獄訟者、与有地治者聴而断之、其附于刑者、帰于士。

凡そ万民の教に服せずして獄訟する者あらば、地治ある者と聴きてこれを断じ、其の刑に附す者は、士に帰《ゆだ》ぬ。

という文章があり、鄭玄は「地治ある者とは、郷州及び都鄙を治める者を謂うなり（有地治者、謂郷州及治都鄙者也）」、「士とは司寇・士師の属なり（士、司寇士師之属）」と注する。獄であれ訟であれ、まず地方の民政官が訴えを聴取したのち、可罰性の濃厚な者の身柄を刑官に委ねるという『周礼』の制度は、争財であっても時に刑罰を結果するという漢代の訴訟のあり方に共通すると言ってよい。

おわりに

二通の冊書に導かれるまま考証を重ねてきたが、あらためて指摘しておくべきは、その史料的な限界である。本文で繰り返し論じた通り、冊書が作成された背景となるのは、都尉府への上訴と、それに伴う下級機関への審理の付託であった。当然のことではあるが、こうした手続によらない聴訟の実態が公文書として残される可能性は多くない。換言すれば、上級機関への提訴によらない訴訟について、居延漢簡のような公文書類からうかがう

ことは難しいということである。(17) とはいえ、史書に散見する記載をたどって行けば、いくつかの興味深い事例を指摘することは不可能ではない。最後に二通の冊書を離れ、漢代の史書に見られる聴訟の様相を列挙して、本章を結ぶことにしよう。

第一に、軽微な係争に関しては、有識者に決裁を求めたり、郷官の「喩解」や「訓告」で決着を図ったりする事例が目に止まること。前者の例としては、『後漢書』列伝第五七党錮列伝に記す蔡衍の逸話が典型であろう。

蔡衍字孟喜、汝南項人也。少明経講授、以礼譲化郷里。郷里有争訟者、輒詣衍決之、其所平処、皆曰無怨。

蔡衍、字は孟喜、汝南、項の人なり。少《わか》くして明経もて講授し、礼譲を以て郷里を化す。郷里に争訟する者あらば、輒ち衍に詣りてこれを決し、其の平処するところ、皆な怨なきを曰う。

また後者の例としては、『後漢紀』巻二二桓帝建和元年の呉祐の記事を挙げておく。

吏民有以罪過相告訴者、祐輒閉閤自責良久、然後問之。民有詞訟、先命三老孝悌喩解之、不解祐身至閭里自和之。自是之後、吏民不忍欺。

吏民に罪過を以て相い告訴する者あらば、祐、輒ち閤を閉ざし自責すること良《や》や久しく、然る後これを問う。民に詞訟あらば、先ず三老孝悌に命じてこれを喩解せしめ、解せざれば祐身《みずか》ら閭里に至り自らこれを和《たいら》ぐ。是れ自りの後、吏民は欺くを忍びず。

こうした聴訟の場合、何らかの文書が残されるとは思えない。

第二に、第一の点と関連するが、軽微な係争の審理を忌避する姿勢が官憲の側に見えること。本文に引いた

「例ごとに萬銭に満たざれば移書を為さず」という「薛侯の故事」は、そうした姿勢の表われであるが、『全後漢文』巻三八に引く『風俗通義』佚文（『太平御覧』巻六三九も同じ）に見える逸話も、同じく薛宣にかかわる点で興味深い。

臨淮有一人、持一匹縑、到市売之。道遇雨被戴、後人求共庇蔭、因与一頭之地。雨霽当別、因共争闘、各云我縑、詣府自言。太守丞相薛宣劾実、両人莫肯首服。宣曰、縑直数百銭耳、何足紛紛自致県官。呼騎吏中断縑、各与半、使追聴之。後人曰受恩、前撮之、縑主称怨不已。宣曰、然、固知当爾也。因詰責之、具服。俾悉還本主。

臨淮に一人あり、一匹の縑《きぬ》を持ち、市に到りてこれを売らんとす。道に雨に遇い被戴するに、後人の庇蔭を共にせんことを求め、因りて一頭の地を与う。雨霽《は》れて別るるに当たり、因りて共に争闘し、各々我が縑なりと云い、府に詣り自言す。太守丞相の薛宣、劾実するも、両人、首服を肯んずる莫《な》し。宣曰く、縑の直は数百銭なるのみ、何ぞ紛紛として自ら県官に致すに足らん、と。騎吏を呼びて縑を中断し、各々に半ばを与え、追いてこれに聴かしむ。後人は受恩を曰い、前《すす》みてこれを撮《と》るも、縑主は怨を称して已《や》まず。宣曰く、然り、固より当に爾《なんじ》なるべきを知れり、と。因りてこれを詰責するに、具服す。悉く本主に還さしむ。

縑の所有をめぐる「大岡裁き」であるが、「縑の直は数百銭なるのみ、何ぞ紛紛として自ら県官に致すに足らん」という口吻は、一万銭に満たない訴訟は移書しないという姿勢に通ずるものがあろう。

同時にまた第三として、この薛宣の逸話からは、官憲による聴訟が時に威圧的な手段を用いることも読み取れる。計略を用いて「詰責」し「具服」させるという方法は、前章で見た「訊獄」手続と変わるところがない。この嫌をめぐる案件のように、一方の主張が虚偽であることの明白な場合、虚言を弄していると睨んだ側を威力によって問い詰めることが、最も有効であろうことは容易に想像がつく。前章で引いた「欺誣詰状還反真（嘘つきも詰問により真相を語る）」という『急就篇』の文章は、「財を争う」訴訟についてもそのまま妥当するわけである。本文において張建国の言を引き「候粟君冊書」に見える手続と治獄との差異を指摘したけれども、事案の内容によっては聴訟においても断獄と同様の手続が用いられることもある。この点もまた二通の冊書の史料的限界として、指摘しておくべきだろう。

注

（1）『呂氏春秋』孟秋紀

是月也、…（中略）…命理瞻傷、察創、視折、審断決獄訟、必正平、戮有罪、厳断刑（高注。争罪曰獄、争財曰訟）。

また、『玉燭宝典』巻二に引く『月令章句』にも「獄、争罪也。訟、争辞也」と見えている。

（2）したがって、「聴獄」という熟語も皆無ではない。たとえば『孔叢子』刑論篇に、

孔子適衛、衛将軍文子問曰、吾聞、魯公父氏不能聴獄、信乎。孔子答曰、不知其不能也。夫公父氏之聴獄、有罪者懼、無罪者恥。文子曰、有罪者懼、是聴之察刑之当也。無罪者恥何乎。孔子曰、斉之以礼、則民恥矣。刑以止刑、則民懼矣。

（3）敦煌文書に見える同様の符号を、林聡明は「勘験符」と呼んでいる（林聡明　一九九一、二六五～二六七頁）。

（4）李均明によれば、この木簡は烽火品約の中の一枚であろうという（李均明　二〇〇五、六〇頁）。

（5）荻生徂徠『訳文筌蹄』に、「帰」とは「モトイヅルトコロヱカヘルコトナリ。カヘリ処ノ一ツアルニ使フ字ナリ」と説く。

むろん、敢えて区別を立てればということであり、「帰」字が常にそのような意味になるというわけではない。

（6）秦漢時代において「県官」の語が朝廷さらには天子を意味することは広く知られている。たとえば『塩鉄論』散不足篇に、

今県官多畜奴婢、坐稟衣食、私作産業、為姦利、力作不尽、県官失実。百姓或無斗筲之儲、官奴累百金、黎民昏晨不釈事、奴婢垂拱遨游也。

また『史記』巻五七絳侯周勃世家「庸知其盗買県官器」の索隠に、

県官、謂天子也。所以謂国家為県官者、夏家王畿内県即国都也、王者官天下、故曰県官也。（張文虎『校刊史記集解索隠正義札記』巻四「県官索隠夏家…（中略）…案、二字疑即上文官者二字之誤衍。」）

索隠に言う「国家」とは天子の謂である。吉本道雅によれば、こうした意味の「県官」は、本来、斉・魯など東方諸国で用いられていた語であった――対応する秦の語は「公」であった――という（吉本　二〇〇三、五九頁）。

（7）22簡の「償不相当廿石」までが粟君の訴状であると解釈することもできない。なぜなら、そう解すると、続く「書到、験問治決言」が主語を失い、誰からの指示なのか分からなくなってしまうからである。

（8）「候粟君冊書」を構成する四通の文書のうち、最初の験問結果を伝える「乙卯冊書」の筆跡は他の文書に比べて草卒な書体となっており、控えの文書であることを示唆する。オリジナル――それは居延県から送られてきた――の行方としては、都尉府に送達したとみる以外に考えようがないが、それは裏を返せば、最初の験問もまた都尉府の指示によるものであったことを意味する。

（9）「願沽出時行銭卌萬」の句を仮に「売りに出る時、売り上げを行銭四〇万と請け合った」と訳したが、実際には浅原達郎の言う通り「必ずしも一字一字正確にそう読めるというところでもない」（浅原　一九九八、五五～五六頁）。「行銭」は謝桂華の指摘する通り「市場流通の法度に適った官鋳銭」のことであろう（謝桂華　一九九一、九頁）。張家山漢簡に次のような「行銭」の規定が見える（二年律令 197-198, pp.159-160）。

銭径十分寸八以上、雖缺鑠、文章頗可智〔知〕、而非殊折及鉛銭也、皆為行銭。金不青赤者、為行金。敢択不取行銭・金者、罰金四両。

なお、建武初年に河西で私鋳銭が横行していたことは、建武六年に行河西五郡大将軍事の竇融によって「今より以来、独り県官にのみ銭を鋳作せしめ、…（中略）…吏民に禁じて銭を鋳作し及び不行銭を挟むことを得る毋からしめよ（自今以来独令県官鋳作銭…（中略）…禁吏民毋得鋳作銭及挟不行銭）」（EPF22:38-39）という布告が出されていることからうかがえる（何双全

一九八八、五九九頁）。

(10) ただし徐蘋芳は、都尉府・太守府いずれの府かは断定し難いと述べている（徐蘋芳　一九七八、三四頁）。

(11) 「己卯文書」については、初仕賓・蕭亢達が「論報文書」と解するほか（本文後述）、兪偉超も「居延守丞の勝による論決文書」と呼び（兪偉超　一九七八、四〇頁）、張建国も司法権を付与された居延県が粟君の所属する単位すなわち候官に向けて発した「指令文書」と理解している（張建国　一九九六b、三三二頁）。しかしこうした解釈では、「論決」や「指令」のみならず爰書までも候官に送られている理由が説明できない。

(12) 高文によれば「審如景言」の「一句は、官府が張景の以上の諸要求に同意したことを意味する」という（高文　一九九七、二三〇頁）。しかしながら、この句は「本当に〔張〕景の言葉通りであれば」という条件節として読むべきであり、したがって、府は張景の要求に対して無条件に同意したわけではない。『漢書』巻七六張敞伝に見える「審如掾言」という用例が参考となろう。

　初、敞為京兆尹、而敞弟武拜為梁相。是時梁王驕貴、民多豪彊、号為難治。敞問武、欲何以治梁。武敬憚兄、謙不肯言。敞使吏送至関、戒吏自問武。武応曰、…（中略）…吏還道之、敞笑曰、審如掾言、武必辨治梁矣。武既到官、其治有迹、亦能吏也。

文中にいう「掾」とは、張敞の依頼を受けて張武に抱負を尋ねた「吏」への呼びかけである。

(13) ちなみに言えば、管轄下の下級機関へ審理を付託するという制度は、「罪を争う」聴訟の場合も用いられたのではあるまいか。滋賀秀三の研究によれば、清朝の刑事訴訟においては「委審」と呼ばれる処理方法、すなわち上訴を受けた上級官庁が管内の下級官庁に事案を交付して審理せしめ、その結果を報告させるという方策が採用された（滋賀　一九六〇、三四〜三五頁）。後述のような聴訟と断獄の連続性を考慮するならば、漢代の刑事訴訟においてもおそらくは同様であったと推測される。

(14) 次の居延漢簡に見られるように、居延県には獄があり、おそらくは訊問を担う獄吏も存在した。

　☑国天鳳一年十二月己巳朔丁丑、甲溝第三候史並劾移居延獄、以律令従事。（EPF22.685）

この簡からはまた、軍事機関における刑事案が民政機関である県で裁かれたこと――裏を返せば軍事機関に刑事訴訟を裁く機能がなかったこと――を読み取ることができるのではないか。甲渠候官（A8）出土の漢簡の中に、刑事訴訟にかかわる内容が少ないことは、単なる偶然でないと思われる。

(15)『史記』巻四二鄭世家

悼公元年、鄦公悪鄭於楚。悼公使弟睔於楚自訟、訟不直、楚囚睔。於是鄭悼公来与晋平、遂親。睔私於楚子反、子反言、帰睔於鄭。

鄭の睔は鄦公の悪口が事実無根であることを「自訟」したが、「不直」すなわち筋が通らず、ために楚に囚われてしまう。ここにいう「自訟」は第二章「補論」注（2）の「自上」と同様、「自ら釈明する」という意味である。

(16) 浅原達郎が指摘する通り、「結局、粟君と寇恩との争いの生じた原因は、運送賃の牛についての両者の見解の相違にあると考えられる」（浅原　一九九八、五八頁）。すなわち、運送賃として六〇石の牛を支払うと約束した粟君に対し、寇恩の側は運搬用に貸与された黒牛をその運送賃に相当すると考え、自己の判断で売却してしまった。のちに寇恩は、運送賃として受け取った牛を補償に充てようとしたが、売却した黒牛がそれより二〇石ほど値の張る牛であったため、粟君は差額の弁償を求めて都尉府に提訴したわけである。験問にあたった都郷嗇夫が「辛未文書」で「不当与粟君牛不相当穀廿石（粟君に牛の差額の穀物二〇石を与える必要はない）」と述べているのは、寇恩の側に道理があると判断したことを示している。

(17) ただし、金銭の貸借に関しては、些少な金額であっても回収を官に訴えることが慣行であったかに見え、関連する文書が少なからず残されている。詳しくは次章を参照のこと。

第四章　爰書新探——古文書学と法制史——

はじめに

漢代における刑事訴訟を論じる上で、『史記』巻一二二酷吏列伝・張湯条（および、それを受けた『漢書』巻五九張湯伝）は貴重な手掛かりを与えてくれる。なぜならその冒頭に、張湯が幼少のころ肉を盗んだ鼠を捕らえて裁いた逸話、いわゆる「張湯の鼠裁判」が記されているからである。まずは先行する『史記』に従い、「裁判」の全体を示してみよう。『漢書』の記述も、僅かな文字の異同を除けば、ほとんど同文と言ってよい。

張湯者、杜人也。其父為長安丞。出、湯為児守舎。還而鼠盗肉。其父怒笞湯。湯掘窟得鼠及余肉、劾鼠掠治、伝爰書、訊鞫論報、并取鼠与肉、具獄磔堂下。其父見之、視其文辞、如老獄吏。大驚、遂使書獄。

張湯は杜の人なり。その父は長安の丞と為る。出でしとき、湯、児たりて舎を守る。還るに、鼠、肉を盗む。その父、怒りて湯を笞うつ。湯、窟《あな》を掘り鼠及び余肉を得、鼠を劾し、掠治し、爰書を伝え、訊鞫論報し、鼠と肉とを并せ取り、具獄もて堂下に磔す。その父これを見、その文辞を視るに、老獄吏の如し。大いに驚き、遂に獄を書かしむ。

一見して明らかなように、ここには当時の刑事手続が最も凝縮された形で示されている。すなわち、「得」が逮捕、「劾」が挙劾（職権による告発）、「訊」が訊問、「鞫」が罪状の確定、「論・報」が刑罰の適用をそれぞれ意味することは、第二章での検討によって明らかであろう。また「具獄」とは、手続の過程で作成された文書全体のことで、処刑後に刑死体に添えて公開されることもあった。(1) その文章の出来栄えに感嘆した父親は、張湯に刑事文書の作成を任せることになった(2)というのが、「鼠裁判」の結末である。

この短いながら明瞭な文章の中で、唯一解釈に問題を残しているのは、「爰書」という文書、ならびに「伝爰書」という手続であった。一般に、未知の言葉の語義を決める際には、多くの用例からの帰納が威力を発揮する。だが、残念なことに爰書の場合、その語が見える秦漢時代の典籍は、張湯の伝を除いて全く見当たらなかったのである。(3)

したがって、二〇世紀になって新たに出土した簡牘史料の中に「爰書」の文字が見出された時、それを手掛かりに爰書の謎を解こうとした研究が現れたことも、けだし当然と言うべきであった。後述する陳槃や大庭脩の業績がそれである。このような出土史料を用いた研究は、その後、新居延漢簡や睡虎地秦簡が出土するに及んで数を増し、今日では爰書の機能に関する限り一定の結論が出たかに見える。にもかかわらず、なぜ今あらためて一章を爰書の解明にあてるのか。その主な理由は、これまでの研究に対する方法論上の疑問にある。

新史料出土後の学説として、まず筆頭に挙げるべきは、旧居延漢簡を用いた陳槃の劄記と（陳槃　一九四八）、それを批判・発展させた大庭脩の論考である（大庭　一九五八）。陳槃は旧居延漢簡の中から「爰書」二文字の見える簡を列挙して検討を加え、爰書には「自弁書」と「証書」という二つの性質があったとの結論を引き出す。そして、前者の例として、父親の「誤笞」に対して爰書をもって弁明した張湯の例を挙げ、爰書を自証書と考えた張晏の注釈（後述）を「簡文と密合」したものとして評価する。これに対して大庭の説は、陳槃の批判の上に立論される。張湯伝の解釈が誤りであることは言うまでもないが、陳槃が列挙した漢簡の中に爰書そのものは含まれていない。爰書が何であるかを見出すためには、「爰書」の文字を探すのではなく、内容を手掛かりとするべきだ、というのが大庭論文の基本的な立場である。その結果、旧居延漢簡の中から「恰好の一簡」を選び出し、爰書とは「私的な事項を官に申告する書」――これは後述する蘇林・顔師古の注釈によっている――であると定義する。また、爰書には様々な種類があると指摘した上で、そのことは爰書を「裁判関係の書類に限定する考え方を否定する」と述べている。

このように、出土史料が旧居延漢簡に限られていた時期、研究の重点はまず爰書の本文を特定することに置かれていた。そしてその際、判定の基準となったのは、爰書の内容、すなわち「爰書とはどのような文書であるか」ということであった。換言すれば、「爰書とは何であるか」を手掛かりに「何が爰書であるか」を判断していたわけである。しかし、これは逆転した方法ではあるまいか。内容・機能は本来、本文の確定を待って、そこから帰納さるべきものである。「何が爰書であるか」が定まらぬまま「爰書とは何か」を論じることは、不安定な方法であると言わざるを得ない。

新居延漢簡と睡虎地秦簡の出土によって、こうした方法論的な不安は克服されたかに見えた。両史料がもつ画期的な意義として、爰書の確実な実例を含んでいることが挙げられる。前者については「候粟君所責寇恩事冊書」、後者については「封診式」がそれである。したがって、以後の研究は確実な爰書をもとに、その機能を論じることが中心となった。「何が爰書であるか」は自明なものとした上で、「爰書とは何か」の解明に力を注いだと言えようか。そうした研究の代表として、劉海年の専論（劉海年　一九八〇）と初仕賓・蕭亢達連名の論文（初・蕭　一九八二）、ならびに汪桂海の公文書に関する専著（汪桂海　一九九九）を取り上げてみよう。

劉海年は主に睡虎地秦簡「封診式」を対象として、爰書とは「訴訟事件に関する申告・供述・証言・現場検証・法医学的な検視記録、およびその他の訴訟に関する状況報告」であると定義する。したがって、「爰書とは一種の司法文書の形式をもち、伝爰書とは訴訟手続上の具体的な制度」であって、その意義は「ある一官吏が自己の好悪に従って獄案を決するのを避けるために設けられた一種の防禦措置」ととらえられるという。一方、初仕賓・蕭亢達の分析は、「候粟君所責寇恩事冊書」を中心とするが、その結果として、爰書とは張湯伝や睡虎地秦簡も含めて「みな司法的性質をもち、当局の認可を経て論罪治決（あるいは賞罰の執行）を進めるための基本資料である」と述べる。また、汪桂海の著作では「封診式」の内容を自訴、供述記録、証言などに分類した上で、各々の内容に見合った漢簡を爰書であると認定し、爰書とは「漢代の司法文書である」と結論している。このように、爰書と司法の関係を強調するのが、近年の研究に見られる共通点だと言えるだろう。同様の見解は高敏による専論にもまた見出せる（高敏　一九八七）。

しかしながら、こうした理解は一面的に過ぎる。確かに「封診式」や「候粟君所責寇恩事冊書」は貴重な史料であるが、またそれぞれが偶然に残った爰書の一類型に過ぎない。これ以外にも敦煌・居延漢簡に相当数の爰書が含まれていることは、陳槃・大庭以来の常識と言ってよいだろう。むろん、その大半は断簡零墨であり、かつ一定の操作を経て始めて爰書と認定できる史料であるが、一つ一つが貴重な爰書の実例であることに変わりはない。これらの爰書を無視して先の二史料のみ偏重することは、類型をもって典型とみなすという点で、やはり方法論上の誤りを犯しているのではあるまいか。爰書とは裁判関係の書類に限定されないという大庭の指摘は、新史料の出土した後もなお傾聴に値する。

本章では右のような先行研究の批判にもとづき、次のような方法によって問題の解明を目指したい。すなわち、まず大量の敦煌・居延漢簡の中から爰書の呼称を選び出し、その種類を把握する（第二節）。次に爰書であることが確実な例から特有の文言を抽出し（第三節）、その文言をもとに爰書の本文と判断される簡牘をすべて選び出して集成し、結果を先に選んだ爰書の呼称と対比する（第四節）。ここまでは、爰書の全体像を把握して、「何が爰書であるか」を確定する作業である。次いで集成した爰書の文面を、関連する他の簡牘をも参照しつつ読み解くことで、爰書の機能すなわち「爰書とは何か」を明らかにする（第五・六節）。しかる後、その認識にもとづいて、漢簡以外の爰書についても私見を述べてみようと思う。前半で用いられる方法は、古文書学の初歩的な手法であるから、本章は古文書学と法制史との接点に位置する試みと言えよう。

一　爰書の注釈

簡牘の検討に先立って、爰書に関する注釈類を整理しておきたい。『史記』や『漢書』の「鼠裁判」に付された注釈は少なくないが、その中から注目すべきものを次に列挙する。いずれも三国から唐初にかけての「旧注」と呼ぶべき説である。


蘇林（魏）…謂伝囚也。爰、易也。以此書易其辞処。

伝囚を謂うなり。爰は、易なり。此の書を以て其の辞に易うるなり。（史記集解）

張晏（魏）…伝考証験也。爰書自証、不如此言、反受其罪。訊考三日、復問之、知与前辞同不也。

伝考して証験するなり。爰書もて自証し、此の言の如くならずんば、反って其の罪を受く。訊考すること三日にして、復たこれに問い、前辞との同不を知るなり。（同前）

韋昭（呉）…爰、換也。古者重刑、嫌有愛悪、故移換獄書、使他官考実之。故曰伝爰書也。

爰は、換なり。古えは刑を重んじ、愛悪あるを嫌い、故に獄書を移換し、他官をしてこれを考実せしむ。故に爰書を伝うと曰うなり。（史記索隠）

顔師古（唐）…伝謂伝逮、若今之追逮赴対也。爰、換也。以文書代換其口辞也。

伝とは伝逮を謂う、今の追逮赴対の若きなり。爰は、換なり。文書を以て其の口辞に代換するなり。（漢書注）

蘇林注の末尾の「処」字は、王先謙の指摘する通り衍字であろう（『漢書補注』巻五九）。このほか、獄吏の用いる書体が趙高の爰歴篇であったことから「爰書」と呼ぶのだとする宋の劉奉世の注釈もあるが（『漢書補注』所引）、もとより思いつきの域を出ない。

韋昭の注が「伝爰書」の三文字をひとまとまりで読むのに対し、蘇林、張晏、顔師古の三者は「伝」字を単独で解釈している。「伝囚」とは被告の移送、「伝考」も同じく身柄を移して訊問するの謂であろう。[4] また「伝逮」とは唐の「追逮赴対」、すなわち訊問のために召喚状を送って呼び出すことをいう。[5] したがって三者によれば、「爰書」の文字は下文に属し、「爰書もて訊鞫し」と読むことになろう。ただし、顔師古の解釈については、劉奉世が「伝は逮に非ず。若し伝逮なれば、則ちまさに先ず掠治を言うべからず（伝非逮。若伝逮、則不当先言掠治矣）」と批判している。召喚に先立って拷問することは通常あり得ないから、劉奉世の批判は正当である。「伝」字はやはり「爰書」と併せて「爰書を伝う」と読むのが妥当であろう。ただし、蘇林と張晏の「伝囚」「伝考」説が全くの誤りと言い切れないことは、いずれ本章の末尾で述べる。

一方、「爰書」の注釈は、語源論を中心とした解釈と機能の面に重きを置いた解釈とに大別される。前者に当たるのが蘇林・顔師古注、後者に当たるのが張晏・韋昭の注である。当面の考察にとって有用なのは、むろん後者の注釈であるが、なかでも張晏の解釈が制度の運用にまで立ち入って述べている点で注目される。「三日後の再訊問」という張晏の説が彼の独創であったとは思えない。なぜなら、『説文解字』七篇上・晶部「曡」字の説解に、次のような文章が見えているからである（経韻楼本による）。

曡、楊雄説以為、古理官決罪、三日得其宜乃行之。从晶宜。亡新以从三日大盛、改為三田。

曡、楊雄の説に以為えらく、「古えの理官は決罪するに、三日にして其の宜しきを得れば乃ちこれを行う。晶・宜に从う」と。亡新、三日に从うは大盛なるを以て、改めて三田と為す。

楊雄の説がどのような文脈から引かれて来たものなのか、確かなことは判らない。ただ、確実に言えるのは、「古えの訴訟では罪を最終的に定めるまでに三日の猶予期間を置いた」という説が、張晏以前にも唱えられていたことである。この制度の目的が裁判に慎重を期す点にあると楊雄が考えていることは、「得其宜乃行之」といった表現によって明らかであろう。とするならば、もう一つの機能を論じた解釈である韋昭の注が同じ方向にあることも、単なる偶然とは言えないのではないか。最初の訊問と三日後のそれが担い手を異にしていたと想定すれば、張晏と韋昭の注は同じ事がらを別な側面から説明していることになるからである。

むろん、以上のような注釈はすべて、実際の爰書に即して検証さるべき説である。古人の注は尊重しつつも、まずは先述のような方法によって、爰書の内容を確定することから始めたい。

二　爰書の種類

本節では、敦煌・居延漢簡にみえる爰書の呼称を整理分類し、漢代の辺郡で作成・使用されていた爰書の種類を明らかにする。その際に手掛かりとなるのは、次のような種類の簡牘である。

a　表題・尾題簡

表題簡とは文書や簿籍の表紙にあたる簡。尾題間とは本文の後ろに付けられた、記載内容をまとめる働きをする簡で、多くの場合「右〇〇」の書式をもつ。

b　送達文書簡

文書や簿籍を送達する際に添えられる「送り状」を、永田英正は「送達文書」と呼んでいる（永田　一九八九、一三三九頁以下）。「謹移〇〇一編」といった書式をもつところから、送られた文書や簿籍の当時における呼称を知ることができる。

c　発信日簿

やはり永田による呼称で（永田　一九八九、一六六頁）、文書や簿籍の発信記録。発送した文書・簿籍の呼称や内容、件数などが、発信日・封印者名などとともに記入される。

d　指示・依頼文書簡

下部または同格の他機関にあてた下達・並行文書を仮にこう呼んでおく。文末にはしばしば「会月○日」という期会の指定や、「如律令」文言が見える。「○○を移せ」の形で文書や簿籍の送付を促す場合のあるところから、文書名を知る手掛かりとなる。

e　楬・検

楬は文書・簿籍や物品などに添付されたタッグ。検は封緘して宛名を記すための板であるが、時として封緘された文書名を下端に小さく記入することがある。

以上のような簡牘類から検出された爰書の呼称を、該当する簡牘とあわせて次に列挙する。なお、以下の議論では、簡牘の書式・記載様式が重要な手掛かりとなるため、文書の形を崩さないよう、特に内容の精読を必要とする場合を除き、史料に句読を打つことはしない。

Ⅰ　自証爰書

a　表題・尾題簡

1　右自証爰書　（A8/46. 12/ 労図 345）

2　●右自証爰書　（A8/49. 25AB 同文 / 労図 142,143）

3　●右自証爰書　（A8/89. 10/ 労図 234）

4　●右男子范長実自証爰書　（A8/206. 1/ 労図 225）

b　送達文書簡

5　神爵二年六月乙亥朔丙申令史□敢言之謹移吏負卒

貲自証已畢爰書一編敢言之　（EPT56. 275）

6　□□因病卒……☑

□自証爰書……☑　（EPT59. 396）

c　発信日簿

7　徒王禁責誠北候長東門輔銭不服

●　　●一事一封　　四月癸亥尉史同奏封　（A8/259. 1/ 労図 349）

移自証爰書会月十日

d　指示・依頼文書簡

8　☑問収責不服移自証爰書□☑

☑肩水候憲写重　（A32/288. 17/ 労図 113）

9　☑不負移自証爰書☑　（EPT7. 40）

10　不服移自証爰書会月廿二日如律令即日食時卒善行　（EPT52. 26）

11　⧄不服移自証爰書会月廿八日如律令　（EPT52. 54）

12　二月己未甲渠候長毋害以私印行候事⧄
言報不服移自証爰書会三月朔如律　（EPT52. 148）

13　更始二年四月乙亥朔辛丑甲渠鄣守候塞尉二人移氏池律曰□□□⧄
□□□史験問収責報不服移自証爰書如律令　（EPC39）

II　吏卒相牽証任爰書

a　表題・尾題簡

14　●肩水候官吏相牽証任⧄　（A35/504. 11/労図 86）

15　⧄箕山部吏卒相牽証任爰書　（EPT53. 173）

16　⧄証任名籍爰書　（EPT53. 182）

III　秋射爰書

a　表題・尾題簡

17　●右秋射爰書　（A8/175. 1/労図 172）

18　●右□□□簿増労名籍射爰書　（EPT10. 7）

19　●右秋以令射爰書名籍　（EPT56. 276）

b　送達文書簡

20　⍁十月申□□　元行候事敢言之都尉⍁
□労謹移射爰書　名籍一編⍁　（A8/485. 40/ 労図 298）

Ⅳ　病死（病診）爰書

a　表題・尾題簡

21　⍁病死物爰書　（A8/145. 35/ 労図 215）

22　⍁病爰書　（A35/512. 27/ 労図 408）

23　●甲溝候官始建国天鳳一年十二月戍卒病死爰書旁行　（EPT57. 7）

24　●右病診爰書　（EPT59. 80）

25　右病死爰書　（EPT59. 638）

b　送達文書簡

26　三月辛巳甲渠候長福⍁
疾卒爰書一編敢言⍁　（A8/42. 11A/ 労図 350）

27　⍁言之謹移戍卒病死爰⍁　（A8/198. 9/ 労図 222）

28　元康四年三月戊子朔甲辰望泉燧長忠敢言之
候官謹写移病卒爰書一編敢言之　（A33/255. 40A/ 労図 36）

29　元康元年八月癸卯朔壬申□□燧長則敢言之謹移卒病死爰書⍁
□敢言之　（出土地不明 / 甲附 19/ 甲 186）

30　始建国天鳳二年二月戊辰朔戊寅第十桼候長良敢言之謹移戍卒病死爰書旁行
衣物券如牒敢言之　（EPT48. 136）

e　楬・検

31　戍卒病病死告爰書　（EPC50）

Ⅴ　死馬爰書

a　表題・尾題簡

32　●始建国四年正月駅馬病死爰書　（A22/96. 1/ 労図 96）

33　⧄死馬爰書　（A33/535. 1/ 労図 543）

e　楬・検

34　■元鳳四年騎士死馬爰書　（A35/491. 11A/ 労図 23）

Ⅵ　殴殺爰書

a　表題・尾題簡

35　⧄殴殺爰書　（EPT51. 275）

Ⅶ　貰売爰書

b　送達文書簡

36　元康四年六月丁巳朔庚申左前候長禹敢言之謹移戍卒貰売衣財
物爰書名籍一編敢言之　（A33/10. 34A/ 労図 67）

印曰藺禹
六月壬戌金関卒延寿以来　候史充国　（A33/10.34B/労図68）

37　神爵二年五月乙巳朔乙巳甲渠候官尉史勝之謹移☑
衣銭財物及毋責爰書一編敢言之　（EPT56.283A）
印曰尉史勝之印
五月乙巳尉史勝之以来　（EPT56.283B）

e　**楬・検**

38　甲渠候官　卒不貰
売爰書　（EPT56.82）

Ⅷ　呼称不明

a　**表題・尾題簡**

39　●右爰書　（EPT51.272）

b　**送達文書簡**

40　☑官謹移□□□爰書一編　（A33/337.10/労図48）

41　八月戊辰尉☑
爰書一編敢☑　（EPT51.600）

42　☑証謹写爰書移謁報酒泉大守府敢言之　（EPT52.38A）
☑令□舎吏□□桼□□□可□　（EPT52.38B）

43　地節五年三月丙子朔己卯〼
爰書一編敢言之〼　（EPT57.90）

d　指示・依頼文書簡

44　移責籍及爰書会月七日須言府〼　（EPT56.134）

このうちⅥ類は、35が簡の上端を欠くため仮称にすぎない。各類の呼称には、たとえば「秋以令射爰書」、「死馬爰書」と「駅馬病死爰書」のように若干のバリエイションが見られるけれども、いずれも同類中の別称と考えてよいだろう。Ⅰ類の6は送達文書簡に固有の書式を欠いているが、記載形式から送り状の断簡と推定した。Ⅲ類の19は、爰書という文書にではなく「名籍」に付けられた尾題簡の可能性もあるが、爰書の呼称が見える簡としてここに挙げた。Ⅶ類については38に「卒不貰売爰書」と見えており、「不」字を付けるのが通例であるかに思われる。37には「貰売」の二字が見えないが、「衣銭財物」の文字から36と同類の断簡であると判断した。また、14の欠損部分には、15から類推して「爰書」二文字を補うことができよう。このほか、労榦の釈文には、

45　五鳳二年九月庚申朔己酉甲渠候長彊敢言之府書曰候長士吏蓬燧長以令秋射署功労長吏雑試会□
封移都尉府謹移第四隧長奴記秋射爰書一編敢言之　（A8/6.5/労図193）

という、Ⅲ―b類に属する送達文書簡が掲載されているが（労榦　一九四九、四八頁）、肝腎の「秋射爰書一編」と六字が図版からは読み取れないため、参考として掲げるにとどめる。なお、これ以外にも「爰書一編を移す」と

明記した送達文書簡が少なからず存在している事実は、「爰書」が当時の公文書の呼称であったことを裏付ける。

さて、敦煌・居延漢簡に見える爰書の呼称が右のように分類できるとすれば、次になすべきは各々の本文に相当する簡を選び出すことであろう。では、その選出の基準はどこに置くべきか。むろん、「自証」「秋射」「病死」といった字句のみをもって爰書と認定することはできないし、「爰書」の文字が爰書の本文以外の簡にも現れることは、先の送達文書簡から明らかである。また、内容にもとづく選出によっては、爰書の多様さを見逃すことになる。爰書の本文と認定するための指標は、やはり爰書という文書に固有の文言・書式に置かれるべきであろう。そして、その固有の文言は、爰書であることが確実な文書の分析によってのみ得ることができる。敦煌・居延漢簡において確実な爰書の例は、現在のところ、居延七三・七四年簡の「候粟君所責寇恩事冊書」（以下「候粟君冊書」と略称）を措いて外にない。

三　爰書の文言

（1）「候粟君所責寇恩事冊書」の構成

第三章で述べた通り、「候粟君冊書」は全三五枚から成る公文書であり、甲渠候官址の文書庫と思われる小部屋（F22）から出土した。「建武三年十二月候粟君所責寇恩事」と記した楬が一枚伴出したが、編綴の紐は失われ、散乱した状態で検出されたようである。この冊書に関しては、現在までに「居延新簡」のほかに三種の釈文

郵 便 は が き

料金受取人払

606-8790

左京局
承認
1159

(差出有効期限
平成19年
2月14日まで)

(受取人)

京都市左京区吉田河原町15-9　京大会館内

京都大学学術出版会
読者カード係 行

▶ご購入申込書

書　名	定　価	冊　数
		冊
		冊

1. 下記書店での受け取りを希望する。

都道府県　　市区町　　店名

2. 直接裏面住所へ届けて下さい。

お支払い方法：郵便振替／代引　　公費書類(　　)通　宛名：

送料　税込ご注文合計額3千円未満：200円／3千円以上6千円未満：300円／6千円以上1万円未満：400円／1万円以上：無料
代引の場合は金額にかかわらず一律210円

京都大学学術出版会
TEL 075-761-6182　学内内線2589 / FAX 075-761-6190または7193
URL http://www.kyoto-up.gr.jp/　E-MAIL sales@kyoto-up.gr.jp

お手数ですがお買い上げいただいた本のタイトルをお書き下さい。

(書名)

■本書についてのご感想・ご質問、その他ご意見など、ご自由にお書き下さい。

■お名前

(　　歳)

■ご住所

〒

■ご職業

■ご勤務先・学校名

■所属学会・研究団体

■ E-MAIL

●ご購入の動機

A. 店頭で現物をみて　B. 新聞・雑誌広告（紙誌名　　　)

C. メルマガ・ML (　　　)

D. 小会図書目録　E. 小会からの新刊案内（DM)

F. 書評 (　　　)

G. 人にすすめられた　H. テキスト　I. その他

●日常的に参考にされている専門書（含 欧文書）の情報媒体は何ですか。

●ご購入書店名

都道府県　市区町　店名

※ご購読ありがとうございます。このカードは小会の図書およびブックフェア等催事ご案内のお届けのほか、広告・編集上の資料とさせていただきます。お手数ですがご記入の上、切手を貼らずにご投函下さい。

各種案内の受け取りを希望されない方は右に○印をおつけ下さい。　**案内不要**

（甘粛居延考古隊簡冊整理小組　一九七八／甘粛省文物考古研究所編　一九八八／甘粛省文物考古研究所ほか　一九九〇）と二種類の訳注（Hulsewé 1979／謝桂華　一九九二）、ならびに相当数の研究論文が発表されている（徐蘋芳　一九七八／兪偉超　一九七八／陳仲安　一九七九／裘錫圭　一九七九／初仕賓・蕭亢達　一九八一・八四／大庭　一九八一／許倬雲　一九八二／高敏　一九八七／張建国　一九九六b／浅原　一九九八／邢義田　一九九九）。こうした諸研究には以下、必要に応じて言及することとして、先ずは冊書の全体を眺めてみよう。この冊書が次の五つの部分から成るとする点で、諸家の見解はほぼ一致している（口絵2・3）。

A　乙卯文書（EPF22. 1～20）建武三年十二月癸丑朔乙卯（十二月三日）付。都郷嗇夫の宮が寇恩を験問して得た陳述を中心とした文書。
B　戊辰文書（EPF22. 21～28）建武三年十二月癸丑朔戊辰（十二月十六日）付。都郷嗇夫の宮が寇恩を再度験問して得た陳述を中心とした文書。
C　辛未文書（EPF22. 29～32）建武三年十二月癸丑朔辛未（十二月十九日）付。都郷嗇夫の宮から居延県廷に宛てた文書。
D　尾題簡（EPF22. 33）「●右爰書」
E　己卯文書（EPF22. 34～35）十二月癸丑朔己卯（十二月二十七日）付。居延県廷から甲渠候官に宛てた文書。

配列の順序は原簡番号に従った。D簡に「右爰書」とある以上、冊書の中に爰書の本文が含まれることは疑いない。しかしながら、このD簡に関しては、冊書のどの位置に置くべきかという点で、諸家の意見は二つに分かれる。D簡は尾題簡であるから、C文書の後ろに置けば先立つABC三通の文書がすべて爰書となり、B文書の後ろに置けば爰書はＡＢのみとなる。前者の説をとるのは、整理小組の釈文のほか、兪偉超、初仕賓・蕭亢達、高敏、謝桂華など。対して徐蘋芳、大庭脩は後者の説に立つ。また、裘錫圭も、順序については積極的に発言していないものの、Ｃ文書を「十二月辛未居延県都郷嗇夫上報居延県的文書」と呼び、爰書とは見なしていないようである。ＡＢ両文書とＣ文書とは、書式・内容とも全く異なる。したがって、どちらの説をとるかによって、爰書固有の文言を検出するという本節の結論もまた異ならざるを得ない。いずれの説によるべきか、双方の根拠を検討しつつ、慎重に判断することが必要であろう。(6)

前者の説に立つ諸論考のうち、唯一その根拠を述べるのは、初仕賓・蕭亢達連名の論文である（初・蕭　一九八二）。その要点は、Ｄ簡（EPF22. 33）の外形がＥ文書の簡と類似しており、またEPF22. 31～34の諸簡ともども虫食いの痕跡があるというもので、つまりは外形的特徴を根拠に前後の連続を主張する説である。これに対して、後者の説に立つ大庭脩は次のように述べる。すなわち、漢の公文書では書き出しに必ず紀年があり、月日から書き始める独立した文書はない。したがって、Ｅ文書に紀年がなく月日から始まっているのは、この部分が単独の文書ではなく、年号のあるＣ文書を前提としていることを意味する。つまりＣ・Ｅ両文書は連続した一つの文書として甲渠候官に伝達されたはずであり、その間に尾題簡Ｄが介在することはありえない。大庭説の特徴は、公文書の形式という内在的な条件に立脚した点にある。

では、どちらの説に説得力があるか。私見によれば、前説には無理がある。その理由は次の二つである。

第一に、簡の状態についての初仕賓・蕭亢達の指摘に、事実と相違する点があること。すなわち、Ｄ簡（この簡自体には虫食いがある）に隣接するとした諸簡のうち、EPF22. 32簡には実のところ虫食いの痕跡が全く認められないのである。(7)したがって、虫食いの有無を根拠に連続性を主張することは、不適切だと言わざるを得ない。

ただし、これは前説を否定する積極的な理由にはならない。より本質的な反証は、第二点、すなわち内容と書式の上からC文書が爰書——ないし爰書の構成部分——ではあり得ないと判断されることである。C文書すなわち「辛未文書」の内容については、既に第三章で論及したが、説明の便宜上、改めて原文を示しておこう。

① 建武三年十二月癸丑朔辛未、都郷嗇夫宮敢言之。
② 廷移甲渠候書曰、去年十二月中、取客民寇恩為就、載魚五千頭到觻得、就賈用牛一頭穀廿七石。恩願沽出時行銭卌萬、以得卅二萬、又借牛一頭以為輝、因売不肯帰、以所得就直牛償不相当廿石。書到、験問治決言。前言解。
③ 廷却書曰、恩辞不与候書相応、疑非実。今候奏記府、願詣郷爰書是正。府録、令明処。更詳験問治決言。
④ 謹験問恩辞、不当与粟君牛不相当穀廿石、又以在粟君所器物直銭萬五千六百、又為粟君買肉羅穀三石、又子男欽為粟君作賈直廿石。皆尽償所負粟君銭畢。粟君用恩器物弊敗、今欲帰、恩不肯受。爰書自証。
⑤ 写移爰書、叩頭死罪死罪敢言之。（EPF22. 29-32）

注目すべきは、④の末尾の「爰書自証」という文言である。「爰書により自証した」との意味であるが、言うところの「爰書」がB「戊辰文書」のみを指し、C「辛未文書」を含まないことは明白だろう。なぜなら、第三章で見た通り、「辛未文書」には寇恩の陳述内容（④）のみならず、居延県廷や都尉府からの指示内容（②③）も記されており、「自証」の文書とはとても呼べないからである。「自証」という表現にふさわしい文書があるとすれば、それは当事者である寇恩の陳述を記したB「戊辰文書」——もしくはそれに加えてA「乙卯文書」——を措いて外にない。それゆえにまた「爰書自証」の文言は、寇恩の陳述の要約にあたる④部分の末尾に置かれているのだと解される。つまり、「しかじかのことを寇恩は爰書によって自ら証した」という意味である。C「辛未文書」全体の性格は、爰書を送達するための「送り状」であると同時に、験問担当者である都郷嗇夫の立場から案件の経緯を述べた報告書として理解できよう。C文書が爰書でないとするならば、「右爰書」とある尾題簡DがCの後ろに来るはずがない。

以上の二つの理由から、「候粟君冊書」の配列はABDCEの順、D簡に言う「爰書」にはC文書を含まないとする徐蘋芳・大庭脩の説を是としたい。したがって、爰書の本文にあたるのは直接的にはB「戊辰文書」であり、爰書固有の文言の抽出はB文書を当面の対象として行なえばよいことになる(8)。

(2)「它如爰書」文言

B「戊辰文書」は、左のような三つの部分から構成される。

(イ) 書き出し部分

建武三年十二月癸丑朔戊辰、都郷嗇夫宮以廷所移甲渠候書召恩詣郷、先以「証財物故不以実臧五百以上、辞以〔已〕定満三日而不更言請〔情〕者、以辞所出入罪反罪之律」弁告、乃爰書験問。

(ロ) 寇恩の陳述部分

恩辞曰、「潁川昆陽市南里、年六十六歳、姓寇氏。…(中略)…不当予粟君牛不相当穀廿石」。

(ハ) 書き止め部分

皆証、它如爰書。

この爰書の核心となるのは、実際には長文にわたる(ロ)の中略部分、すなわち寇恩が自己の主張の正しさを陳述している箇所である。したがって「戊辰文書」は、前節の分類で言えば自証爰書の一類型ということになろう。ここで注目したいのは、(ハ)の最末尾に置かれた「它如爰書(它は爰書の如し)」の四文字である。この「它」字については、「也」と釈して「皆証也。如爰書」と読む説もあるが(甘粛居延考古隊簡冊整理小組 一九七八/甘粛省文物考古研究所編 一九八八)、漢簡以外の史料には「他如某々」に作る例があり、「它」と釈すのが妥当であろう(9)。では、「它如爰書」という文言に、どのような意味があるのだろうか。かつて著者は、本章の旧稿にあたる文章で、この文言を「以上、爰書とする」という意味の、爰書の書き止め文言であると解した。しかし、この見解に対しては、宮宅潔と邢義田から本質的な批判が提示されている。

宮宅の批判(宮宅 一九九八)は、第二章でも言及した張家山漢簡「奏讞書」の一節にもとづいている。牛泥棒の嫌疑を受けた毛という名の人物が共犯者の存在を認める供述をしたが、共犯者と名指しされた人物はアリバイを主張し、ために毛は再度訊問にかけられる。その二度目の供述が「它如前」と結ばれている点に、宮宅は注意を喚起する。この文言は、今回あらたに補足説明したほかの部分は前回に同じ、つまり「その他の事実は前回の通り」という意味に相違ない。したがって、「它如爰書」の「它」字もまた「その他」と解すべきであり、「候粟君冊書」のB「戊辰文書」が「它如爰書(その他は爰書の通り)」と結んでいるのは、この冊書中には存在しない「その他」の爰書、おそらくは粟君側の陳述を念頭に置いた表現ではないか。こうした宮宅の見解は、「冊書を構成する文書が候粟君の一件をめぐって作成されたすべての文書とは限らない」という、「候粟君冊書」に対する認識に基礎を置いている。

邢義田による批判（邢義田　一九九九）も、宮宅と認識を共有すると言ってよい。そこでは先ず、在来文献に見える「他〔它〕如某某」の用例が丹念に列挙され、「奏讞書」の事例とともに、すべて「その他は某某の通り」の意味であることが証明される。「候粟君冊書」の「它如爰書」も例外ではなく「その他は爰書の通り」の意味であり、言うところの「その他」とは、県廷から郷に送られたはずの爰書――その中には甲渠候粟君の爰書も含まれる――をも含む表現であろう。「このように関係者が多数に上る訴訟案件が、ただ一人の被告の供述によって終結したとは考えられない」。この冊書だけでは理解できない事がらが「実際にはその他の爰書の中で説明されているのだという点に気付いて始めて、文書中の「它如爰書」の意義を理解できる」。この邢義田説の根底にあるのは、宮宅と同様、「候粟君冊書」の三五枚の木簡が「同一個档案」中の「不同文件」、すなわち「同一案件にかかわる帰属の異なる文書」だという認識である。

両者によって示された批判点のうち、「它如爰書」の語釈については、正当なものだと考える。「它如爰書」とは「その他は爰書の通り」と理解するのが適当であり、著者の旧説は放棄されるべきだろう。「候粟君冊書」の構成についての見解もまた、異なる筆跡の混在という事実を見れば、首肯さるべき説である。[10]しかしながら、もう一つの論点、「它如爰書」に言う「その他」とは候粟君の爰書であろうという想定は、無理があるように思われる。第一に、邢義田論文にも引かれるように、「奏讞書」では他人の供述を指す場合、「它如池」「它如武」のように供述者を特定した言い方をする（下述）。「它如爰書」では、誰の爰書か判らない。第二に、C「辛未文書」に明記される通り、寇恩を験問した段階で都郷嗇夫に届いていたのは、居延県廷と都尉府からの指示のみであり（前記②③部分）、「候粟君の爰書」にあたる文書なるものを、寇恩はもちろん、都郷嗇夫も承知していた可能性はない。「辛未文書」は都郷嗇夫が寇恩を「爰書験問」するに至った経緯を記した文書であるから、もし粟君の爰書なるものが送られていれば――たとい冊書中に編綴されていなくとも――言及されて然るべきではあるまいか。

とするならば結局のところ、「它如爰書」に言う「その他」とは、寇恩自身の爰書を指すとみるより外にない。爰書の本文にあたる文書を「その他は爰書の通り」と結ぶのは、いかにも不可解な現象に思えるが、B「戊辰文書」の書き出しを見れば、その理由が判然とするだろう。ここでは寇恩を郷へ召喚したのち、験問に先立って「財物を証するに故《ことさら》に実を以てせざること臧五百以上にして、辞已に定まりて三日に満つるも更《あらた》めて情《まこと》を言わざれば、辞の出入する所の罪を以て反《かえ》ってこれを罪するの律」という律文、いわゆる「証不言情律」（連劭名　一九八六）を申し聞かせている。すなわち、爰書という文書の内容は三日を隔てた二度の陳述により最終的に確定されたわけである。このうち最初の陳述を録取した文書も爰書と呼ばれた――実際それ以外の呼称は思いつかない――とすれば、二度目の験問の結びには「先の爰書と異なるところは無い」という保証文言が置かれたはずである。それがすなわち「戊辰文書」の書き止めにいう「它如爰書」なのではあるまいか。ただし、このような場合の「它」という語が、厳密に内容を特定した上で用いられているとは限らない。たとえば、張家山漢簡「奏讞書」の一節に、次のような供述が見えている。

> 迺五月庚戌、校長池曰、士五（伍）軍告池曰、大奴武亡、見池亭西、西行。池以告、与求盗視追捕武。武格闘、以剣傷視、視亦以剣傷武。●今武曰、故軍奴、楚時去亡、降漢、書名数為民、不当為軍奴。視捕武、誠格闘、以剣撃傷視。它如池。●視曰、以軍告、与池追捕武、武以剣格闘、撃傷視、視恐弗勝、誠以剣刺傷武

而捕之。它如武。●軍曰、武故軍奴、楚時亡、見池亭西。以武当復為軍奴、即告池所、曰武軍奴、亡。告誠不審。它如池・武。

先の五月庚戌の日に、校長の池が言うには、「士伍の軍が池に、「大奴の武が逃亡したのを、池の亭の西で見かけた。西に向かっている」と告げました。池はこの申告に従い、求盗の視と一緒に武を追捕しました。武は打ちかかって来て、剣で視を傷つけたので、視もまた剣で武を傷つけました」と。

●武が言うには、「もと軍の奴でしたが、楚の時代に逃亡し、漢になってから[11]、戸籍に占着されて民となったので、軍の奴とするのは当たりません。視が武を捕らえるおりに、確かに打ちかかり、剣で視を撃って傷つけました」と。他は池の言う通りです。

●視が言うには、「軍の申告により、池とともに武を追捕し、武が剣で打ちかかって来て、視を撃って傷つけたので、視は勝てないことを恐れ、確かに剣で武を刺傷して捕えました」と。他は武の言う通りです。

●軍が言うには、「武はもと軍の奴で、楚の時代に逃亡したのを、池の亭の西で見かけました。武を軍の奴に戻さねばと思い、すぐに池のもとに告げ、「武は軍の奴で、逃亡者である」と言いました。申告は確かに不正確でした」と。他は池と武の言う通りです。

（奏讞書 36-41, p. 216）

各自の供述内容を対照すれば明らかなように、「它は某々の如し」という表現は、指示内容を厳密に定めた上で用いられているわけではない。たとえば、池の報告にあって武の供述に無い箇所は、軍の申告を受けて追捕に向かう経緯であるが、「他は池の言う通り」という結びの文が、その箇所を指しているとは考え難い。軍の供述の後にも「他は池・武の言う通り」という文言が見えるが、先立つ武の供述中には「漢になってから、戸籍に占着され民となった」という事実が含まれている。しかしそもそも、この事件の発端は、武が庶民となった事実を軍が知らなかったことにあるのではないか。視の供述の「他は武の言う通り」についても、同様のことが指摘できよう。要するに、ここに言う「它如某々」という表現は、自らの証言が先行する某々の発言に抵触しないむねを保証する慣用的な言い回しを出るものではない。とするならば、「它如爰書」という表現も、先立つ爰書の特定事項を指すのではなく、「（以前の爰書に対して）今回証言することがらは矛盾しておりません」という意味の保証文言と理解するのが妥当であろう。[12]

以上、長々と論じてきたが、検討の結果得られた結論は、「它如爰書（它は爰書の如し）」の四文字は爰書本文の書き止め文言にあたる、というものである。爰書はその文末を「它如爰書」と結ぶ。本節の課題であった爰書固有の文言の検出は、ここに至ってようやく達成されたことになる。

四　爰書の本文

（1）　爰書本文の集成

前節での検討によって、「它如爰書」の四文字が爰書本文の書き止め文言であることが明らかになった。それはすなわち、この文言の見える簡は、文章を成さない断片であっても、爰書と認定しうることを意味しよう。そこで本節では、この「它如爰書」文言を手掛かりに、敦煌・居延漢簡の中から爰書の本文を選び出し、集成する作業を行なっていきたいが、ただしその際、この書き止め文言によっては検出できない簡があることも、十分留意する必要があろう。その端的な例は、書き止め部分を欠損した断簡である。それゆえ以下の作業は、①先ず書き止め文言をもとに爰書簡を集成し、②その中に新たな別の基準が見つかれば再度それにより選出を試みる、といった二段構えで進めることにしたい。

まず第一段階。「它如爰書」文言をもとに選び出した爰書の本文は次の通りである。

46　⧄□候長賢自言常以令秋射署功労即石力賢
　　⧄□数于牒它如爰書敢言之　（A8/6. 13/ 労図 193）

47　⧄□□陽□□里□□□□病頭痛寒炅不能飲
　　⧄吟手巻足展衣白袴単□□□□取布袍長裏各一領布復褌
　　⧄□衣診視毋木索兵刃処□□□審它如爰書敢言之　（A8/27.1A/ 労図 508）

48　　⧄言変事後不欲言変事昧彭人　（A8/27. 21B/ 労図 508）
　　⧄□欲言変事皆証它如爰書敢言之　（A8/27. 21A/ 労図 507）

49　⧄当遂里公乗王同即日病頭痛寒炅小子与同燧
　　⧄飲薬廿斉不偸〔癒〕它如爰書敢言之　（A8/52. 12/ 労図 190）

50　⧄長安世自言　常以令秋射署功労⧄
　　⧄中珝矢数于　牒它如爰⧄　（A8/227. 15/ 労図 318）

51　⧄三丈八尺証所言它如爰書　（A8/326. 5/ 労図 337）

52　⧄□□□□□□□□□□

☒它如爰書敢言之　（A35/523. 23/ 労図 373）

53　免未賞従卒騶欬已貸銭百廿三不当償証所言它如爰書　（EPT51. 194）

54　☒□証言它如爰書　（EPT52. 287）

55　☒之爰書第十六燧☒
☒它如爰書敢言☒　（EPT53. 72）

56　甘露二年八月戊午朔丙戌甲渠令史斉敢言之第十九燧長敞自言当以令秋射署功労即石力発弩矢
□弩臂皆応令甲渠候漢彊守令史斉署発中矢数于牒它如爰書敢言之　（EPT53. 138）

57　☒□貰自言常以令秋試射署
☒卙数于牒它如爰書敢言之　（EPT56. 183）

58　☒□寅士吏強兼行候事敢言之爰書戍卒潁川郡長社臨利里楽徳同県安平里家横告曰所為官牧槖他☒
☒戍夜僵臥草中以□行謹案徳横□到槖他尉辟推謹毋刀刃木索迹徳横皆証所言它如爰書敢☒　（EPT57. 85）

59　☒得毋有侵仮藉貸銭財物以恵貿易器
☒簿不貰売衣物刀剣衣物客吏民所証所言它如
爰書敢言之　（EPT57. 97）

60　☒□里上造張憙萬歳候長居延沙陰里上造郭始不知犢〔読〕蓬火兵弩不檠持憙□☒
☒□斥免它如爰書敢言之　（EPT59. 162）

61　☒……甲午

62　〼……得証它如爰書敢言之　（EPT59. 341）

63　遠爰書自証証知物李丹孫詡皆知状它如爰書　（EPF22. 556）

64　〼兵弩不檠持安業軟弱不任吏職以令斥免它如爰書敢　（EPF22. 689）

このほか左記の簡は、一行目下端の欠損部に「它如」二字があったと推定される。

65　始建国天鳳二年桼月丙申朔戊戌第十候長育敢言之爰書第十二燧長戍卒宣調当曲燧〼
爰書敢言之　（EPT59. 57）

また次の簡は47から類推すれば、「它如」の後ろに「爰書」と続いたとみてよいだろう。

65　□西安国里孫昌即日病傷寒頭痛不能飲食它如　（EPT59. 157）

さて、このように爰書の本文と判断される簡を集成した上で、次に「它如爰書」以外の特徴はないか点検してみよう。ここで注目されるのが58簡である。その内容は後述するが、差し当たり注意すべきは、書き出し部分の「敢言之」に続けて「爰書」と見えていることである。この「爰書」二字は、文脈からみて上文にも下文にも属さないもので、敢えて言うならば「以下、爰書」といった類の、書き始めの標題のごときものと解するほかにないだろう。同様な例はたとえば64にも見られるし、55も零細な断簡とはいえ同類であろうと思われる。また、敦煌懸泉置から出土した次の一簡は、書き止め文言「它如爰書」と書き出しの「爰書」二字とを併せ持つ完全な文例として貴重である（胡平生　一九九二）。

66 神爵二年十一月癸卯朔乙丑懸泉厩佐広徳敢言之爰書厩御千乗里畸利謹告曰所葆養伝馬一匹騅牡左剽入坐
肥歯二歳高六尺一寸□頭送日逐王来冥安病亡即馬
起張乃始冷定雑診馬死身完毋兵刃木索迹病審証之它如爰書敢言之
（D. Q. C. 12/ 敦図 1301）

釈文のみ公表されている例を含めれば、懸泉置出土木簡からさらに三例を追加することができる（胡・張　二〇〇一）。

67 建昭元年八月丙寅朔戊辰縣〔懸〕泉廏佐欣敢言之爰書伝馬一匹騂駮〔駁〕牡左剽齒九歳高五尺九寸名曰
騂鴻病中肺欬涕出睾飲食不尽度即与嗇夫遂成建雑診馬病中肺欬涕出睾審証之它如爰書敢言之
（Ⅱ 0134 ② :301）

68 五鳳二年四月癸未朔丁未平望士吏安世敢言之爰書戍卒南陽郡山都西平里莊彊友等四人守候中部司馬丞仁
史丞徳前得毋貰賣財物敦煌吏証財物不以実律弁告迺爰書彊友等皆対曰不貰賣財物敦煌吏民所皆相牽証任
它如爰書敢言之
（Ⅱ 0134 ② :302）

69 甘露元年二月丁酉朔己未縣〔懸〕泉廏佐富昌敢言之爰書使者段君所將疎〔疏〕勒王子橐佗三匹其一匹黄
牝二匹黄乘皆不能行罷亟死即与仮佐開御田遂陳……復作李則耿癸等六人雑診橐他丞所置前橐他罷亟死審
它如爰書敢言之
（Ⅱ 0216 ③ :137）

「爰書」という書き出しをもった文書が末尾を「它如爰書」と結ぶのは、一見奇異に感ぜられるかも知れないが、その意味は改めて後段で述べよう。ここで指摘しておくべきは、書き出しの「爰書」二文字が他ならぬ睡虎地秦簡「封診式」の爰書の特徴であったということである。たとえば次に引く一例を、66～69と比べてみたい。

盗馬。　爰書。市南街亭求盗才〔在〕某里曰甲縛詣男子丙、及馬一匹、騅牝右剽、緹覆〔復〕衣、帛裏莽縁領褎〔袖〕、及履、告曰、丙盗此馬衣、今日見亭旁、而捕来詣。（封診式21-22, p. 151）

文中の「甲」「丙」「某」といった箇所に固有名詞を入れれば、そのまま爰書の本文となることが理解されよう。爰書は書き出しに「爰書」と記す。当然過ぎる事実ではあるが、この書き出しの「爰書」二文字が、第二段階の集成のための基準となる。その結果、得られた簡は、以下に列挙する通りである。

70　▨史商敢言之爰書鄣卒魏郡内安定里霍不職等五人□□□□□敞剣庭刺傷状先以証不言請出入罪人辞
▨乃爰書不職等辞県爵里年姓各如牒不職等辞曰敞実剣庭自刺傷皆証所置辞審它如（A8/3. 35/乙図1）

71　▨敞後不欲言変事爰書誼数召根不肯見誼根且▨（A8/46. 23/労図346）

72　▨言之爰書▨（A8/485. 10/労図297）

73　▨北部候長当敢言之爰書燧長蓋之等乃辛酉日出時
▨長移往来行塞下者及畜産皆毋為虜所殺略者証之審（A33/306. 12/労図543）

74　初元三年九月壬子朔辛巳令史充　敢言之爰書▨
□辟丈墩道垜皆応令即射行　候事塞尉□▨（出土地不明/甲附16/甲図186）

75　建始元年四月甲午朔乙未臨木候長憲敢言之爰書雜与候史輔験問燧長忠等七人先以従所主及它部官卒買▨
三日而不更言請書律弁告乃験問燧長忠卒賞等辞皆曰名郡県爵里年姓官除各如牒忠等毋従所主卒及它▨

76　建始元年正月乙丑朔癸酉尉史憙敢言之爰書〼　（EPT51. 228）

77　〼候令史斉敢言之爰書□〼　（EPT52. 194）
〼射候漢彊前令史斉署当□〼　（EPT53. 69）

78　建武桼年十月辛酉朔壬戌主官令史譚敢言之爰書不侵候長居延中宿里□業主亭燧桼所听呼不繕治〼
言之　（EPF22. 700）

この中で最後の78簡は、業という名の人物について職務不適任を指摘する内容で、先の63簡と何らかの関連性をもつと考えられる。また62は、李丹・孫詡という人名をもとに、

79　建武四年三月壬午朔己亥萬歳候長憲敢言之官記曰第一燧長秦恭時之倶起燧
取鼓一持之呑遠燧李丹孫詡証知状験問具言前言状●今謹召恭詣治所験　（EPF22. 329）

という簡と結びつき、さらに秦恭という人名と「鼓」に関係する記述とから、以下のような一連の簡と関連付けることができる。

80　而不更言請辞所出入罪反罪之律弁告乃爰書験問恭辞曰上造居延臨仁里年廿八歳
姓秦氏往十余歳父母皆死与男同産兄良異居以更始三年五月中除為甲渠呑遠燧長　（EPF22. 330）

81　代成則恭属尉朱卿候長王恭即秦恭到燧視事燧有鼓一受助吏時尚鼓常縣塢戸内
東壁尉卿使諸吏旦夕撃鼓積二歳尉罷去候長恭斥免鼓在燧恭以建武三年八月中　（EPF22. 331）

82　徙補第一燧長至今年二月中女子斉通耐自言責恭鼓一恭視事積三歳通耐夫当未

□□□□鼓□将尉卿使執胡燧長李丹持当燧鼓詣尉治所恭本不見丹持鼓詣吞　（EPF22. 694）

83　建武四年三月壬午朔丁酉萬歳候長憲□▨

燧●謹召恭詣治所先以証県官城楼守衙▨　（EPF22. 328）

84　▨……皆知状恭不服取鼓爰書　（EPF22. 332）

82簡からうかがえるように、内容は女子の斉なる人物が燧長の秦恭に太鼓の返還を求めた訴訟で、つとに謝桂華が論文中で冊書の可能性を示唆している（謝桂華　一九九二）。文章は80・81・82・62の順で接続するが、なお相当数の簡が欠落しているらしく、冊書の全体像は見定め難い。ただし、80簡の文言が「候粟君冊書」のＢ「戊辰文書」と共通することは明らかであり、とするならば、文章の連続する四枚の簡は、秦恭の自証爰書の本文であると認定することが可能であろう。

以上、二つの基準に基づいて、爰書の本文と判断される簡牘の集成を試みた。このほかにいずれの基準からも外れてしまう爰書が存在する可能性も否定できないが、今はひとまず、確かな指標をもつ46～78簡と、62簡と文章の接続する80～82の諸簡とをもって、爰書本文の候補とするにとどめたい。

（2）検　証

では次に、ここまでの検討結果を検証したい。第一節で列挙したⅠ～Ⅶ類の爰書の呼称と、集成した爰書本文の候補となる諸簡とを突き合わせ、両者が対応するかを確かめてみたいのである。その結果、一定の対応関係が

■体裁
四六判並製　平均250頁
■予価
1575円～1890円（税込）
■配本：毎月10日

京都大学学術出版会
電話075-761-6182　FAX075-761-6190
URL http://www.kyoto-up.gr.jp
E-mail sales@kyoto-up.gr.jp

取り扱い書店

土とは何だろうか？
久馬一剛
KYOTO UNIVERSITY PRESS

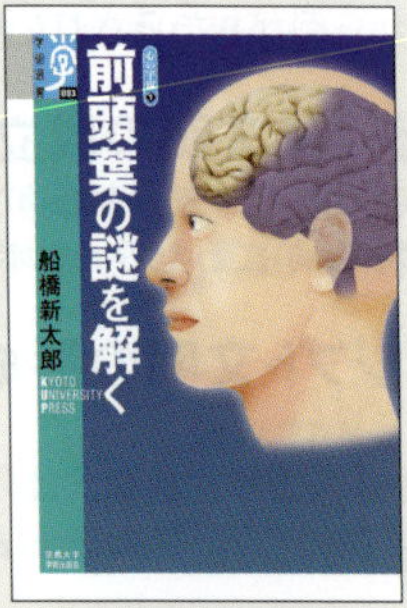

前頭葉の謎を解く
船橋新太郎
KYOTO UNIVERSITY PRESS

子どもの脳を育てる栄養学
中川 八郎　葛西 奈津子
KYOTO UNIVERSITY PRESS

KYOTO UNIVERSITY PRESS
古代マヤ
石器の都市文明
青山和夫

学術選書

2005年12月

学術選書

京大から

よびかけ

携帯電話一つとっても、私達の暮らしは、科学・技術の支え無しには成り立ちません。しかし今日の科学は、研究者の間でさえ、少し専門が異なると理解することが難しい程に高度化し、一言で言えば「難しい」ものになってしまいました。

しかし、これは悲観することではありません。本来、この世界は「分からないこと」だらけです。進歩したと言っても、まだ科学はこの世界のほんの一隅を理解しただけなのです。そしてなにより、この「分からない」ところにこそ、科学を学ぶ面白さ、楽しさがあるのです。「分からないから面白い」――このことを少しでも知っていただきたい。これが京都大学から「学術選書」をお届けしようとする私達の思いです。サイエンスの世界へようこそ。

第一回配本

土とは何だろうか?

京都大学名誉教授・滋賀県立大学名誉教授　久馬一剛

生命を育て、生活の素材としても欠かせない土。その素性や働きを私達は意外によく知ってはいません。自然と人や生き物の営みが見事にバランスされることで育まれた「土」が、砂漠化や土壌劣化など危機に直面している今、「土」の性質や働きをやさしく解説し、21世紀の自然と人の関わりの在り方について考えます。　**1575円●001**

子どもの脳を育てる栄養学

大阪大学名誉教授　中川八郎　／サイエンスライター　葛西奈津子

世の中栄養ブーム。でも知っていますか？いくら食べても身につかないものがあるってこと。特に子どもは特別です。大人に良いといって、いくら口に入れても注射をしても、脳に入っていかないモノがあるのです。心や知性を育むには、脳独自の栄養学が必要です。「頭のよい子」を育てる「頭の良いお母さん」のための栄養学。　**1575円●002**

シリーズ●心の宇宙　1

前頭葉の謎を解く

京都大学教授　船橋新太郎

「知性の座」と呼ばれる前頭葉。以前は、事故や病気で脳にダメージを受けた人の例から探るしかなかったこの場所の重要な役割が、医療技術と研究の進歩によってようやく明らかになってきました。学界で最もホットな話題ワーキングメモリをはじめとする脳の仕組みと働きを明らかにし、人の心を支配する仕組みの謎に迫る。　**1575円●003**

シリーズ●諸文明の起源　11

古代マヤ　石器の都市文明

茨城大学助教授　青山和夫

ごく最近まで、「謎の文明」として興味本位に語られてきた古代マヤ。この「謎」に挑戦し、考古学と関連諸科学による学際的な研究が組織されたのが20世紀後半。ようやく「石器の都市文明」の全容が明かされました。2000年におよぶマヤ文明の栄光を、初学者にも分かりやすいように平明に描いた初めての通史。　**1890円●004**

第二回配本

コミュニティーのグループ・ダイナミク

京都大学教

町づくり、村づくりで活きる「グループ・ダイナミクス」。
活性化の現場を紹介することを通して語る、応用心理学の
入門書。

シリーズ●諸文明の起源　12

古代アンデス国家の形成

国立民族博物館助教授

古代アンデス文明はインカ帝国で著名だが、本書はインカ
ること数千年、最初のアンデス国家モチェ社会に至るまで
の形成過程を描く。

近刊より

地域研究から自分学へ　京都大学名誉教授

ポスト20世紀の多文明世界の構図、「世界単位論」を発表し話題を呼んだ著者
の研究人生を振り返りながら、今、「郷土に生きる」学を模索する。

江戸の植物誌　京・江戸・大坂の植物文化　1　難波十二景

長岡造形芸術大学教授

行楽花見やガーデニングが庶民の間に広がった江戸時代、どんな種類の植物
で育てられ、愛でられたのか？「花の難波」へタイムスリップ。

生命起源の鍵を解く　奈良女子大学教授

科学界最大の疑問の一つ「生命の起源は何か」。従来の主流仮説の弱点を
の化学進化というよりシンプルなモデルで、この謎に迫る。

ヒトはなぜ家を建てるか　東海大学助教授

サルは巣を作らない。清潔に保つ必要もないから、お下も垂れ流し。でもヒトは
だから衛生問題に悩まされる。「巣を作るサル」=ヒトの進化を考える。

見出せたならば、先の諸簡が爰書本文に相当する蓋然性は、きわめて高いと言うことができる。

Ⅰ　自証爰書　自己にかけられた嫌疑について証言・釈明する爰書。「候粟君冊書」に含まれる爰書のほか、前記の秦恭と太鼓をめぐる簡冊や70簡なども自証爰書と認定しうる。70簡に句読を付して再録し、訳文を添えておこう。

70　▨史商敢言之。爰書。鄣卒魏郡内安定里霍不職等五人、□□□□□敞剣庭、刺傷状。先以証不言請出入罪人辞▨、乃爰書不職等辞。県爵里年姓各如牒。不職等辞曰、敞実剣庭自刺傷。皆証所置辞審、它如

〔上端欠損〕史の商が申し上げます。爰書。鄣卒の魏郡内〔内黄県か〕安定里の霍不職ら五人が〔文字不詳〕敞の剣が抜けて傷ついた件について。先ず「事実を証言せず陳述に出入りがあり〔上端欠損〕〔という証不言情律を申し聞かせてから〕爰書によって不職らの供述を〔験問しました〕。県・爵・里・年令・姓は各々別冊の通りです。不職らの供述によれば、敞は実のところ剣が抜けて自ら刺傷したとのこと。みな供述したところに偽りなきむね証しております。他は〔爰書の〕通り。

原文の「剣庭」とは「剣挺」。「乃爰書」の下には「験問」の文字が脱けていると考えられる。

Ⅱ　吏卒相牽証任爰書　「牽」は「牽引」「引牽」とも熟し、ある事件に関して複数者が連帯責任を負うこと、[13]「任」は保証の意味である。[14]したがって、吏卒相牽証任爰書とは、複数の吏卒が連帯責任において証言した爰書といった意味になる。「相牽証任」の文字を手掛かりに検索すると、68の敦煌懸泉置出土簡が目にとまる。

68　五鳳二年四月癸未朔丁未、平望士吏安世敢言之。爰書。戍卒南陽郡山都西平里莊彊友等四人、守候中部

司馬丞仁、史丞徳、前得毋貰賣財物敦煌吏。証財物不以実律弁告、迺爰書彊友等、皆対曰、不貰賣財物敦煌吏民所。皆相牽証任、它如爰書、敢言之。

五鳳二年（前五六）四月癸未朔丁未（二五日）、平望候官の士吏の安世が申し上げます。爰書。戍卒の南陽郡山都県西平里の荘彊友ら四人、候心得の中部都尉司馬の丞の仁、史の丞の徳らより先に証言を得たところによれば、財物を敦煌の吏に貰売していないとのこと。財物を証するに実を以てせざるの律を申し聞かせ、それから彊友らを爰書（により験問したところ）、みな「財物を敦煌の吏民に貰売していない」と答えました。みな連帯責任をもって証言を保証しています。他は爰書の通り。以上申し上げます。

原文の「前得」の後には「証」が、「迺爰書」の後には「験問」が、各々脱けていると思われる。注目すべきは、「候粟君冊書」や失鼓をめぐる冊書にあった「証不言情律」の申し聞かせが、ここにも見えていることである。その理由はおそらく、どちらの爰書も陳述にかかわるという点にあろう。また、この簡は一方で、「不貰賣財物」という陳述内容に従えば、Ⅶ貰売爰書の類型としても位置付けられる。このことは、先に分類した爰書の呼称が、相互に排他的ではない可能性を示唆していると言えるだろう。

Ⅲ　秋射爰書　秋射とは候燧の吏に課せられる弩の射撃テスト（呉昌廉　一九八五）。したがって、「秋射」「射」「玽（まと）」などの語の見える46・50・56・57・74・77などの諸簡が秋射爰書の本文であると判断できる。一例として56簡を示す。

56　甘露二年八月戊午朔丙戌、甲渠令史斉敢言之。第十九燧長敞自言、当以令秋射、署功労。即石力発弩、矢□弩臂皆応令。甲渠候漢彊、守令史斉、署発中矢数于牒。它如爰書。敢言之。

甘露二年〔前五二〕八月戊午朔丙戌〔二九日〕、甲渠候官令史の斉が申し上げます。第十九燧長の敞が自ら申請するには、令の規定に従い秋射を行ない、功労を記録してほしいとのこと。一石の力の発弩を用いて、矢と……と弩臂〔弩の腕木〕はみな令の規定に合致しています。甲渠候の漢彊と令史心得の斉とが、命中した矢の数を別冊に記録しました。他は爰書の通り。以上申し上げます。

Ⅳ　病死（病診）爰書　候官や烽燧に屯戍する戍卒の病気・病死に関する爰書。「病」「飲薬」「不偷〔癒〕」などの語の見える47・49・65簡などが、これに該当するだろう。たとえば49簡は次のような内容である。

49　〼当遂里公乘王同、即日病頭痛寒炅、小子与同燧

〼飲薬廿斉、不偷〔癒〕。它如爰書。敢言之。

〔上端欠損〕当遂里の公乘の王同は、その日に頭痛を病み寒けと発熱があり、小生は同に燧の〔上端欠損〕を与え、〔上端欠損〕薬二十錠を飲ませましたが、治りませんでした。他は爰書の通り。以上申し上げます。

なお47は文意のとりにくい断簡であるが、「毋木索兵刃処〔木索兵刃の処なし〕」という外傷による死の可能性を否定する言葉が添えられていることに注意しておきたい。

Ⅴ　死馬爰書　官有の馬匹の死についての爰書であろう。懸泉置出土の66・67簡がその好例であるが、橐他〔駱駝〕の死に関する58や69もこの同類とみてよいだろう。66については胡平生に考釈があるので〔胡平生　一九九二〕、ここでは図版の公表されている58簡を訳しておこう。

58　▨□寅、士吏強兼行候事、敢言之。爰書。戍卒潁川郡長社臨利里楽徳・同県安平里家横告曰、所為官牧槖他▨▨戍夜僵臥草中、以□行。謹案徳・横□到槖他、尉辟推謹、毋刀刃木索迹。徳横皆証所言。它如爰書。敢▨

〔上端欠損〕寅、士吏の強が候の職務を兼任して申し上げます。爰書。戍卒の潁川郡長社県臨利里の楽徳と同県安平里の家横とが告げて言うには、「候官のために放牧していた駱駝が〔欠損〕戍の夜、草中に倒れ伏してしまい、歩かなくなりました（?）」とのこと。謹んで徳と横が〔一字不詳〕到した駱駝を調べ、尉が謹んで犯人を捜しましたが、刃物や棍棒、縄などの痕跡はありませんでした。徳と横もみな証言しています。他は爰書の通り。〔以上申し上げます。〕

「辟推謹」とは「謹推辟」の倒文。ここでは駱駝の死ないし病気について、その原因を作った者はいないか捜査する謂であろう。[15] 病死（病診）爰書の場合と同様、「毋刀刃木索迹（刀刃木索の迹なし）」という文言の見えている点に留意しておきたい。

Ⅵ　殴殺爰書　呼称から見て吏卒の傷害事件に関する爰書であろうと推測される。集成した本文の中には確かな対応例を見出せないが、70簡のような傷害事件に関する爰書は、事件の内容に注目した場合、この名称で呼ばれることがあるのかも知れない。

Ⅶ　貰売爰書　衣服や器物の貰売（掛売り）に関する爰書であろう。「貰売」の語の見える59や68がこれに相当しよう。ただし68簡は先述の通り、Ⅱ吏卒相牽証任爰書としても位置付けられる。

残った諸簡のうち、極端な断簡が分類不可能なことは言うまでもないが、比較的長文の簡でも、たとえば60・

63・78・73などは、内容がⅠ～Ⅶ類のどれにも該当しない。このうち前三者は、吏の職務不適任を理由に斥免（罷免）を求める内容で、仮に名付けるならば「斥免爰書」と呼ぶことができよう。また73簡は、胡虜による人畜の被害なきむねを記したもので、迹候の結果を報告する爰書かも知れない。もとより第一節での作業によってあらゆる呼称を網羅し得たわけではないから、こうした呼称不明の本文があっても不思議ではない。参考までに、60簡を訳しておこう。

60　▨□里上造張憙、萬歳候長居延沙陰里上造郭始、不知犢〔読〕蓬火、兵弩不檠持、憙□▨▨□斥免。它如爰書。敢言之。

〔上端欠損〕里の上造の張憙、萬歳候長の居延沙陰里の上造の郭始は、烽火の読み方を知らず、弩は弓矯《ゆだめ》を付けて保管されていない。憙は罷免〔に相当する?〕。他は爰書の通り。以上申し上げます。

以上の結果を見る限り、本節で集成した諸簡の内容が、第一節で分類した爰書の呼称と一定の対応関係を示すことは明白であろう。右に列挙した簡牘が爰書の本文にあたる可能性は、きわめて高いと判断される。爰書本文を断簡も含めて集成し、「何が爰書であるか」を明らかにする作業は、一応の結論に達したものと言ってよい。そこで次には、これまでの認識に基づいて、爰書の機能の検討、すなわち「爰書とは何であるか」の解明に移るわけであるが、その前にもう一つ、爰書に関する大庭脩の先駆的研究（大庭　一九五八）について、一節を割いて論じておかねばならない。なぜなら、本章と同じく居延漢簡を主な素材としながらも、大庭論文では私見と大きく異なる簡牘が爰書の実例として認定されているからである。

五　「自言」簡の問題

大庭論文が爰書――とりわけ自証爰書――の実例として挙げるのは、次のような木簡である（図３）。

85　尉史李鳳　自言故為居延高亭亭長三年十二月中送詔獄証　觻得便従居延迎銭守丞景臨取四年正月奉銭六百至二月中従庫令史鄭忠取二月奉不　重得正月奉今庫掾厳復留鳳九月奉銭不当留庫証所言（A8/178. 30/ 労図 290）

これは俸給の二重取りを理由に庫掾から奉銭の支払いを停止された尉史の李鳳が、その処分の不当なことを訴えた文書で、大庭論文に言う通り「いわば俸給支払停止処分撤回申請書」（大庭　一九五八、六三八頁）である。これを自証爰書とみなす理由は、「皆不服爰書自証書到如律令」（後掲112簡）などの簡に見える「不服爰書自証」という文言にある。大庭によれば、この文言は「何かに承服せず、爰書をもって自ら証したこと」を意味する。とするならば、自証爰書とは、何かに承服せず自ら証言するための文書ということになるだろう。したがって、「官の俸給支払停止処分を「不服」とし、「自己の主張を証言」した」右の85簡は、まさしく自証爰書の「恰好の一簡」となるわけである。

しかし、これは爰書なのであろうか。85の特徴は大庭も指摘する通り、「簡文に「自言」の句があること」と「簡の形態が名前を中央に大きく書き、空格をへだてて細字で言い分を書いていること」にある。そこで検討の

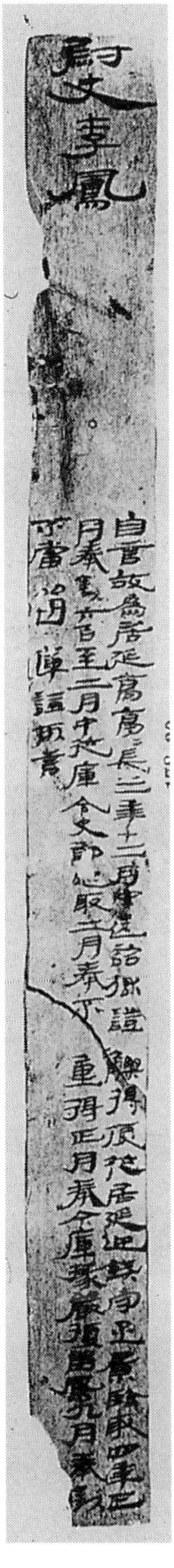

図３　自言書木簡（178.30）

ため、同じ特徴をもった簡を次に列挙してみよう。

86　三樵燧長徐宗　自言故覇胡亭長寧就舍銭二千三百数責不可得　（A8/3. 4/ 労図 527）

87　[燧]長徐宗　自言責故三泉亭長石延寿茭銭少二百八十数責不可得　（A8/3. 6/ 労図 569）

88　☐秋里孟延寿　自言当責甲渠候官尉史王子平□□☐　（A8/158. 3/ 労図 191）

89　呑遠燧卒夏収　自言責代胡燧長張赦二之二買収縑一丈直銭三百六十
（A8/217. 15+217. 19/ 労図 513・519）

90　甲渠卒尹放　自言責市陽里董子襄馬游君☐　（A8/261. 42/ 労図 444）

91　窮虜燧長陳偃　自言責肩水☐　（A8/44. 22/ 労図 158）

92　□迹第四十一南陽武□翟陵里□桂字子見　自言二年一月中貰売☐　（A8/190. 12/ 労図 312）

93　☐阿平富里張赦　自言売☐
売襲一領☐　（A33/213. 49/ 労図 16）

94　鄣卒尹賞　●自言責第廿一燧徐勝之長襦銭少二千　（EPT51. 8）

95　司馬令史騰譚　自言責甲渠燧長鮑小叔負譚食粟三石今見為甲渠
燧長　（EPT51. 70）

96　第廿五燧卒唐憙　自言貰売白紬襦一領直千五百交銭五百●凡并直二千☐　（EPT51. 302）

97　河東猗氏宜秋里令狐虞　自言☐　（EPT51. 380）

98　制虜燧長徐厳居延　●自言為居延当遂☐

99　武賢燧長鄭武　　　　　　　　　　単衣銭七百数責☐　　　　(EPT51. 469)
　　　　　　　　　　　　　自言負故不侵候長徐輔六百☐☐　　(EPT52. 126)
100　卅井第二盧卒南陽杜衍鐘耐　自言責塞尉富駿子男長☐　(EPT52. 128)
101　石燧二卒張雲陽　冂　自言責甲渠驚虜燧長☐☐庸　☐☐　(EPT52. 487)

86〜90は大庭論文に85の類例として挙げられた簡である。いずれも候燧の吏卒が「自ら言う」形式をとり、その内容は「責」や「負」つまり債権・債務に関するものが多くを占める。大庭の基準によれば右の諸簡が自証爰書の本文ということになるが、しかしこれらを通覧してみると、自証爰書と見なすには次のような難点があることに気付くのである。

第一に、確実な自証爰書の例として先に挙げた「候粟君冊書」のB「戊辰文書」との間に、書式上の共通性が全く見られないこと。とりわけ「戊辰文書」が公文書の体例に違わず年月日から書き起こしているのに対して、右の諸簡には一つとしてこの形式をとるものがない。これはすなわち、85以下の簡が爰書のような公文書とは別個の場において機能することを示唆するのではあるまいか。

第二に、85を除いた他の簡に「証所言」と結ぶものが皆無であること。先述の通り、大庭論文が85を自証爰書と認定した理由の一つが、この「証所言（言う所を証す）」文言であった。ところが、その類例として選び出された諸簡を見ると、86・89・94・95のような欠損のない簡であっても、この文言はどこにも見当たらないのである。つまりは右の諸簡にとって、「証所言」文言は不可欠の要素ではないということになる。換言すれば、これらの簡が果たす役割は、「自証」とは別のところにあったと推測できる。

では、これらは自証爰書でないとしたら何なのか。私はそれを「自言」ないし「自言書」という一種の申立書・申請書だと考える。その根拠は、次のような簡にある。

102 ▨候長湯敢言之謹移自言各如牒唯官毋予　(A8/160. 3/ 労図 513)

103 元延元年十月甲午朔戊午橐他守候護移肩水城官吏自言責嗇夫犖晏如牒書到
驗問収責報如律令　(A35/506. 9A/ 労図 80)

水肩塞尉印　即日嗇夫□発
十月壬戌卒周平以来　尉前　佐相　(A35/506. 9B/ 甲図 149)

104 元延二年二月癸巳朔甲辰玉門関候臨丞猛移效穀自言六事書到願令史驗問収責以
銭与士吏程厳報如律令　(T103. 4A)

最後の例は敦煌懸泉置の出土簡である（馬建華主編　二〇〇二、一四七頁）。「謹みて自言を移すこと各々牒の如し」、「肩水城に官吏の自言もて嗇夫の犖晏に責するを移すこと牒の如し」、「效穀（県）の自言六事を移す」といった文言から明らかなように、右はいずれも「自言」を送る際に添えられた送達文書簡（送り状）である。さらにもう一例、左のような楬を付け加えることができよう。

105 ▩永始四年
吏民自言書　(EPT50. 199)

よって私は、私人が官に対して申し立て・申請をする行為を「自言」といい、そのために提出された文書を

「自言」ないし「自言書」と称したと考える。[16] それは単独で公的機関を往来する文書ではないから、必ずしも冒頭に紀年を具備している必要はないし、また、申し立て・申請が当面の目的である以上、常に「言う所を証す」必要もなかった。先の85〜101簡はすべて、この「自言」「自言書」に相当する木簡であり、自証爰書ではない。85が他に比べて異例の長文となっているのは、申し立ての内容が込み入っているからにほかならず、文書としての性格は他の「自言」簡と同様であったと思われる。ちなみに言えば、85の文字の並びに編綴のための空格があることは、この簡が冊書の中の一枚であったことを示している。

しかしながら、「自言」は爰書と全く無関係なわけではない。前掲の「自言」諸簡を検討すると、はからずもそこに爰書の機能を解明する上で重要な手掛かりが含まれていることに気付くのである。それはすなわち、「自言」によって貸金の返還請求がなされた場合、担当官吏と債務者——と名指された者——がどう対応するかという点にかかわる。もう一度、先の三通の送達文書簡を見たい。まず103は次のような内容である。

103　元延元年〔前一二〕十月甲午朔戊午〔二五日〕、橐他候心得の護より肩水城〔肩水都尉府〕に、候官の吏が嗇夫の犖晏に貸財の返済を求めた自言を送ること別冊の通り。この文書が届いたら、〔犖晏を〕験問して貸金を回収し、結果を報告されたい。律令の如くせよ。

橐他候官から発信されたにもかかわらず、背面の受取記録に「水肩塞尉印」つまり「肩水塞尉〔候官の尉〕の印で封緘されていた」とあるのは、郵送途中に封印が壊れたためであろうか。[17] この簡はA35つまり肩水都尉府跡の出土であるが、貸財の回収という「治民」についても都尉府が関与していたことを示す一枚である。104もこれと同様、貸金回収についての指示である。

104　元延二年〔前一一〕二月癸巳朔甲辰〔一二日〕、玉門関候の臨、丞の猛が效穀県に自言六通を送る。この文書が届いたら、令史に依頼して〔該当者を〕験問の上、貸金を回収し、その銭を士吏の程厳に渡して、〔結果を〕報告されたい。律令の如くせよ。

また102は断簡であるが、残存部分は次のように訳せる。

102　〔上端欠損〕候長の湯が申し上げます。謹んで自言を送ること、それぞれ別冊の通り。候官におかれては予め〔以下欠〕なきよう。

こうした「自言」の送達先が、返済請求の対象となる人物の在貫・在籍する機関であることは疑いない。そしてそこには、「験問収責」の指示ないし依頼を伴っていた。とするならば、こうした「自言」を受け取った機関は早速、自ら該当者を験問して取立てを行なうか、あるいは該当者が直接所属する下部機関に宛てて指示を送るかの対応をとったに違いない。次の一枚は、そうした指示を記した簡である。

106　官告第四候長徐卿鄣卒　周利自言当責第七隧長季由
▨百記到持由三月奉　銭詣官会月三日有
（A8/285. 12/ 労図 371）

候官より第四候長の徐卿に告ぐ。鄣卒の周利が第七隧長の季由に〔上端欠損〕百の貸財があると申し出ている。この記が届いたら、季由の三月の俸銭を持って候官に出頭せよ。月の三日に集合。

「官」とは候官、「鄣卒」とは候官所属の戍卒である。この場合、甲渠候官——第四候長——第七燧という統属関係を念頭に置けば理解しやすい。債務者の季由が第七燧長であるため、「自言」を受けた候官は、第七燧を統括する第四候長に貸金回収の指示を出したわけである。もう一例あげてみよう。

107　官告呑遠候長党不侵部　卒宋萬等自言治壊亭当得

処食記到稟萬等毋令　自言有

教　（EPT51. 213A）

置馳呑遠候長党　（EPT51. 213B）

候官より呑遠候長の党に告ぐ。不侵部の卒の宋萬らが、壊れた亭の修理にあたっては現地で食料の配給を受けられるはずだと申し出ている。この記が届いたなら、萬らに食料を支給せよ。〔今回のように〕申し立てをさせることがあってはならない。

駅馬扱い。呑遠候長の党あて。

この場合は貸財取立てでなく稟食の願い出であるが、「自言」を受けた候官から関連部局に指示が出されている点は106と共通する。なお、106・107の文末に見える「有」ないし「有教」の文字は、「記」あるいは「教」と呼ばれる下達文書に特有の文言である（鵜飼　一九八八／連劭名　一九八九）。

さて、このような指示を受けた機関では、債務者を験問し貸財の回収につとめた。そしてたとえば106の場合であれば、回収した金銭を候官へ持参することになる。106では請求者が候官所属の戍卒であるから、この段階で決着がつくが、もしそれが他の候官ないし上級の都尉府からの指示であったならば、この時点でさらに一通の文書が作成されて、該当機関に送達された。次のような報告書がそれである。

108　☐☐二年二月丁酉朔丁卯甲渠鄣候護敢言之府書曰治渠卒賈

☐☐自言責燧長孫宗等衣物銭凡八牒直銭五千一百謹収得

(EPT52. 110)

〔上端欠損〕二年二月丁酉朔丁卯〔三〇日〕、甲渠鄣候の護が申し上げます。都尉府からの書によれば、「治渠卒の賈〔上端欠損〕から燧長の孫宗らに衣物の代金を合計五千百銭、別冊八枚のとおり貸しているむね申し立てがあった」とのこと。〔その銭を〕謹んで回収いたしました。

文中に引く「府書」の内容には、おそらく「験問収責」という指示の部分が省略されているのであろう。さらにもう一例、次の簡は鷹取祐司の綴合によるもので〔鷹取　一九九七〕、書体と書式からみて、報告書の控えであろうと思われる[18]。「負」は「責」の反対語で債務を意味する。

109　故甲渠第九燧長呉建

第十士吏孫猛十二月

奉百廿

自言責士吏孫猛脂銭百廿●謹験問士吏孫猛辞服負已収得猛銭百廿

(EPT52. 130+EPT52. 21)

もと甲渠候官第九燧長の呉建から、〔第十部の士吏の孫猛、十二月の俸給が一二〇銭〕士吏の孫猛に脂の代金として一二〇銭の貸しがあるむね申し立てがあった。謹んで士吏の孫猛を験問したところ、負債の事実を認めた。猛からは一二〇銭を回収ずみ。

ところで、右の二例はどちらも首尾よく貸金を回収できた場合であるが、その一方では債務者——と名指された者——が抗弁し、取立てに応じないケースもあったに違いない。たとえば次の発信日簿には、そうした事情がうかがえる。

110　殄北候令史登不服負臨木候長憲銭謂臨木候長憲●一事集封　四月己卯尉史彊奏封　（EPT51. 25）

殄北候官の令史の登は臨木候長の憲に銭の負債あることを認めず。このこと臨木候長の憲に伝達した。一件につき封書複数。四月己卯、尉史の彊が封印。

このような場合、その後の展開はどうなったのであろうか。単なる債権者の思い違いとして一件落着になったとは、およそ考えられない。抗弁が常に正しいという保証は、どこにもないからである。おそらくは、然るべき手続を踏んだ正式の陳述が改めて該当者に求められ、次の段階へと進んだのであろう。自証爰書が必要となるのは、まさにこのような局面である。

六　爰書の機能

前節の冒頭でふれた「不服爰書自証」という文言の意味を、ここで改めて考えてみたい。この文言は、たとえば次のような簡にあらわれる。

111　□責不可得証所言　不服負爰書自証●歩光見為倶南燧長不為執胡燧長　（A8/157. 12/ 労図 447）

112　☐皆不服爰書自証書到如律令　（A8/206. 31/図298）

111簡は債権者からの請求に対し、債務あることに「不服」であったため「爰書もて自証」したという内容。自証の主体はおそらく後段に見える歩光という名の燧長であろう。112は断簡のため正確な理解はできないが、少なくとも「不服」の結果「爰書自証」に及んだという関係であることは疑いない。このほか文言は若干異なるけれども、第一節のＩdとして列挙した簡8～13に見える「不服移自証爰書」も同様に、「不服」を受けて自証爰書を送付したことをものがたる。

ところで、このような場合の「不服」という語は、どう解釈したらよいのだろうか。秦漢時代に訴訟の場で用いられた「服」の語は、信服・承服といった一般的な意味を表わすのではない。これまでの章で明らかにしたように、それは験問・訊問を受けた被疑者が事実を自認することをいう。漢簡の用法も、これと基本的に変わらない。前節に引いた109簡に、「謹験問士吏孫猛辞服負（謹んで士吏の孫猛を験問するに、負うを辞服す）」と見えているのは、その証左である。したがって111・112簡に「不服負」とあるのは、「負債の事実を自認しない」の謂である。つまり「不服」とは験問を前提とした言葉であって、たとい「験問」の文字がなくとも「不服爰書自証」とあれば、そこでは「験問→不服→爰書自証」という手続が進行していたと考えてよい。したがって、「不服爰書自証」「不服移自証爰書」とは各々、「験問したが自認せず、爰書によって自ら証言する」「験問して自認しない場合は、自証爰書を作成のうえ送付せよ」と解釈すべき文言なのである。

「自言」により貸金返済請求がなされると、官は該当者を験問して金銭を回収すべく手配する。この間の詳細については前節で述べた。その結果、該当者により債務の事実が認められれば（これが「辞服負」）問題はないが、その義務はないと抗弁した場合には（「不服負」）、主張内容を爰書によって証することが求められた。「不服爰書自証」という文言からは、このような手続の進行が読み取れる。とするならば、そのような場面で作成された自証爰書の機能については、自ずと明らかになるだろう。すなわち、それは自己の主張の正しさを保証する証書としての機能をもつ。この推定をさらに裏付ける史料として、次の一枚は注目に値する（図4）。

113 □居里女子石君佚王子羽　責候長李勝之銭二百九十三。謹験問勝之、辞、故与君佚夫彭祖為殄北塞外候□
五年十二月中、与彭祖等四人供殺牛、已校計、不負彭祖銭。彭祖徙署白石部、移書責ム
羽　銭二百九十三。ム爰書自証、不当償彭祖銭。已決絶、彭祖免帰氏池、「毋詣官」至今積四
歳。「彭□□妻」君佚今
復責ム銭。ム自証爰書在殄北候官。　（EPS4T2. 52）

読みにくい文章なので句読を付した。傍線部分は別筆で、あるいは験問担当者の署名かも知れない。上部に本籍と姓名を大書しているのは、本案件の提訴者を明示するためで、「自言」簡とも共通する特徴である。また、括弧内は欄外に記された追記であるが、右の釈文では本文中の該当箇所に組み込んだ。文中の「ム」すなわち「某《それがし》」が被験問者である李勝之の自称だと解するならば、全体は以下のように通読できる。

113　〔文字不詳〕居里の女子の石君佚が、候長の李勝之に二九三銭の返済を求めた。謹んで勝之を験問したところ、陳述するには、「もと君佚の夫の彭祖と殄北候官塞外候の〔下端欠損〕でした。五年十二月中に、彭祖ら四人と供に牛を屠りましたが、取り分は計算済みで、彭祖に借金はありません。彭祖は白石部に転勤してから、文書を寄越して私に二九三銭の返済を求めました。私は爰書によって、彭祖に銭を返す必要はないと証言しました。妻と離

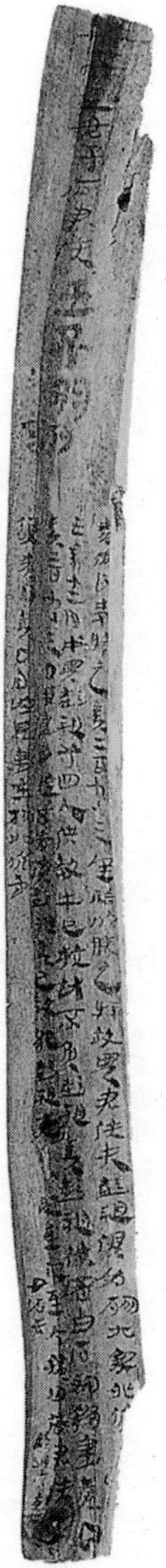

図 4　第四燧出土木簡（EPS 4 T 2. 52）

縁したのち、彭祖は退任して氐池県に帰り、今日まで四年のあいだ候官に出向いたことはありません。彭〔祖のもとの?〕妻の君佚が、今また私に銭の返済を求めてきましたが、私の自証爰書は殄北候官にあります」と。

自己に債務なきむね証言するために自証爰書が作成・提出されたこと、ならびにそれが候官に保管されていたらしいこと、などを伝える貴重な一枚である。

このように考えるならば、「候粟君冊書」の自証爰書に関しても、右と全く同様の機能が想定できることに気付くだろう。冊書の背景となる事案については、第三章第二節と本章第二節において分析したが、そこに含まれる二通の爰書、A「乙卯文書」とB「戊辰文書」は、いずれも寇恩が粟君の「責」（債権請求）に服さぬ結果、作成・提出されたものである。文書の往還関係が複雑とはいえ、自己に債務なきことの証言であるという点も、それが候官に保管されているという点も、113簡と同様である。そうした爰書の効力は、験問に先立ち「証不言情律」を告知して、三日の後に再度陳述を行なわせるという手続により付与された。換言すれば、この手続を経て担当官吏により作成された自証爰書は、公的な証明力をもった証書として認定されたに相違ない。そうした証書を、本章では仮に「公証文書」と呼んでおきたい。

さて、自証爰書の機能が右の通りであるとすれば、その他の種類の爰書はどうなのであろうか。次にこの点を検討してみよう。

先ずⅡ吏卒相牽証任爰書について。すでに第三節で指摘した通り、この類型の本文にもまた「証不言情律」が見えていた。ということは、吏卒相牽証任爰書の機能も自証爰書と同じく、複数者が連帯責任において証言した「公証文書」と考えることができる。次の一枚の報告書からは、そうした事情が読み取れる。

114　□采捕験亡人所依倚匿処必得二詣如書毋有令吏民相牽証任爰書以書言謹雜与候史廉騂北亭長欧等八人戍卒孟陽等十人捜索部界中験亡人所依匿処爰書相牽　（A33/255. 27/ 労図 93）

〔上級からの文書には〕采捕。逃亡者が隠れていそうな所をしらべ、必ず逮捕せよ。逮捕したならば、文書の指示に従って〔身柄を〕送致せよ。無いと記す際には、吏民に連帯責任で爰書による証言を行なわせ、文書をもって報告せよとありました。謹んで候史の廉、騂北亭長の欧ら八人、戍卒の孟陽ら十人と共同で、部の管轄区内を捜索し、逃亡者が隠れていそうな所をしらべました。爰書により連帯で責任を負うものであります。

「雜」とは「所管を異にする二つ以上の官職が、共同で事に当たる場合に用いられる文字」（大庭　一九七〇、四八頁）で、右の簡では文書の発信者（おそらくは候長）が「候史の廉、騂北亭長の欧ら八人」に「戍卒の孟陽ら十人」を交えて部内を捜索したことを指す。このうち前者が「吏」、後者の「卒」が「民」に相当するから、「吏民をして相牽証任せしむ」とはつまり、捜索にあたった吏卒の連帯責任において結果を保証させることだと解される。同様な例は、敦煌漢簡にも見出せる。

115　燧長常賢レ充世レ綰レ禎等雜庾索部界中問戍卒王韋等十八人皆相証　（T. vi. b. 1. 206/Ch157）

「庾索」は捜索。四人の燧長が部（四燧が所属する部であろう）の管区内を捜索し、さらに十八人の戍卒にも尋ねた上で、結果を「相《たが》いに証」した文書であり、やはり吏卒相牽証任爰書に関係する簡――あるいは爰書そのものの一部――であろう。

吏卒相牽証任爰書との関連で注目すべきは、68の簡である。この簡は既述の通り、複数者による証言という形式の点では吏卒相牽証任爰書に、財物を貰売していないという内容の面では貰売爰書に分類できる。とするならば、Ⅶ貰売爰書の機能もまた、貰売をめぐる証言を記した公証文書と理解できよう。のみならず、この68簡には、さらに二つの看過できない特徴がある。あらためて全文に句読を付して引用しておこう。

68　五鳳二年四月癸未朔丁未、平望士吏安世敢言之。爰書。戍卒南陽郡山都西平里莊彊友等四人、守候中部司馬丞仁、史丞徳、前得毋貰賣財物敦煌吏。証財物不以実律弁告、迺爰書彊友等、皆対曰、不貰賣財物敦煌吏民所。皆相牽証任、它如爰書、敢言之。

特徴の第一は、証すべき内容が「毋貰賣財物」「不貰賣財物」のように否定表現で記されている点である。同様なことは、37簡の「毋責」、38簡の「卒不貰売爰書」にもうかがえる。漢簡から知られる限り、貰売という行為は日常的に行なわれており、とりたてて違法であったわけではない（角谷　一九九四）。とするならば、貰売爰書が証言の対象とするのは、不法な貰売、おそらくは支給された官有物を貰売する行為であろう。次に挙げる一枚の簡を68と対照すれば、この種の爰書の背景がおのずと理解されるに相違ない。

116　二月戊寅、張掖太守福・庫丞承憙兼行丞事、敢告張掖農都尉・護田校尉・府卒人、謂県。律曰、臧它物非銭者、以十月平賈計。案、戍田卒受官袍衣物、貪利貴賈貰予貧困民。吏不禁止、浸益多、又不以時験問

（A8/4. 1/労図 380）

二月戊寅、張掖太守の福と丞兼任の庫丞の承憙とが、張掖農都尉・護田校尉・都尉府に告げ、県に言う[19]。律に「他人の物を不法に取得した場合、銭以外のものは、十月の標準価格で評価せよ」とある。調べてみると、戍卒や

田卒は官給の衣類や物品を受け取ると、それを高値で貧しい民に貰売して利益を貪っている。吏が禁止しなければ、次第に数が益すであろうし、また即時に験問しなければ〔以下欠〕

引用されている律文から推して、違法な貰売には贓物罪が適用されたと思われる。その有無を験問するにあたって、貰売爰書（あるいは不貰売爰書）による否認の証言が求められたのであろう。

特徴の第二は、行為否定の文言が「毋貰賣財物敦煌吏」「不貰賣財物敦煌吏民所」と前後して二回繰り返されている点である。私見によればこの現象は、68簡が二通の爰書から成り立っていることを意味する。すなわち、書き出しの「爰書」から「毋貰賣財物敦煌吏」までが最初の爰書、「証財物不以実律弁告」から結びの「它如爰書」までが二度目の爰書に相当しよう。このように考えるならば、最初の爰書の内容を三日後にあらためて証言するという自証爰書と同じ手続が、ここにも読み取れることになる。第四節で爰書本文を集成する手掛かりとした文言のうち、書き出しの「爰書」二文字は最初の爰書、結びの「它如爰書」は二度目の爰書に、それぞれ属していたわけである。

同一文言の繰り返しという現象は、V死馬爰書に分類される簡についても看取される。たとえば、死馬爰書の一種である67簡の文章を見たい。

67　建昭元年八月丙寅朔戊辰、縣〔懸〕泉廏佐欣敢言之。爰書。伝馬一匹、騂駮〔駁〕、牡、左剽、齒九歲、高五尺九寸、名曰騂鴻、病中肺欬涕出睾、飲食不尽度。即与嗇夫遂成・建雜診、馬病中肺欬涕出睾審、証之。它如爰書。敢言之。

建昭元年〔前三八〕八月丙寅朔戊辰〔三日〕、懸泉廏佐の欣が申し上げます。爰書。伝馬一頭、まだらの牡で左側に印のある九歳馬、肩高五尺九寸の騂鴻という名の馬が、肺の病気となり、鼻から膿汁を流し腫れ物ができて、飲食を十分に摂らなくなりました。ただちに嗇夫の遂成や建と共同で検分したところ、馬が肺の病気となり、鼻から膿汁を流し腫れ物ができていることは確実、これを証明します。他は爰書の通り。以上申し上げます。

懸泉置に備える駅馬の一頭が病気であるとの報を受け、廏佐が他の役人と共同で検診したとの内容である。ここでも先の68と同様、「即」字を挟んで「病中肺欬涕出睾」という表現が繰り返し現れる。これはすなわち、前半の爰書に述べた内容をあらためて確認したことの証左ではないか。すなわち、書き出し文言の「爰書」から「飲食不尽度」までが最初の爰書、「即」から結びの「它如爰書」までが二度目の爰書の内容であろう。二通の爰書はここでもやはり公証機能を果たしているわけである。同様のことは、58簡についても指摘できよう。ここでは「以□行」までが駱駝の死去を伝える最初の爰書、「謹案」以下が確認のための爰書であろう。後半に見える「毋刀刃木索迹（刀刃木索の迹なし）」という文言は、前半に「僵臥草中（草中に僵臥す）」と報告された駱駝の異常が人為的なものでないむね証言したことを意味する。ただし58や67のような事態の場合、三日後にあらためて検視するという悠長なことはあり得ない。いずれの場合も、事件の発生後、時を移さず二度目の爰書が作成・伝送されたとみるのが自然であろう。ここからさらに類推すれば、Ⅳ病死（病診）爰書の機能もまた同様なものと考えられる。

死馬爰書に関しては、敦煌懸泉置漢簡の中に、次のような興味深い文書が見える（胡・張　二〇〇一、一一二～一一三頁）。図版がなく、改行箇所は不明であるが、原簡は両行の上行文書に相違ない。

117　……騩、乗、歯十八歳、送渠犂軍司馬令史勛、承明到遮要、病柳張、立死。売骨肉臨楽里孫安所、賈

〔価〕千四百、時嗇夫忠服治爰書、誤脱千、以為四百。謁它爰書、敢言之。（II0114③:468A）

守嗇夫富昌。（II0114③:468B）

〔文字不詳〕黒栗毛、乗駕用、一八歳〔の馬が〕、渠犂軍司馬令史の勛を送り、明け方に遮要置まで来た所で、柳張を病み、その場で死んでしまいました。骨と肉を臨楽里の孫安に売り、売価は千四百銭でしたが、その際に嗇夫の忠服が爰書を担当し、千の字を書き落としたため、四百銭となっています。別の爰書を要求いたします。以上申し上げます。（正面）嗇夫心得の富昌。（背面）

「遮要」とは懸泉置の西に位置する「置」の呼称[20]、「柳張」とは「瘤張」の仮借で、腫れ物ができる病気であろう。遮要置で急死した駅馬について、置の嗇夫が死馬爰書を作成したが、その記載に誤記があったため、あらためて正確な爰書を送付するよう求めた、という内容である。背面に記された「守嗇夫富昌」の名は、懸泉置丞が差出者となっている別の文書にも見えており（張徳芳 二〇〇一、一一四頁）、とするならば117簡もまた懸泉置から発信されたに相違ない。宛先は遮要・懸泉両置を統括する敦煌郡ではあるまいか。この一枚からは、駅馬の死のみならず、骨肉の売却先や売価までも爰書に記載する場合のあったことがうかがえる。

では、本文に該当する簡が最も多かったⅢ秋射爰書はどうであろうか。この類型の爰書の特徴は、「常以令秋射（常に令を以て秋射し）」「皆応令（皆な令に応ず）」といった文言にある。ここに言う「令」がたとえば、

118●功令第卌五候長士吏皆試射＝去墩帣弩力如発弩十＝矢中帣矢六為程過六矢賜労十五日（A8/45.23/労図131）

功令第卌五。候長・士吏はみな射撃の試験を課す。射る際には墩帣（あづちにおいた的）を離れ、弩の力は発弩の如し。十二発の矢を射て、的に命中すること六発を標準とする。六発以上命中した場合は、一発ごとに勤務日

数十五日を賜与する。

などの簡に見える「功令第卌五」を指すことは疑いない。右の簡は「賜労」(勤務日数の割増)の規定のみ記されているが、命中数が六を下れば逆に「奪労」(勤務日数の削減)の処分を受けた(大庭　一九九二)。とするならば、秋射爰書とは、秋射が功令の規定に基づいて公正に行なわれたことを証明する文書であると、まずは定義できるだろう。この認識をもとに、もう一度56簡をながめてみたい。

56　甘露二年八月戊午朔丙戌、甲渠令史斉敢言之。第十九隧長敞自言、当以令秋射、署功労。即石力発弩、矢□弩臂皆応令。甲渠候漢彊、守令史斉、署発中矢数于牒。它如爰書。敢言之。

74簡に「皆応令、即射。行候事塞尉□(皆な令に応じ、即ち射す。行候事の塞尉の某)」と見える文章と対照すれば、「第十九隧長敞自言」から「矢□弩臂皆応令」までが秋射の実施を伝えた最初の爰書、「甲渠候漢彊」以下「它如爰書」までが候と守令史とによる証明つまり二度目の爰書だと理解できよう。断簡ながら74や77には、「敢言之」に続けて書き出しの「爰書」二文字が見えている。

56簡に「署発中矢数于牒(発中せる矢数を牒に署す)」とある通り、秋射の成績は簡冊に記録され、爰書とともに上申された。19・20等に見える「射爰書名籍」とは、このような爰書に伴う個人成績表であろう。そしてその結果にもとづき、賜労もしくは奪労が決定された。このように、官吏の勤務評定に直接関わるがゆえに、秋射の挙行にあたっては特に公正を期することが求められたのであろう。その意味で、秋射爰書もまた公的証書の役割を果たしたものと言ってよい(21)。同様のことは、仮に「斥免爰書」と名付けておいた数簡についても指摘できよう。

先に訳した60簡について見れば、前半に記された「不知読蓬火、兵弩不檠持（蓬火を読むを知らず、兵弩は檠持せず）」という譴責内容が、後半の欠損部分で証言されていたと考えられる。

爰書とは公証文書であり、その証明力は、時間を置いて、または担当官を異にして、事実を再度確認することで付与される。——以上をもって「爰書とは何か」に対する答えとしたい。

おわりに

敦煌・居延漢簡に見える爰書の種類は、呼称の明らかなもので七種類、不明のものを含めれば約十種類にのぼる。その書式の上で共通する特徴は、書き出しに「爰書」の二文字を冠し、末尾を「它如爰書」と結ぶところにある。ただし、冒頭の「爰書」については欠如した例も見られる。しかし、この書き出しと結びが爰書に固有の文言であることは疑いなく、それを基準とするならば、将来新たに発掘される漢簡の中からも、容易に爰書簡を検出することができるだろう。

本章で得られた認識によれば、書き出しの「爰書」と結びの「它如爰書」とを具備する簡は、最初の爰書と二度目の爰書との複合文書にほかならず、これが公文書として上申された完全な形であると言ってよい。とするならば、「它如爰書」のみ有する簡は二度目の爰書、書き出しの「爰書」のみ備えた簡は最初の爰書ということになるが、実際に漢簡に見える例は大半が完全な爰書の前後が欠落した断簡に過ぎないと思われる。例外は「候粟君所責寇恩事冊書」に含まれる二通の爰書で、欠損のない完全形にもかかわらず、書き出しの「爰書」文言は見られない。それは外ならぬ二通の爰書が、最初の証言を裏付けるための二度目の爰書であることを意味する。二度目の爰書が二通あるのは、第三章で論じた通り、県廷が証言を一度差し戻し「更詳験問治決（更《あらた》めて詳《つぶ》さに験問し治決）」するよう命じたためである。

右の考えに大過なしとするならば、睡虎地秦簡「封診式」に記されているのは、書き出しに「爰書」二文字を置く点で、最初に作成される爰書の書式ということになる。ただし、その内容は漢簡に比べてはるかに多様であり、このような爰書がどのような局面において、何を目的に作成されたのか――そもそも二度目の爰書を前提とした文書であるのか――、現有の史料から納得のいく説明は難しい。この点を解明するには、里耶秦簡のような秦代の行政文書の内容に期待するよりないだろう。(22)

漢簡から帰納される限り、爰書とは公証文書としての機能をもつ、換言すれば、担当官吏によって作成された、特定事実を公的に証明するための文書が、すなわち爰書である。それは証明する事実によっては訴訟の際の書証ともなり得たが（たとえば自証爰書）、他方においては訴訟と全く関係しない場合もあった（たとえば秋射爰書）。それゆえ、張晏の注に従って爰書を訴訟関係の文書に限定する劉海年や初仕賓・蕭亢達、高敏らの説は、狭きに失する（劉海年　一九八〇／初仕賓・蕭亢達　一九八一／高敏　一九八七）。この点では裁判関係の書類に限定されないとする大庭脩の見解が妥当であると言えるだろう（大庭　一九五八）。しかし反面、「私的な事項を官に申告する書」という大庭の定義は、あまりに漠然として爰書の姿が見えにくい。結局のところ、従来の学説の中では、爰書とは「一に自弁書であり、二に証書である」とした陳槃（陳槃　一九四八）の説が、方向として最も正しかったことになる。(23)ただし陳槃の見解は、史料が旧居延漢簡に限られていた時代の箚記でもあり、爰書の機能する場まで立ち入ることなく終わっている点に限界があった。

最後に、本章の冒頭に述べた「張湯の鼠裁判」に立ち返るならば、そこに記される爰書については、次のように考えることが可能であろう。まず、「伝爰書」という手続が「掠治」に続いて現れるのは、第二章「訊獄」の項で見た「拷問した場合は必ずそのむね爰書に記せ」という規定を張湯が忠実に守ったためだと思われる。ではなぜここに爰書を必要とするのかと言えば、私情を交えた拷問でないむね証明することが目的なのではあるまいか。拷問によって得られた真実には疑いを容れる余地がある。したがって、張湯は「掠治」の結果を爰書に記して伝送し、他官に確認のための「訊」を請うた。繰り返し訊問することで罪状認定に慎重を期すための文書だとする点で、張晏と韋昭の注は正鵠を射ていたわけである。むろん張湯の説話の場合、現実には複数の役人が担うべき手続を、一人で行なっていることは言うまでもない。いずれにせよ、こうした場で機能する爰書は、やはり公証文書と規定するのが適当であろう。ちなみに言えば、確認のための再訊問には、被告の移送が必要である。そう考えるならば、「伝」とは「伝囚を謂う」と説く蘇林の注や「伝考証験」とする張晏の説も、あながち否定すべきものではない。韋昭の注釈ともども、三国にはなお漢制が生きていた証しであると言えようか。

注

（1）『漢書』巻七七何並伝

徙潁川太守、代陵陽厳翊。…（中略）…是時潁川鍾元為尚書令、領廷尉、用事有権。弟威為郡掾、臧千金。…（中略）…陽翟軽侠趙季・李款多畜賓客、以気力漁食閭里、至姦人婦女、持吏長短、従横郡中、聞並且至、皆亡去。並下車求勇猛暁文法吏且十人、使文吏治三人獄、武吏往捕之、各有所部。敕曰、…（中略）…趙・李桀悪、雖遠去、当得其頭、以謝百姓。鍾威負其兄、止雒陽、吏格殺之。亦得趙・李它郡、持頭還、並皆県頭及其具獄於市。郡中清静、表善好士、見紀潁川、名次黄霸。

（2）末尾の「遂使書獄」という一句について、沈欽韓は次のように解する（『漢書疏証』巻二九）。

父為長安丞。丞主獄、凡伝逮出死之事、皆令書之。非泛謂律令也。

「泛（ひろ）く律令を謂うに非ざるなり」とは、張湯に命じたのは文書の作成のみであり、律令全般を学ばせたわけではない、という意味であろう。ちなみに、『史記会注考証』では「使書獄辞、練習其事也」と注し、李明章による現代語訳も「就讓他学習刑獄文書（そこで彼に刑獄文書を学ばせた）」となっているが（王利器主編　一九八八、二五八四頁）、「遂使書獄」の四文字からは、「学習する」といった意味が読み取れない。ここは沈欽韓の言うように「皆これを書かしむ」、つまり実際に作成を任せたと解すべきだと思われる。

（3）ただし、『遼史』『宋史』『明史』といった正史類や、とりわけ宋代以降の文集類には、「爰書」の文字が散見する。その中から一例、汪藻『浮渓集』巻二六「尚書刑部侍郎贈通議大夫周公墓誌銘」の一節を挙げておく（梅原郁氏の御教示による）。

召為大理卿。異時決獄者、株連無辜、牢戸皆満。公有所訊鞫、択其詿誤者、先釈之。廷尉省爰書、蓋自公始。擢尚書刑部侍郎、日閲具獄数百紙、無倦色。至死生疑似之際、必反復加意。

（4）中華書局版評点本『史記』では張晏注を「伝、考証験也。」と句読しているが、この箇所は本文にいう「伝」を「伝考証験」の四字にパラフレーズした注釈として理解すべきだと思われる。『後漢書』列伝第四八虞詡伝に、

時中常侍張防特用権執、毎請託受取、詡輒案之、而屢寝不報。詡不勝其憤、乃自繫廷尉、奏言曰、…（中略）…書奏、防流涕訴帝、詡坐論輸作左校。防必欲害之、二日之中、伝考四獄。獄吏勧詡自引、詡曰、寧伏欧刀以示遠近。

とあるように、「伝考」とは被疑者の身柄を移送して取調べること。第二章注（17）に引く『後漢書』陳禅伝に見える「伝考」も同様である。

（5）『唐律疏議』巻五名例律「犯罪未発自首」条

諸犯罪未発而自首者、原其罪。…（中略）…即遣人代首、若於法得相容隠者為首及相告言者、各聴如罪人身自首法。其聞首告、被追不赴者、不得原罪。（謂止坐不赴者身。）

疏議曰、謂犯罪之人、聞有代首・為首及得相容隠者告言、於法雖復合原、追身不赴、不得免罪。謂止坐不赴者身、首告之

人及余応縁坐者、仍依首法。

（6）D簡の位置に関して第三の説を考慮する必要はないだろう。なぜなら、この簡の筆跡はB・C文書に近く、したがって筆跡の異なるA文書またはE文書の尾題簡である可能性はきわめて低いからである。

（7）このことは、二度にわたる冊書の実物観察によって確認された。簡の状態は図版からもある程度うかがうことができる。

（8）A文書の文面はB文書とほとんど同一であるから、B文書が爰書であれば、A文書もまた爰書と言える。ただし、尾題簡Dの筆跡はA文書と大きく異なっており、したがって、D簡が「右爰書」と指示する直接の対象としてA文書が含まれていたか断言することはできない。邢義田が説くように、「候粟君所責寇恩事冊書」は複数の冊書に由来する文書を集めて成り立っている感がある（本文後述）。A文書は本来、ＢＣＤとは別の冊書として編綴されていた可能性が高い。

（9）『三国志』巻三三蜀書後主伝、裴松之注所引「諸葛亮集」

三月下詔曰、…（中略）…及魏之宗族・支葉・中外、有能規利害、審逆順之数、来詣降者、皆原除之。…（中略）…若其迷沈不反、将助乱人、不式王命、戮及妻孥、罔有攸赦。広宣恩威、貸其元帥、弔其残民。他如詔書律令、丞相其露布天下、使称朕意焉。

なお、漢簡の書体では「它」「也」両字の判別が往々にして困難であるのみならず、字形は明らかに「也」に作りながら文脈上は「它」と釈すべき例すら存在する。たとえば「癸丑旦毋以它為解☐」（A8/18. 3/ 労図 530）という断簡の「它」字は、字形から見れば「也」と釈すべき文字であるが、文脈の上からは「它を以て解と為す毋かれ」という定型句に読むより外にない。

（10）「候粟君所責寇恩事冊書」に筆跡と来源の異なる文書が含まれていることは、鵜飼昌男や角谷常子も指摘している（鵜飼一九九六／角谷　一九九六）。このような成り立ちの冊書が存在することは事実であるが、もしそうだとすると、「月日から書き始める独立した文書はない」という法則をもとに冊書の編成を決定することが困難な場合も生じることになろう。

（11）「降漢」の語義については、第二章注（10）を参照。

（12）むろん文書に記される言い回しが口供のままであるとは限らない。とはいえ、文書に最終的な責任を負うのは録取した獄吏であるから、知らないはずの事実まで知っているかに作文することはあり得ない。

（13）『後漢書』列伝第一四馬援伝

及郭后襲、有上書者、以為粛等受誅之家、客因事生乱、慮致貫高・任章之変。帝怒、乃下郡県収捕諸王賓客、更相牽引、死者以千数。

(14)『漢書』巻十一哀帝紀応劭注

任子令者、漢儀注吏二千石以上視事満三年、得任同産若子一人為郎。（師古曰、任者、保也。）

(15) 居延漢簡において「推辟」の語は「記到各推辟界中定吏主当坐者名（記到らば各々界中を推辟し、吏主の当に坐すべき者の名を定めよ）」（EPF22. 129他）のように用いられる。「推」字に「捜す」の意味があることは、たとえば『後漢書』列伝第七一独行伝・王烈条からうかがえる。

郷里有盗牛者、主得之、盗請罪曰、刑戮是甘、乞不使王彦方知也。烈聞而使人謝之、遺布一端。…（中略）…後有老父遺剣於道、行道一人見而守之、至暮、老父還、尋得剣、怪而問其姓名、以事告烈。烈使推求、乃先盗牛者也。

(16) こうした「自言」の用例は、正史の記事にも散見する。一例として『漢書』巻八三朱博伝の逸話を挙げておく。

博本武吏、不更文法。及為刺史行部、吏民数百人遮道自言、官寺尽満。従事白請且留此県録見諸自言者、事畢乃発、欲以観試博。博心知之、告外趣駕。既白駕辦、博出就車見自言者、使従事明敕告吏民、欲言県丞尉者、刺史不察黄綬、各自詣郡。欲言二千石墨綬長吏者、使者行部還、詣治所。其民為吏所冤、及言盗賊辞訟事、各使属其部従事。博駐車決遣、四五百人皆罷去、如神。吏民大驚、不意博応事変乃至於此。

(17) 張家山漢簡「二年律令」に次のような規定が見える。

書以県次伝、及以郵行、而封毀、□県□劾印更封、而署其送徼〔檄〕曰、封毀、更以某県令若丞印封。（275, pp. 170-171）

県から県へと郵送される文書の封印が壊れていたら、あらためて県の印で封をし、送檄に「封が壊れていたので、あらためて某県の令もしくは丞の印で封をした」と上書きせよ、という規定である。「送檄」の語は未詳であるが、あるいは本章でいう「送達文書」のことであろうか。この規定に従って103簡の郵送過程を推測すれば、槖他候官から肩水都尉府に送られた「自言」の封印が郵送途中で壊れてしまったため、伝送を中継した肩水候官の責任において尉の印により封緘し直した、ということになろう。

(18) 鷹取祐司は「債権回収の原簿」と呼んでいる（鷹取 一九九七、一二一頁）。

(19) 大庭脩によれば、この簡に見える「告甲謂乙」のように「告」と「謂」とを用いる語法は、同一文書の受領者に上下関係がある時の表現であり、上級の官には「告」、下級には「謂」と使い分けたのであるという(大庭　一九八二、一五五～一五九頁)。この見解に対し竺沙雅章は、後世の下行文書の場合であれば、「告甲謂乙」とは「甲から乙への伝達の順を示すのが普通であり」、漢簡においても同様に甲を通じて乙に伝えると解するべきだと批判した(竺沙　二〇〇三、三四四頁)。同様な問題は「敢告甲告乙」という語法についても指摘できるが、里耶秦簡の用例から判断すると、「甲を通じて乙に告げる」という竺沙の説が妥当であると思われる(本書付章一参照)。116簡でも、張掖太守は「張掖農都尉・護田校尉・府卒人」にまず告げて、そこからさらに「県」に下達するよう指示しているのであろう。「告」の対象が「張掖農都尉・護田校尉・府卒人」と具体的である――「府卒人」が部都尉であることは言うまでもない――一方で、「謂」の対象が「県」とのみ記されるのは、それが間接的な下達対象であることに基づくのではあるまいか。

(20) たとえば敦煌懸泉置漢簡に次のような記載が見える(胡・張　二〇〇一、六七頁)。

神爵四年四月丙戌太守守属領県〔懸〕泉置移遮要置 (I0309③:37)

(21) 李均明は秋射の成績を記した「秋射名籍」について、「秋射の際には多数の上級官員がその場で公証する必要があったので、秋射名籍は公証書としての意義をもつ」と述べている(李均明　一九九一、二五三頁)。本章と方向を同じくする見解であるが、私見によれば名籍自体に公証力はなく、その役割をもつのは秋射爰書のほうだと思われる。

(22) 張家山漢簡「奏讞書」にも、ただ一例だけ爰書が見える。原簡番号 75-98 (pp. 219-221) の文書がそれで、冒頭は次のような文章で始まる。

●淮陽守行県掾新郪獄。七月乙酉新郪信爰書。求盗甲告曰、従獄史武備盗賊、武以六月壬午出行公粱亭、至今不来、不智〔知〕在所、求弗得。公粱亭校長丙坐以頌毄〔繫〕、毋毄〔繫〕牒、弗窮訊。(淮陽太守が県を巡行し新郪の獄に掾る。七月乙酉付け新郪県令の信の爰書に、「求盗の甲が告げて言うには、獄史の武に従って盗賊に備えておりましたが、武は先の六月壬午の日に公粱亭へ巡察に出掛けたまま、今に至るも帰ってきません。居所もわからず、探しても見つかりません」とある。公粱亭の校長の丙は嫌疑を受け頌繫されたが、頌繫の記録もなく、調べ尽くしてもいない。)

「掾」の字義については、池田雄一らによる訳注の一説に「行県し新郪の獄に掾(よ)る」とあるのが正解に近いのではないか

（池田雄一編　二〇〇二、一〇七頁）。爰書が提出されてから二十日ものあいだ取調べが行なわれなかったことに疑いを抱いた郡太守により、下手人と隠蔽を図った者を探し出して捕らえて裁けとの「劾」がなされ、その結果、信が舎人の蒼を教唆して行なわせた殺人であったことが明らかとなる。ここに記された爰書は、内容・書式とも「封診式」に類似しており、かつ証明の部分を伴った痕跡がない。

(23)　類似した見解として、薛英群に「一切の文字による証明材料は、およそ法律によって合法性が認められたならば、一定の条件のもとではすべて爰書と称することができる」との説があり（薛英群　一九九一、一八六頁）、李振宏もまた「証明という性質をもった一切の証明文書はすべて爰書と呼べる」と述べている（李振宏　二〇〇三、四六頁）。傾聴に値する見解ではあるが、このような包括的な定義では、墓券や地券、売買文書まで爰書だという結論になりかねないのではあるまいか。

第五章　秦漢刑罰史研究の現状
――刑期をめぐる論争を中心に――

はじめに

本章では、睡虎地秦簡の出土がもたらした影響を中心に、秦漢刑罰史研究の学説整理を行ない、あわせて今後の展望を試みる。具体的には、労役刑（強制労働刑）の刑期の有無の問題と、漢の文帝によって断行された刑制改革に対する評価が中心となる。著者はかつて睡虎地秦簡の研究案内（籾山　一九九三）を執筆した際、若干の関連文献を挙げてこの問題を略述したが、そこでは紙幅の制約もあり十分な批判が展開できなかった。後に機会を得て本章の原型となる文章を発表したが、その時点からさらに十年の時が経ち、学界の状況も少なからず変化した。とりわけ、この間に公表された張家山漢簡の内容は、旧稿の論旨の一部に変更を迫る結果となった。むろん関連する研究成果も、今日ではさらに増えている。今回、旧稿に大幅に手を入れて、新たな視点から現在の到達点と課題とを整理しておくことは、相互の対話と批判を通して全体像を模索する、その実例を示すためにも必要であろうと考える。

とは言え、本章は単なる学界展望ではなく、自らの刑罰史研究の一環として執筆されるものである。したがって、以下の論述にあたっては、二つの点を特に心がけたい。すなわち第一に、先行研究の批判に際して必ず史料的根拠を示すこと、第二に、第三者的な論評に終始することなく、明確な自己の結論を提示することである。あらかじめ本章の結論を記しておけば、次の三点に要約できよう。

①戦国秦から漢初にかけての労役刑には定まった刑期がなく、贖身もしくは恩赦による以外、解放の方途はなかった。

②各種労役刑に刑期を設定したのは、文帝一三年（前一六七）の改革であり、それを伝える記事は『漢書』刑法志の中にある。

③刑期を定めた罰労働は文帝の改革以前から存在しており、改革の意義はその方式を労役刑全体に拡大した点にある。

こうした結論の上に立ち、最終部分では刑罰の本源的なあり方について、一つの見通しを述べておきたい。私見によれば、前一六七年の文帝による改革は、刑罰制度のみならず社会史的な側面においても看過できない意義をもつ。なぜならそれは、肉刑を刑罰の中から除去することで、身体と不可分に結びついたアルカイックな刑罰観との決別を意味することにもなったからである。

一　基本史料の提示

睡虎地秦簡の出土する以前、秦漢刑罰史研究の基本史料の位置を占めていたのは、後漢時代に編纂された二つの文献、班固の『漢書』刑法志と衛宏の『漢旧儀』であった。周知の通り、『漢書』刑法志では、漢の文帝による刑制改革（以下これを「文帝改制」と略称する）を述べた一段に、様々な刑罰名があらわれる。一方、『漢旧儀』は早くに散佚した文献であるが、各種労役刑の名称と刑期についてまとまった記述の含まれていたことが、輯本によってうかがえる。本節ではまず、以下の議論の便宜のために、この二つの文献から必要箇所を抜き出して示しておくことにする。

最初に『漢書』巻二三刑法志の文章を、段落を区切って記しておこう。

Ａ　天子憐悲其意、遂下令曰、制詔御史、…（中略）…其除肉刑、有以易之。及令罪人各以軽重、不亡逃、有年而免。具為令。

Ｂ　丞相張蒼・御史大夫馮敬奏言。…（中略）…臣謹議、請定律、曰、

Ⅰ　諸当完者、完為城旦舂。当黥者、髡鉗為城旦舂。当劓者、笞三百。当斬左止者、笞五百。当斬右止、及殺人先自告、及吏坐受賕枉法、守県官財物而即盗之、已論命復有笞罪者、皆棄市。

Ⅱ　罪人獄已決、完為城旦舂満三歳、為鬼薪白粲、鬼薪白粲一歳、為隷臣妾、隷臣妾一歳、免為庶人。隷

臣妾満二歳、為司寇、司寇一歳、及作如司寇二歳、皆免為庶人。其亡逃及有罪耐以上、不用此令。前令之刑城旦舂、歳而非禁錮者、如完為城旦舂、歳数以免。

臣眛死請。

C　制曰可。

そもそも文帝改制は、斉の太倉令であった淳于公が罪を犯して長安の獄に召喚された折、末娘の緹縈が我が身の没官と引き換えに父の罪を贖わんと願ったことに端を発する。うったえに心を動かされた文帝が詔令を下して法制化を命じ（A）、それに答えて臣下が具体的な文案を練って奏上し（B）、その答申に皇帝が制可を与える（C）という形式は、制詔による立法過程の典型であると言ってよい（大庭　一九六三）。Aの詔令が「其除肉刑、有以易之」と「罪人各以軽重、不亡逃、有年而免」という二つのことを命じているのに対応して、Bの奏対もⅠ・Ⅱ二つの部分から成っている。このうちⅠが、黥や斬趾などの肉刑を他刑によって代替することを定めた、いわゆる「肉刑除去の改革」であることは疑いない。他方、Ⅱについては、労役刑に対する改革であることは確かであるが、その内容に関しては、諸家の理解を異にすること、後段で詳述する通りである。

次に『漢旧儀』の該当箇所を、孫星衍輯校『平津館叢書』本より引用する。

凡有罪、男髠鉗為城旦。城旦者、治城也。女為舂。舂者、治米也。皆作五歳。完四歳。鬼薪三歳。鬼薪者、男当為祠祀鬼神、伐山之薪蒸也。女為白粲者、以為祠祀択米也。皆作三歳。罪為司寇。司寇、男備守、女為作如司寇。皆作二歳。男為戍罰作、女為復作。皆一歳到三月。

孫星衍がこの末尾に「案此下疑有脱譌」と案語を付しているのは、「皆一歳」で句とし、「到三月」を下文に続くものと考えたためであるが、ここはむしろ「皆一歳より三月に到る」という刑期の幅を示す表現として読むべきであろう。とするならば、ここに記される各種労役刑とその刑期については、次のようにまとめることができる。

髡鉗城旦舂	5年
完城旦舂	4年
鬼薪白粲	3年
司寇・作如司寇	2年
戍罰作・復作	1年～3か月

なお、この『漢旧儀』の記載については、「秦制」つまり秦代の制度を伝えたものとみるのが伝統的な解釈であった。

以上二つの基本史料を経糸に、史書に散見する関連記事を緯糸にして、漢代の身体刑と労役刑（強制労働刑）の全体像を織り出したものが、濱口重國による一連の研究であった（濱口　一九三六a・b／一九三七／一九三八）。濱口の第一の功績は、史料の渉猟と丹念な読解とにもとづいて、各種労役の刑役内容を解明したことにある。そこで得られた知見の中には、刑名と刑役内容とが前漢以来しだいに分離していく傾向にあったことや、武帝期以前に存在していた隷臣妾刑が刑期三年の雑役刑であろうと推定したこと、さらには『漢旧儀』の記載が秦制でないことの看破など、現在においても踏まえるべき認識と言えるものが少なくない。

とりわけ注目されるのは、刑法志Ⅱ部分に見える内容を、文帝による恩赦の一種と解釈したことである（濱口一九三六b、六三九～六四二頁）。濱口はこの部分全体を、Ⅰのような肉刑除去の改革に伴い、「現に完城旦舂以下の刑罰に服せる刑徒に対して、しかじかの恩宥を下す可きを規定したもの」として理解した。そしてその「恩宥」の内容は、一段軽い刑役への移行であった。すなわちⅡの冒頭の一節は、ａ「現刑が完城旦舂で服役三年に満つる者は残余の刑を鬼薪白粲に改め」と読むか、もしくはｂ「完城旦舂刑にして服役既に三年に満つる者は、残余の刑期中最初の一年間は鬼薪白粲となし次の一年間は隷臣妾となし、かくて免じて庶人となさん」と読解されることになる。つまり濱口の理解によれば、文帝改制のⅠの部分が将来に向けての改革である――すでに受けた肉刑を他のものに替えることはできない――のに対し、Ⅱの対象は現に服役中の刑徒に限定されることになる。

その一方で、いくつかの矛盾があることも、濱口は指摘している。たとえば『漢旧儀』によると完城旦舂の刑期は四年であるから、ｂの読み方に従った場合、「完為城旦舂満三歳」の「三歳」を「二歳」の譌誤としなければ恩赦の趣旨にそぐわない。また、恩典を与えるにあたっては、「男子に寛にして女子に反って厳なる道理がない」から、「如司寇二歳」の「二」は「一」の誤りでなければならない。さらに、この箇所に如淳は「罪降為司寇、故一歳正司寇、故二歳也」と注しているが、その「後半の部分が何を意味するか了解に苦しむ」。このように、いくつかの留保を付けた上での解釈であった。しかし、そうした留保はあるものの、刑法志のテキストに即した読み方としては、この濱口の解釈が最も自然なものと言えるだろう。新たな史料によらない限り、この解釈に異を唱えることは難しい。濱口以後の研究が、付帯的恩宥と見なしたⅡ部分よりも、肉刑除去を定めたⅠ部分のほうに目を向けたのも当然であった(1)。こうした評価の比重は、しかし、睡虎地秦簡の出土によって大きく変わることになる。

二　刑期をめぐる論争——隷臣妾の位置付けを中心に——

（1）無期説の提唱

睡虎地秦簡の発見後、学界において最も議論の的になったのは、そこに頻出する隷臣妾という身分をどう理解するかであった。前掲『漢書』刑法志において、隷臣妾は刑徒の一種として現れる。しかし一方、「秦制」を伝える『漢旧儀』にはその名が見えず、したがって秦には無く漢に至って作られた刑罰であろうとの推定もなされていた（沈家本『歴代刑法分攷』十二）。ところが、睡虎地秦簡の中には隷臣妾に言及する文章が実に五七条も含まれており（黄展岳　一九八〇）、その現れ方も一様でない。隷臣妾の性格をめぐる議論は、ここに一気に活況を呈するに至った。

一見して明らかなように、「隷臣妾」という名称は奴隷・奴婢を連想させる。それゆえ、隷臣妾をめぐる議論がまずは階級関係に敏感な中国の学界において、奴隷制論とのかかわりで展開されたことは、自然な成り行きであった。その典型は、「奴隷制残余」の語を標題に含む高敏の論考（高敏　一九七九a、以下高敏A論文とする）である。論文の結論を一言でいえば、「官府の奴隷」である隷臣妾は、「私家の奴隷」である臣妾ともども「奴隷制の残余」であり、封建制的生産関係のもとにおいては封建的収奪制度の補完物として機能していた、と要約できる。つまり高敏の論理によれば、封建制社会である戦国の秦に隷臣妾のような奴隷身分が存在するのは、奴隷制から封建制への移行期に特有の現象であるということになる。

高恒の著名な論考（高恒　一九七七、以下高恒A論文）もまた、こうした問題状況下での産物であった。この論文の関心も高敏と同様、封建制的収奪関係を補完する奴隷制的残滓の実例として、隷臣妾を位置付けることに置かれている。そして、その論証の一環として、秦の隷臣妾が刑徒の一種でありながら奴隷的な性質を帯びていることを、次の三点から証明しようと試みたのである。

第一は刑期の問題。睡虎地秦漢によれば、隷臣妾とは犯罪の結果として生じる刑徒身分であるにもかかわらず、刑期の規定がどこにも見られない。これはすなわち、秦の隷臣妾が刑期をもたない終身服役の奴隷的身分であったことを意味するのではないか。なお、終身服役という点では、隷臣妾以外の他の刑徒もまた同様である。

第二は来源の問題。睡虎地秦簡にみえる隷臣妾の来源は、自身が罪を犯した場合以外にも、親族の犯罪による籍没と敵人の投降という二つの経路をもっている。これは春秋・戦国時代における収孥や投降者の奴隷化などの慣行と一致しており、隷臣妾の奴隷的性格を証するものである。

第三は法律上の地位。睡虎地秦簡「法律答問」に、投書者を捕らえた者には「臣妾二人を購ず」（法律答問53・54, p. 106）という規定があり、隷臣妾が賞賜品とされていたことがわかる。これは隷臣妾が財物と同等視される、人格をもたない存在であったことの証明である。

以上が高恒A論文の「隷臣妾＝官有奴隷」説の根拠である。一読して気付くように、第二・三点は論拠として薄弱であり、とりわけ第三点は臣妾と隷臣妾とを混同するという誤りの上に立っている。また、第一点に関しても、刑期の規定が史料に見えないということが、ただちに無期の証明になるわけではない。しかし、そうした欠陥はあるものの、この高恒A論文は、その後の秦漢法制史研究にとって先駆的な意義をもつものとなった。それは第一点、すなわち「秦の労役刑には刑期が無く、刑徒はすべて終身服役であった」との学説（以下これを「無期説」と呼ぶ）が、ここで初めて提唱されたことによる。そしてさらに注目すべきは、その傍証として文帝の刑制改革に新たな解釈を施したことであろう。文帝の詔令にいう「有年而免」とは刑期設定の指示であり、これまで終身服役であった労役刑は有期刑に改められた。したがって、文帝改制のⅡの部分は「各種刑徒の刑期と、現に服役している者に対する減免方法とを規定」した文章として読み解くことができる。――そう高恒は主張したのである。従来「肉刑除去の改革」と理解されていた文帝改制に刑期設定の意義を認めたこと。肉刑除去に伴う恩宥として位置付けられていた刑法志のⅡ部分を、刑期設定の記事として再評価したこと。この点に高恒A論文の学説史的な意義があった。こうして隷臣妾をめぐる議論は、奴隷制論とは別個の地平を秦漢史研究に切り開くことになったのである。

高恒A論文以後の秦漢労役刑研究の潮流は、刑期の有無と文帝改制の評価とを基準として、大きく三つに分類することができる。第一は高恒と同様、秦の労役刑には刑期がなく、それを設定した――ないしは設定に道を開いた――ところに文帝改制の意義があるとする無期説。第二は、隷臣妾を終身の奴隷的身分と理解する点では高恒を継承するが、城旦舂など他の労役刑はすべて有期であるとする部分的有期説。第三は第二説をさらに徹底したもので、隷臣妾には無期の官有奴隷のほかに有期の刑徒があり、秦の労役刑はこの刑徒隷臣妾を含めて階梯的な刑期の体系を備えていたとする全面的有期説。第二・第三の説によれば、文帝改制は刑期設定を主たる目的としたものではないということになる。なお、無期説に立つ論者の中には、隷臣妾の官有奴隷としての性格を強調する者と、純粋に刑徒とみる者とが含まれているが、刑期なき刑徒と官有奴隷とは実態の上で判別し難いのみならず、「奴隷」という語に託した意味も論者によって様々に異なる。奴隷制の残余云々の議論を除けば、あえて区別を立てる意義に乏しく、むしろ「犯罪奴隷」と称しておくのが適当であるように思われる。

では次に、上記三説の中から代表的な論考を選んで紹介し、立論の根拠を検討してみよう。なお近年、視野を睡虎地秦簡以外にも広げた「新たな有期説」とも呼ぶべき学説が提唱されているが、この説は他の諸説と異なる文脈に属しているため、第三節の終わりに一項を立てて論及したい。

(2)　有期説の検討

論を進める便宜上、まず第二の部分的有期説から検討しよう。この説の筆頭に挙げられるのは、高敏の論文(高敏　一九七九b。以下高敏B論文)である。先の高敏A論文と同様、本論の主眼もまた隷臣妾の奴隷的性格の論証にある。隷臣妾の来源として想定されているのは、犯罪者だけに限らない。とするならば、こうした身分は純粋な刑徒とみるよりも、むしろ官有奴隷と規定するほうがふさわしい。こうした点に関する限り、高恒A論文とのあいだに本質的な違いはない。

しかしながら反面、城旦舂以下の労役刑に刑期があったとする点で、高敏B論文の見解は高恒と大きく異なる。では、何を根拠に有期と判断できるのか。高敏によれば、それは次の四点であるという。すなわち、①「又繋城旦六歳(又た城旦に繋ぐこと六歳)」という「法律答問」の文言は、城旦刑の刑期が六年であったことの反映ではないか。②司寇の人数が足りない場合は、「城旦の労三歳以上の者を免じて城旦司寇となせ(免城旦労三歳以上者、以為城旦司寇)」という「秦律十八種」司空律の規定(145-146, p. 53)は、城旦刑の刑期が司寇のそれより三年長いことを意味するのではないか。③徭律に、徒を徴発して築かせた垣墻が一年を経ずして倒壊した場合、同じ徒に修復を命じ、その間の労役日数は「徭役期間に算入しない(勿計為徭)」という規定(115-124, pp. 47-48)があるが、この「徒」は刑徒を指すから、「勿計為徭」とはつまり刑徒に刑期のあった証左ではないか。④「隷臣妾の城旦春に繋がれしもの」が逃亡して捕らえられた場合、笞五十を加えた上で、さらに「備繋日」つまり「残余の期間を労働させる」との「法律答問」の文章（132, p. 124）は、「隷臣妾の城旦春に繋がれしもの」に刑期のあった証拠ではないか。

このように、高敏B論文では、睡虎地秦簡の労役刑、とりわけ城旦春に刑期があったと主張する。しかし一方で、官有奴隷としての隷臣妾には刑期を認めていないから、その結果、文帝改制の評価については、多少もってまわった解釈が必要となる。高敏によれば、文帝の詔令の「有年而免」とは、確かに刑期の設定を指示したものであるが、その対象は隷臣妾に限られる。なぜ隷臣妾の刑期設定を指示したかというと、それは本来この改革が官奴婢となって父の罪を贖いたいとの緹縈の上書に端を発しているからである、という。やや判りにくい論理ではあるが、文帝は父の淳于公よりも娘の緹縈を救う名目で改革に着手したのだ、というのが高敏B論文の理解であろう。

有期説の論拠については後述するが、差し当たり文帝改制の理解について検討すれば、この高敏の解釈は無理があるように思われる。文帝の詔令に言う「令罪人各以軽重、不亡逃、有年而免」という指示からは、隷臣妾のみ特別視する意図が読み取れない。高敏説は文帝による刑期設定を認めたために、かえって史料の解釈が不自然になってしまったと言わざるを得ない。

黄展岳の論考（黄展岳　一九八〇）は、大筋において高敏B論文を踏襲しつつ、文帝改制の理解については高敏説を批判して、つぎのような解釈を対置する。すなわち、文帝が「有年而免」という語に込めた意図は、刑期の規定が運用にあたる官吏によって必ずしも尊重されず、服役年限を過ぎても刑徒を解放しない「有年不免」——

これは黄展岳の造語である——の弊害が見られたことを反省し、あらためて刑期の遵守を厳命することにあった。また、それと同時に、これまで終身の奴隷身分であった隷臣妾は、刑期の適用を受け有期刑徒へと変化した、と。したがって、黄展岳によれば、「奴隷制の残余」である隷臣妾が純粋な刑徒となったところに文帝改制の画期性があるが、それは改制の主目的ではなく、いわば二次的な目的であったということになろう。

第三の全面的有期説に移る。この説を代表するのは、劉海年の二本の論考（劉海年 一九八一、一九八五。以下劉海年A、B論文）であり、有期説を最も尖鋭に主張する。その論拠は以下の五つにまとめられよう。①衛宏や如淳は有期と認識していた（A、B論文）。②「又繋城旦六歳」の文言は城旦刑の刑期を表す（A、B論文）。③「日未備」「備繋日」の文言は刑期の存在を前提とする（B論文）。④「免城旦労三歳以上者、以為城旦司寇」という規定は刑期の存在を前提とする（A、B論文）。⑤刑徒に贖身が適用されるのは労役に期限のあった証左である（B論文）。なお隷臣妾に関しては、⑥官有奴隷の隷臣妾と刑徒隷臣妾との二種類があり、前者は贖身によってのみ庶民となりうる終身身分であった、との認識を示している（B論文）。

このうち①は、睡虎地秦簡のような同時代史料によって検証さるべき事がらであり、論拠とするのは適切でない。また、⑤の「贖身しうるから有期である」という論法は、贖うものは科せられた労働の量であるとの理解にもとづいているが、⑥に言う「贖身によってのみ庶民となりうる終身身分」という理解とのあいだに自己撞着を起こしている。「贖身しうるから有期である」との主張は後述する若江賢三にも見られるが、刑期とは縁のない官奴婢についても贖身規定がある以上、発想の根本に無理がある。残る②〜④の論拠は、すでに高敏・黄展岳によって指摘されているから、結局のところ⑥を除けば第二説との間に大きな違いは見られない。要するに、有期の隷臣妾を認めるか否かに、部分的有期説との相違点があると言えるだろう。[2]

そしてこの相違点ゆえに、文帝改制に対する評価は、部分的有期説に比べて消極的なものとならざるを得ない。劉海年も黄展岳と同様、文帝詔令にいう「有年而免」とは、当時の刑事行政に見られた「有年不免」の風潮に対して、期限通りに刑徒を解放するよう強く求めた語であるとする。つまり、文帝改制の主眼はあくまで規律の遵守・徹底を求めるところにあった。劉海年の論理を付度すれば、当時すでに有期の隷臣妾が存在したから、新たに刑期が設定されるのは官有奴隷の隷臣妾に限定される。そのような限られた存在の救済のために詔令を発するはずはなく、主眼は刑期設定と別のところにあるはずだ――ということになろう。

さて、このように部分・全面両有期説を眺めてみると、秦の労役刑に刑期があったとする説の論拠は、畢竟つぎの四点に限られることがわかるだろう。すなわち、(イ)「又繋城旦六歳」の語、(ロ)「日未備」「備繋日」文言、(ハ)「免城旦労三歳以上者、以為城旦司寇」の規定、(ニ)「勿計為徭」文言、がそれである。無期説の紹介に移る前に、これらの論拠がはたして有期説の裏付けとなり得るかどうか、ひとわたり検討してみよう。

まず(ニ)は高敏B論文が挙げる論拠であるが、これは明らかに誤解にもとづく。「勿計為徭」という文言は確かに「徒」に労役期間のあったことを示すが、この語を含む一節は「徭律」すなわち徭役に関する律に含まれるもので、言うところの「徒」とは徭役として徴発された農民に外ならない。そのことは同じ律文の後段に「城旦舂に公舎・官府を増築もしくは補修させようとする場合は（欲令城旦舂益為公舎官府及補繕之）」と、刑徒の労働について別途規定を設けていることから明らかであろう。

次に(ハ)について考える。劉海年によれば、この表現こそ『漢旧儀』の記述の正しさを証明するものであるという。なぜなら、「すでに服役した三年以上の刑期に、続けて服役する司寇の刑期二年を合わせれば、城旦本来の刑期五～六年と一致する」からである（劉海年A、B論文）。しかし、これは奇妙な論理である。城旦本来の刑期を五～六年と算出するためには、司寇の刑期を二年と定め、かつ「三年以上」の表現を「三年または四年」と読まねばならない。つまり、この解釈は、司寇の刑期が二年、城旦刑も五年を越えないという『漢旧儀』の記述を前提にしている点で、循環論法に陥っている。もし「三年以上」が五年や十年をも含むとしたら、劉論文の議論は全く意味を失ってしまうであろう。司空を城旦から補充する場合なぜ「三年以上」に限っているのか、この条文だけから空想をめぐらすことに、さほど意味があるとは思えない。

では（イ）についてはどうか。この文言をもとに城旦刑の刑期を論じることの誤りについては、かつて拙稿で述べたところであるが〔籾山　一九八二〕、結論のみをここに述べれば、「又繫城旦六歳」とは付加刑としての罰労働をあらわす表現であって、城旦舂という正刑が六歳刑であったことを意味するのではない。そのことはまた張家山漢簡にも明証がある。

隷臣妾・収人亡、盈卒歳、毄〔繫〕城旦舂六歳。不盈卒歳、毄〔繫〕三歳。自出殹〔也〕、□□。其去毄〔繫〕三歳亡、毄〔繫〕六歳、去毄〔繫〕六歳亡、完為城旦舂。

隷臣妾・収人が逃亡し、〔逃亡期間が〕一年以上であれば、城旦舂に繫ぐこと六年。一年未満であれば、繫ぐこと三年。自出すれば、…〔文字不詳〕…。三年繫がれているときに逃亡すれば、繫ぐこと六年。六年繫がれている時に逃亡すれば、完して城旦舂となす。（二年律令 165, p. 155）

「城旦舂に繫がれたもの」が逃亡を重ねた場合、「完城旦舂」に刑を加重されるということは、「繫城旦舂」が正刑の「城旦舂」と異なることの証左ではないか。とするならば、論拠の（ロ）にいう「隷臣妾の城旦舂に繫がれしもの」の「備繫日」も、まさにこうした期限付きの罰労働に相違ない。同様のことは「日未備」文言にも当てはまる。この文言は「秦律十八種」の司空律に見えているが（141-142, pp. 52-53）、人の奴妾（私奴婢）の城旦舂に繫がれた者が「日未備」で死去した場合、という文脈からみて、やはり正規の城旦舂刑とは異なる系統の罰労働に関する規定と言えよう。

一方、こうした中国における諸研究とは別個の視点から、隷臣妾が有期刑であったことを証明しようと試みたものに、若江賢三の一連の論考がある（若江　一九八〇／一九八五・八六／一九九二・九四）。その根底にある考え方は、先の劉海年論文と同様、贖身し得るから有期であるとの論理であった。この発想に難のあることは既に述べたが、若江論文の特徴は、様々な史料を繫ぎ合わせて刑期を算出しようとした点にある。たとえば、①「秦律十八種」の「爵二級を返して親父母の隷臣妾一人を免ずることを許す」という規定によれば、隷臣妾は爵二級と等価値であり、②『商君書』境内篇の「能く甲首を得る者は、爵一級を賞す」との記載によれば、爵一級が一甲に相当する。③ところで、秦律の諸規定から判断すると、秦の罰金刑では一甲＝二盾という関係が成り立っており、④「法律答問」に「貲盾没銭五千」とあるところから、一盾＝五千銭であることがわかる。⑤さらに、『漢書』食貨志に引く李悝の言葉から判断すると、平均的農民の年収は約五千銭であった。以上①〜⑤により、「隷臣妾＝爵二級＝二甲＝四盾＝二万銭＝四年分の農民収入」という等式が成り立ち、隷臣妾刑が四年刑として定められたことが推定される（若江　一九八〇）。

このような論証が成り立つようには思えない。この論法で行くならば、たとえば「百姓内粟千石、拝爵一級（百姓の粟千石を内《い》れるものは、爵一級を拝す）」（『史記』巻六秦始皇本紀）と「繫城旦舂、公食当責者、石卅銭（城旦舂に繫がれ、公食して責に当たる者は、石ごとに卅銭）」（睡虎地秦簡・司空律）との二つの史料から、爵二級＝粟二千石＝六万銭、ゆえに隷臣妾の刑期は十二年、と算定することもできるだろう。そのほか個々の史料の解釈については、堀敏一に要を得た批判があるので（堀　一九八七）、ここでは重複を避けたい。ただ一つだけ初歩的な疑問を述べれば、①で爵二級と引き換えに赦免を認められた隷臣妾は、残余の刑期が四年の者だけを指すのだろうか。この律の規定は、

欲帰爵二級以免親父母為隷臣妾者一人、及隷臣斬首為公士、謁帰公士而免故妻隷妾一人者、許之、免以為庶人。（下略）

爵二級を返却して実の父母の隷臣妾となっている者一人を赦免しようとする者、及び隷臣の斬首して公士となり、公士爵を返却して現に隷妾となっている妻一人を赦免するよう求める者は、これを許し、赦免して庶人と為せ。

（秦律十八種・軍爵律 155-156, p. 55）

というもので、残余四年の者だけを指す文言も、必然性も見当たらない。しかし、もし残余の刑期が三年以下の者をも含むとしたら、前記の等式は根底から崩れてしまうのではあるまいか。こうした批判に対して若江は、「そもそも爵によって刑を免ずること自体が恩恵であったのであるから、多少の長短についてはさして問題とならないであろう」と主張する（若江　一九九七、二二一頁）。とするならば、軍爵律の規定を引いたこと自体、刑期算出の根拠としては相応しくなかったことになる。

以上の検討を通して、有期説の論証がいずれも成立し難いことが明らかになった。ただし、それはあくまで「有期と認定する積極的な根拠がない」ということであり、ただちに無期説の正しさを裏付けるわけではない。秦の労役刑に刑期がなかったと主張するには、別個の論証が必要であろう。

（3）　無期説の展開

高恒A論文を嚆矢とする無期説は、その後、李裕民、銭大群、栗勁・霍存福、張金光らによって継承・発展せられ（李裕民　一九八〇／銭大群　一九八三・八五／栗・霍　一九八四／栗勁　一九八五／張金光　一九八五）、高恒もまた新稿によって自説の強化と有期説批判とを展開している（高恒　一九八三。以下高恒B論文）。もとより無期を明言した条文があろうはずはなく、したがって無期説の論証はいわゆる背理法、すなわち労役刑の一部もしくは全部を有期と仮定した場合に生じる矛盾の指摘に主眼が置かれることになる。その主な論点を、以下にまとめてみよう。

まず、部分的有期説のように、隷臣妾を無期、他の労役刑を有期とした場合の矛盾。

（a）「法律答問」に、賞罪の犯人を捕らえるに際して、故意に剣および武器で刺殺した場合、「これを殺したならば完城旦、傷つけたならば耐隷臣」とある（124, p. 122）。この場合、部分的有期説によれば、重い殺害に有期の城旦刑、軽い傷害に無期の隷臣刑が科されることになる（銭大群　一九八三／栗・霍　一九八四）。

（b）「法律答問」に、「贓物の評価額が百一〇銭であれば耐隷臣、六六〇銭を超えれば黥城旦」という原則を前提とした問答がある（33-34, p. 101）。この場合も部分的有期説によれば、贓物の評価額の多いほうに有期の城旦刑、少ないほうに無期の隷臣刑が対応することになる（栗・霍　一九八四）。

（a）（b）を矛盾なく解するためには、無期説のように隷臣妾も他の労役刑もともに無期（刑の軽重は労役内容の軽重に応ずる）と考えるか、全面的有期説のように城旦舂から隷臣妾を経て候に至る階梯的な刑期を想定する以外にない。しかし、もし後者に従い労役刑に刑期を認めた場合、今度は次のような矛盾が生じることになる。

（c）「法律答問」に、「隷臣がその監督していた城旦の刑徒を逃がしたら、本人は完城旦となし、さらにその外妻子（自由身分の妻と子）を没官する」という律文が見えている（116, p. 121）。この場合、全面的有期説によれば、縁坐した妻子が終身の官有奴隷となるのに対し、本人は所定の刑期を終えれば解放されることになる（銭大群　一九八三／張金光　一九八五）。

（d）「封診式」の「告臣」に、驕慢で命令を聴かない男奴を「公に売り、斬して城旦と為す」よう求めるくだりが見えている（37-41, pp. 154-155）。この場合、全面的有期説によれば、公（国家）に売られた男奴は五～六年で解放されることになる（李裕民　一九八〇／高恒　一九八三／張金光　一九八五）。

（e）「法律答問」に、「耐隷臣に当たる者が司寇の罪で他人を誣告したら、耐隷臣に処した上さらに城旦に繫ぐこと六年」とあり（118, p. 121）、また「耐司寇に当たる者が耐隷臣の罪で他人を誣告したら、耐隷臣に処す」とある（117, p. 121）。この場合、全面的有期説によれば、前者では本来の刑罰である耐隷臣に六年間の罰労働が付加されるのに対し、後者では本来の刑罰である耐司寇のかわりに刑期が一年長い耐隷臣が科されるだけで済まされてしまう（高恒　一九八三）。

（f）「秦律十八種」の倉律に、労役に従わない「小隷臣妾」にも食料を支給するという規定が見える（49-52, pp. 32-33）。具体的には身長五尺二寸未満の小児がこれに相当するが、全面的有期説によれば、就役しても数年以内に解放されてしまう労働力に期待して、働かない子供を養っていることになる（李裕民　一九八〇）。

この他にも諸家の論考にはいくつかの矛盾点が挙げられているが、史料解釈の上で無理のない反証としては、上記の諸点が最も妥当なところであろう。こうした諸矛盾を回避するためには、隷臣妾を含むすべての労役刑が無期であったと想定するほかはないというのが、無期説の主張なのである。

したがって無期説によれば、文帝改制は「刑期設定の改革」として位置付けられることになる。この点に関しては、『漢書』巻四九鼂錯伝に見える文帝の治績を讃えた対策に「辠人有期」とあることが注目される（于豪亮一九八二／籾山　一九八二）。さらに加えて、高恒B論文にいう次のような指摘も看過できない。すなわち高恒によれば、末尾を「具為令（具して令と為せ）」と結ぶ文帝の詔令は、有期説論者の主張するような「刑期の遵守」を命じたものではあり得ない。なぜなら、この「具為令」文言は、顔師古が「更《あらた》めて条制を為らしむるなり」と注するように、新たな法の制定を命じる場合に固有の表現であるからだ、という。これは重要な指摘である。大庭脩が明らかにした通り、「具為令」の語は「前述の意を具現して令をつくれ」という命辞であり、それを受けた臣下の覆奏は皇帝の制可を経て法令に加えられる（大庭　一九六三）。とするならば、この文言で結ばれる文帝詔令の意図したものが、「有年不免」の解消といった一過性の政令であったとは考え難い。文帝はやはり恒久的な立法を命じているとみるべきだろう。詔令を受けた丞相・御史大夫らの提案——それは「請定律」で始まっている——が周到に練り上げられた内容をもっていることも、あらためて想い起こされる。

もっとも、上記のような矛盾点の指摘については、有期説の立場から批判がないわけではない。たとえば先述した若江論文は、前記（c）の指摘に対し、この場合「犯罪者本人の刑期が終了したならばその家族も同時に免ぜられて庶人となる、と考えるのが自然で」あり、縁坐により没官された妻子が終身の官有奴隷になることを前提とする無期説の議論は成り立たない、と主張する（若江　一九九二、八二頁）。しかし、本書第二章第三節「乞鞫」の例で見た通り、刑徒の釈放に伴う家族の回復という措置は、決して単純なものではない。城旦刑に処されると同時に刑徒の資産は売却され、妻子についても没官ののち転売される可能性が高かった。(3) したがって、「家族も同時に免ぜられて庶人となる」ためには、身柄の買戻しや売却された資産に見合う補償など、国家の関与を必要とする。有期説に立つ論者ははたして、城旦刑徒が刑期の満了によって庶人となるたびに、そうした「社会復帰」のための措置が取られていたと認めるのであろうか。

以上、長々と諸説を検討してきたが、その結果として言えるのは、秦の労役刑には刑期がないとする無期説が、現有史料による限り最も妥当なのではないか、ということである。その理由をまとめるならば、

1．有期説の論拠がことごとく成り立ち難いこと。

2．有期刑と考えた場合、法規相互に矛盾が生じること。

3．文帝の詔令は新たな立法を指示していると解されること。

の三点になろう。「有期か無期か」という点のみに限れば、この段階でひとまず結論は出たと言ってよい。ただし、そこに重要な留保が付くことは、いずれ次節で述べることになろう。

なお、誤解なきように付言しておけば、ここに「無期」というのは「無期懲役」を意味しない。つとに冨谷至が指摘する通り（冨谷　一九九八、一六五～一六六頁）、赦令による解放があることを思えば、「決まった刑期がない」という意味で「不定期刑」と呼ぶほうが、むしろ適切であるのかも知れない。とは言え、先行学説――とりわけ中国における学説――の多くが「無期」の語によって論を立てている以上、そのままの語を用いるほうが混乱を避けられるように思われる。(4) 以下では「不定期」の含意を込めて、「無期」の語のままで通すことにする。

三　文帝改制の評価——『漢書』刑法志の解釈を中心に——

（1）刑期設定説と経過規定説

前節において無期説の依るべきことを論証したが、もとよりそれですべてが解決されたわけではない。秦の労役刑に刑期がなく、文帝改制によって始めて刑期が設定されたのであれば、では文帝——ならびにそのブレイン——は刑期という発想をどこから得たのか。また、刑期の設定は具体的にどのような手順によってなされたのか。こうした問題がなお解明されぬまま残されているのである。本節ではまず後者について、諸説を紹介しつつ私見を述べることにしたい。

最初にとりあげるべきは、栗勁・霍存福の連名による論文である（栗・霍　一九八四）。この論文の意義は先述の通り、有期説の矛盾を突いて無期説の補強を図ることにあったが、それと同時に文帝の改制についても、以下のような注目すべき解釈を提示している。

文帝が詔令で要求しているのは、肉刑を除去することと、労役刑（徒刑）の刑期を定めることの二点であったが、このうち後者については、次の方向で改革が進められた。すなわち、（1）将来に向けて恒常的な制度を立てることと、（2）既決の刑徒に対する措置、の二つである。（1）にあたるのは刑法志Ⅰに見える「諸そ髡に当たる者は完して城旦舂と為し」「黥に当たる者は髡鉗して城旦舂と為す」という部分であり、これまでに継承し[5]

てきた秦制の緩和が意図される。他方（2）に相当するのは、刑法志のⅡ部分に述べられた刑期設定の措置であり、それは刑役を「順次逓減させていく過渡形式」により実行された。ここに言う「過渡形式」とは、庶人となるまでに鬼薪白粲・隷臣妾・司寇等を経由することをいう。注目すべきは刑法志Ⅱの記事を、既決の刑徒の釈放を定めた結果、刑期を設定することにもなったと解釈していることである。こうして設定された刑期は、完城旦春五年、隷臣妾三年もしくは四年、刑城旦春六年、の三種類であるという。

この具体的な刑期の算定が、刑法志Ⅱ部分の忠実な読解に基づくことは疑いない。「免為庶人」の語を区切りとして刑法志の文を読み解いていき、さらにⅡ部分の末尾にいう「前令の刑城旦春で、一年間服役していて禁固刑でない者は、完城旦春の年数に準じて釈放する（前令之刑城旦春、歳而非禁錮者、如完為城旦春、歳数以免）」との規定を併せれば、刑徒の釈放規定は左記のように理解できるからである（矢印一つが一年。横線は改制の法令施行時点を示す）。

完城旦春→→→—鬼薪白粲→隷臣妾→庶人　　完城旦春＝刑期五年
隷臣妾→→—司寇→庶人　　隷臣＝刑期三年
—作如司寇→→庶人　　隷妾＝刑期四年
刑城旦春→—髡鉗城旦春（以下、完城旦春に同じ）　　髡鉗城旦春＝刑期六年

しかしながら、ここには現に鬼薪白粲や司寇に服する者の刑期を定めた形跡がない。その名称は見えているものの、いずれも庶人に至る過程で経過するいわば「過渡刑」であり、正規の労役刑とは別物である。それゆえ栗勁らは、文帝十三年の段階においては、刑罰の主流を占めていた城旦春と隷臣妾との刑期がまず定められたので

あり、鬼薪白粲や司寇の刑期は未定であったと考える。つまり、刑法志に伝える文帝改制は、なお改革の端緒であったことになる。刑法志のテキストを虚心に読む限り、これが最も自然な理解であろうと思われる。

とはいえ、この栗勁・霍存福論文にも問題はある。たとえば、文帝改制の際に制定された完城旦舂の刑期は右図の通り五年であるが、これは『漢旧儀』にいう「完四歳」つまり完城旦舂の刑期四年と矛盾する。また、刑法志の記載によれば、隷臣妾二年の後に、男は司寇一年を経て三年で解放されるが、女は作如司寇二年を経て解放までに計四年が必要となる。さらに言えば、鬼薪白粲や司寇に服する刑徒も——多寡はともかく——現実に存在するわけで、彼らに対する措置だけを先延ばしするのは解せない。

冨谷至の論考は、基本的には無期説（不定期刑説）に立ちつつも、文帝改制の意義に関して異なった解釈をとることで、こうした矛盾を整合的に説明しようと試みる（冨谷　一九九八）。冨谷の提起した論点は多岐にわたるが、刑法志Ⅱ部分に限って述べれば、この記事を刑期設定の文章ではなく、現に服役中の既決囚を対象とした経過規定とのみ考える点に特色がある。冨谷によれば、刑期設定とみる説は、次の三点が説明できないという。すなわち、①新たに刑期を設定した規定が、なぜ「かくもややこしい、整然とはしない表現方法になっているのか」。②新たに作られた労役刑の体系の中に、なぜ過渡刑が存在するのか。③なぜ「新たに生まれ変わった漢の労役刑の全てがその刑期とともに挙がっていないのか」。こうした問題がある以上、当該記事を「旧法に準じて処断された既決囚にかぎる過渡的な経過措置と考える方が余程すっきりする」。さらに加えて、栗勁・霍存福論文においては解けなかった『漢旧儀』との刑期の食い違いも、これで矛盾なく解釈できる。なぜなら冨谷の解釈によれば、刑期を定めた法令は、この記事とは別個に存在していたと推定されるからである。

右の①②の特徴が既決囚の処理という目的のために生じたことは疑いないと思われる。しかしそれゆえに刑期設定の意義が否定されることはないだろう。栗劲らと同様、当該部分に二重の規定を読み取る滋賀秀三は、Ⅱ部分の「冒頭の「罪人獄已決」という一句に、「今後判決を受ける者は」および「既決囚は判決を受けた時点から起算して」という二つの意味がこめられているのだと」理解する（滋賀　一九九〇、五六二頁）。もし単に「完城旦春は今後、四年を満たせば庶人とする」と定めただけであるならば、現に存在する刑徒には何の恩典もない。判決を受けた時点から起算して所定の年数を経過した既決囚――当然その中には所定以上の年数を経過した者も含まれる――は、法令の施行時点で一段軽い刑役に移され、さらに一年後には解放される。こうした規定であるならば、既決囚への恩恵的な経過措置（法令施行の時点で寛刑効果が生じる）ともなるわけである。(6) むろん過渡刑は既決囚への恩恵的措置であるから、新法による刑徒には適用されない。

一方③の疑問は、経過規定説に立っても解決されない。なぜなら、先に指摘した通り、現に存在したはずの鬼薪白粲や司寇に対する経過規定が、ここには記されていないからである。秦律における鬼薪白粲刑の位置付けについては、城旦春と隷臣妾との中間の刑罰というよりも、有爵者の身分転落を防止するための特殊な位置を占めていたことが指摘されている（宮宅　二〇〇〇）。しかし、この理解によっても、現に鬼薪白粲の刑徒が存在していたことに変わりはなく、その名の挙がっていない事実はやはり疑問として残るのである。

（2）　テキストの混乱

上記のようなジレンマを、刑法志のテキストを改訂することで打開しようとした試みが、滋賀秀三の論考であった（滋賀　一九九〇）。滋賀はまず、高恒以来の無期説に与する立場を表明し、無期説の中では富谷至の業績を「最も説得力に富む」と評価する。しかし反面、刑法志Ⅱ部分を経過規定とみる説には同意せず、あくまで刑期設定の記事として理解すべきだと主張する。Ⅰ部分が将来に向けて肉刑廃止を定めている以上、Ⅱ部分も第一義的には将来に向けて各種刑徒の刑役を定めた規定であって、「同時にその恩恵が現に服役中の刑徒にも及ぶもの」と解釈するのが、刑法志の文脈に照らして自然だからである。

　この認識に立って滋賀論文は、刑法志のテキストに最低限の字句を補うことで、各種の疑問を解決しようと試みる。その結論を転載すれば左記の通り。【　】内が推定される脱文である。

（一）罪人獄已決、①完為城旦舂満三歳、為鬼薪白粲。鬼薪白粲一歳、【免為庶人。②鬼薪白粲満二歳】、為隷臣妾。隷臣妾一歳、免為庶人。③隷臣妾満二歳、為司寇。司寇一歳、④及【司寇】作如司寇二歳、皆免為庶人。（二）其亡逃及有罪耐以上、不用此令。（三）前令之刑城旦舂、歳而非禁錮者、如完為城旦舂、歳数以免。

（一）の部分から読み取れる刑期は、①完城旦舂四年、②鬼薪白粲三年、③隷臣妾三年、④司寇・作如司寇二年。さらに（三）にいう「前令之刑城旦舂」つまりⅠ部分の規定によれば新法の髡鉗城旦舂は、完城旦舂四年＋一年の五年刑となる。先の例にならって図示しておこう。

完城旦舂→→→—鬼薪白粲→庶人　　完城旦舂＝刑期四年
鬼薪白粲→→—隷臣妾→庶人　　鬼薪白粲＝刑期三年
隷臣妾→→—司寇→庶人　　隷臣妾＝刑期三年
司寇・作如司寇→→—庶人　　作如司寇＝刑期二年

刑城旦舂→一髠鉗城旦舂（以下、完城旦舂に同じ）　髠鉗城旦舂＝刑期五年

こうして得られた各種刑期は『漢旧儀』のそれと一致する。換言すれば、『漢旧儀』に伝える各種労役刑の刑期は、ほかならぬこの文帝改制により制定されたことになる。

滋賀自らが述べている通り、この脱文の補足はその性格上、「固い証拠を挙げて立証するという手続を経ていない」（滋賀　一九九〇、五六三頁）。とはいえ、刑法志Ⅱ部分のテキストに何らかの錯誤があるという可能性に目を開かせたことは、やはり大きな功績と言えよう。滋賀の提起は張建国によって確かに受け継がれることになる。張建国の論考は、滋賀と同様、刑法志Ⅱのテキストに錯誤を認めつつも、脱文の挿入という手段によらず、テキスト内部から文字を補うことで、本文を回復しようと試みる（張建国　一九九六ａ）。もう一度、問題の箇所を注も併せて引用しよう。

罪人獄已決、完為城旦舂満三歳、為鬼薪白粲。鬼薪白粲一歳、為隷臣妾。隷臣妾一歳、免為庶人。師古曰、男子為隷臣、女子為隷妾。鬼薪白粲満三歳、為隷臣。隷臣一歳、免為庶人。隷妾亦然也。隷臣妾満二歳、為司寇。司寇一歳、及作如司寇二歳、皆免為庶人。如淳曰、罪降為司寇、故一歳。正司寇、故二歳也。

張論文の第一の――かつ最も重要な――論点は、今本『漢書』で師古注の一部になっている傍線部分が、本来は本文であった可能性を指摘したことである。確かに当該部分の文章は、内容・句法とも注よりむしろ本文に近い。このように本文が注の中に竄入する現象は、『漢書』地理志にも見えている。また、注の一部を本文に戻した結果、「隷妾亦然也」の箇所には「師古曰」の文字が失われるが、注釈者名を欠く注文は『漢書』の中に珍し

くない。[7] こうして本文が復活すると、鬼薪白粲の刑期が俄然そこに現れる。

第二の論点は、司寇刑の刑名が「作如司寇」であり、かつ男女同名であるという認識である。そう考えるヒントは如淳の注にある。かつて濱口重國が「何を意味するか了解に苦しむ」と述べた文章であるが、張建国によればこの注は、「司寇」とは隷臣妾から「罪降」された場合の呼称、「作如司寇」が「正司寇」つまり本刑として司寇の判決を受けた場合だと指摘したものとして読み解ける。[8] その場合、問題となるのは『漢旧儀』の記述であるが、張建国によれば衛宏は全面的に漢制に配慮した記述をしているわけではないから、その説くところに拘泥せずともよいという。かくしてここに、司寇（すなわち作如司寇）の刑期が現れる。以上の結果を図示するならば、次のようなものとなるだろう。

完城旦舂↓↓↓｜鬼薪白粲↓隷臣妾↓庶人	完城旦舂＝刑期五年
鬼薪白粲↓↓↓｜隷臣妾↓庶人	鬼薪白粲＝刑期四年
隷臣妾↓↓｜司寇↓庶人	隷臣妾＝刑期三年
作如司寇↓↓｜庶人	作如司寇＝刑期二年
刑城旦舂↓｜髡鉗城旦舂（以下、完城旦舂に同じ）	髡鉗城旦舂＝刑期六年

滋賀説に比べて難点は、司寇を除く刑期が『漢旧儀』と一致しないことであるが、これは漢の武帝の時代に「数五」を貴ぶ思潮によって、刑期の改定がなされたためであるという。

この張建国の論文は、刑法志の記載をめぐる積年の疑問を一気に解決したものとして、記念碑的な意義をもつ。脱文の想定という仮説によって張論文を誘引した滋賀秀三は、「脱文仮説は抛磚引玉すなわち呼び水の役割を果たし了えたものとしてこれを撤回し、テキスト問題はこれで解決したと認めたい」むね述べている（滋賀　一九九八、五七〇頁）。おそらくは問題の性質上、何らかの直接的な証拠、たとえば『漢書』古抄本といった類が出現しない限り、これ以上に合理的な解釈は見出せないとの判断であろう。私もまた、張建国説を最も有力な仮説として認めた上で、他の未解決の問題に転じることが、学界にとって生産的だと考える。ただし、関連して一つだけ、竄入仮説を傍証しうる史料について、注意を喚起しておくことにしよう。

それは杜佑の『通典』という、ごくありふれた書物である。その巻一六三刑法典の文帝改制に関する箇所を、宮内庁書陵部蔵の北宋本によって示す（図５）。

罪人獄已決、完為城旦舂満三歳、為鬼薪白粲。鬼薪白粲一歳、為隷臣妾、一歳免為庶人。男子為隷臣、女子為隷妾。鬼薪白粲満三歳、為隷臣妾。隷臣妾満二歳、為司寇。司寇一歳、及作如司寇二歳、皆免為庶人。罪降為司寇、故一歳。正司寇、故二歳。

刑法志の文と対照すれば明らかなように、ここでは師古注に混入していた傍線部が本文として――しかも隷臣と隷妾とを不必要に分けることなく――記されている。二箇所に施された割注が顔師古と如淳の注であることから推せば、師古注『漢書』が底本であることは明白であろう。顔師古注は貞観十五年（六四一）に完成するや、『漢書』注の最高権威として広く読まれた（吉川　一九七九）。『通典』が成立したのは、それから一五〇年ほど降った貞元十七年（八〇一）のことである（玉井　一九三四）。『通典』から読み取れる各種刑期は、最初に見える「過渡刑としての隷臣妾は一年で庶人とする」という規定が「鬼薪白粲満三歳、為隷臣妾」の箇所にも適用されると考えれば、先に示した張建国説と一致する。

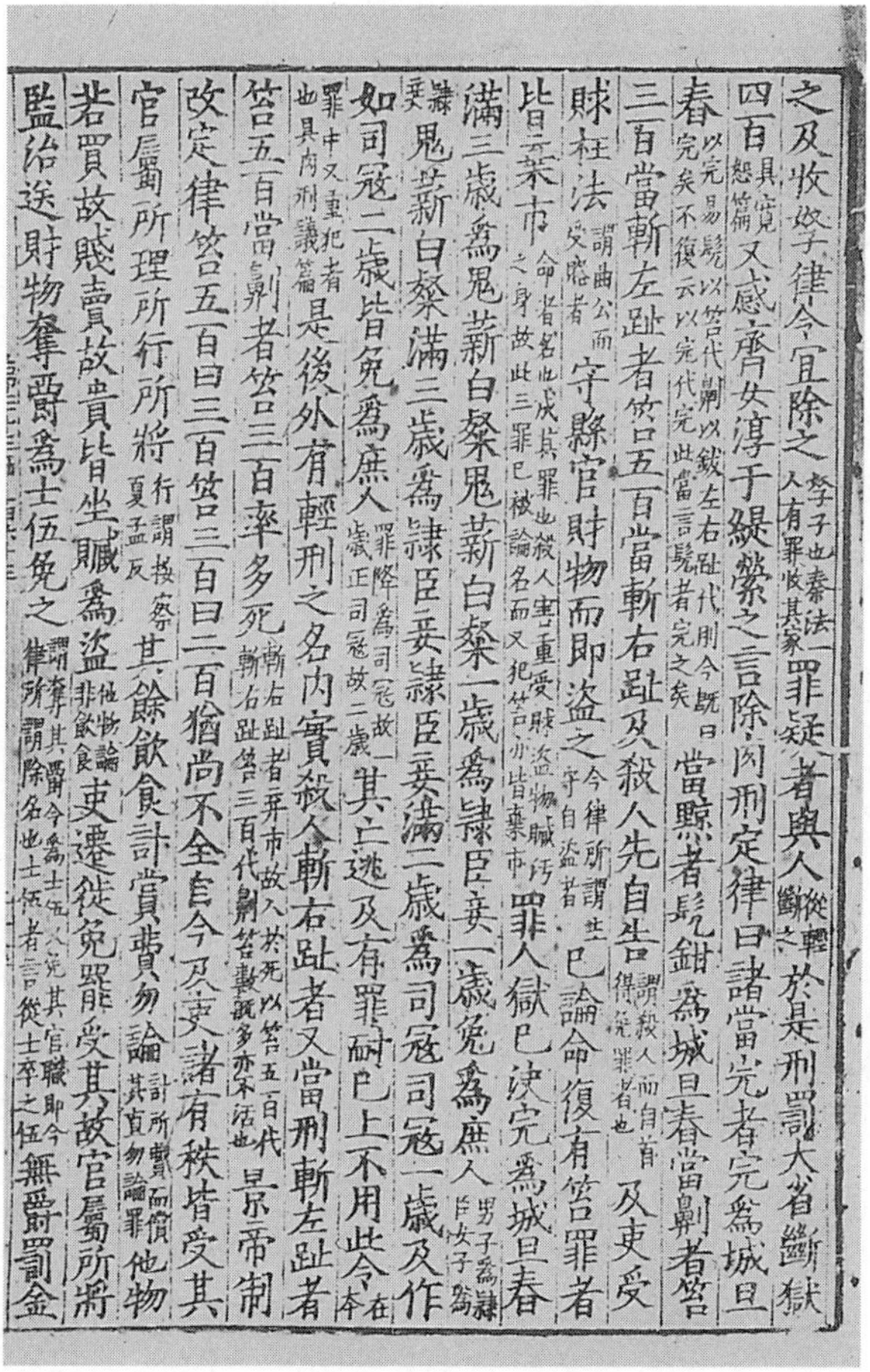
之及收孥律令宜除之孥子也秦法一人有罪收其家罪疑者與人從輕斷之於是刑罰大省斷獄
四百具覔獄篇又感齊女淳于緹縈之言除肉刑定律曰諸當完者完為城旦
舂以完易髡以笞代劓以釱左右趾代刖今既曰完矣不復云以完代完此當言髡者完之矣當黥者髡鉗為城旦舂當劓者笞
三百當斬左趾者笞五百當斬右趾及殺人先自告謂殺人而自首得免罪者也及吏受
賕枉法謂曲公而受賂者守縣官財物而即盜之今律所謂主守自盜者已論命復有笞罪者
皆棄市命者名也成其罪也殺人害重受賕盜物贓汚之身故此三罪已被論名而又犯笞亦皆棄市罪人獄已決完為城旦舂
滿三歲為鬼薪白粲鬼薪白粲一歲為隸臣妾一歲免為庶人男子為隸臣女子為隸
妾鬼薪白粲滿三歲為隸臣妾隸臣妾滿二歲為司寇司寇一歲及作
如司寇二歲皆免為庶人罪降為司寇故一歲正司寇故二歲其亡逃及有罪耐以上不用此令在本
罪中又重犯者也具肉刑議篇是後外有輕刑之名內實殺人斬右趾者又當刑斬左趾者
笞五百當劓者笞三百率多死斬右趾者并市故入於死以笞五百代斬左趾笞三百代劓笞數既多亦不活也景帝制
改定律笞五百曰三百笞三百曰二百猶尚不全自今及吏諸有秩皆受其
官屬所理所行所將行謂按察夏孟反其餘飲食計償費勿論計所費而償其直勿論罪他物
若買故賤賣故貴皆坐贓為盜他物論非飲食吏遷徙免罷受其故官屬所將
監治送財物奪爵為士伍免之謂奪其爵令為士伍又免其官職即今律所謂除名也士伍者言從士卒之伍無爵罰金

図５　宮内庁書陵部蔵北宋版『通典』（巻一六三　刑法一）

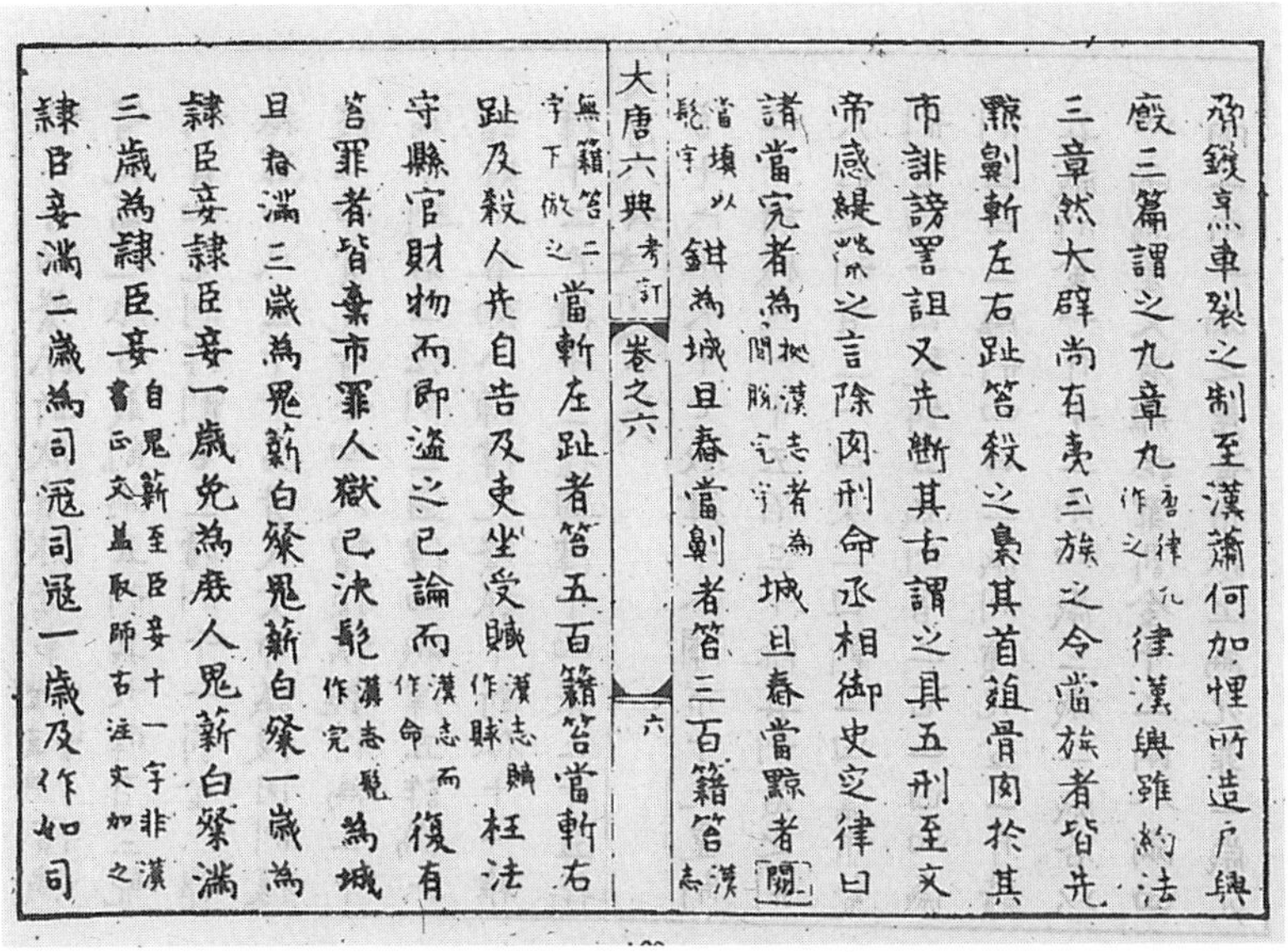

刑鑊烹車裂之制至漢蕭何加悝所造戶興
廄三篇謂之九章九唐律九作之律漢興雖約法
三章然大辟尚有夷三族之令當族者皆先
黥劓斬左右趾笞殺之梟其首葅骨肉於其
市誹謗詈詛又先斷其舌謂之具五刑至文
帝感緹縈之言除肉刑命丞相御史定律曰
諸當完者為按漢志者為間脫完字城旦舂當黥者闕漢志
當填以髡字鉗為城旦舂當劓者笞三百籍笞

大唐六典考訂　巻之六　六

無籍笞二字下倣之當斬左趾者笞五百籍笞當斬右
趾及殺人先自告及吏坐受賕漢志作賕枉法
守縣官財物而即盜之已論而漢志而作命復有
笞罪者皆棄市罪人獄已決髡漢志髡作完為城
旦舂滿三歲為鬼薪白粲鬼薪白粲一歲為
隸臣妾隸臣妾一歲免為庶人鬼薪白粲滿
三歲為隸臣妾自鬼薪至臣妾十一字非漢書正文蓋取師古注文加之
隸臣妾滿二歲為司寇司寇一歲及作如司

図６　近衛家熙考訂『大唐六典』（巻之六　尚書刑部）

むろん、杜佑もしくは『通典』翻刻者のいずれかがテキストを改訂した可能性も、完全には否定できない。たとえば『大唐六典』巻六尚書刑部巻においても、問題の箇所は『通典』と同文であるが、これに対して考訂者の近衛家熙は、「鬼薪より臣妾に至る十一字は漢書の正文に非ず。蓋し師古注の文を取りこれを加えしならん」と案語を付している（図６）。だが、『六典』のみならず『通典』までも同じ文面になっているのは、両者の依った『漢書』刑法志のテキストが現行本と異なり、むしろ張論文の推定した形に近いものであった可能性を示唆しているのではあるまいか。

ちなみに言えば、広く流布する浙江書局翻刻『通典』（底本は乾隆十二年校刻武英殿本）では、傍線部分がすべて割注に収められている。『漢書』の錯誤――正しくは錯誤本『漢書』と呼ぶべきか――に従った誤まてる修正の結果と言うべきであろう。この「修正」がいつ行なわれたかを『通典』版本の追跡によって絞り込めれば、刑法志のテキストに錯誤が生じた年代について、ある程度の推測が可能となるかも知れない。

（3）新たな有期説

先に示したもう一つの課題、刑期という発想の由来について検討しよう。この項でとりあげるのは、張家山漢簡の内容を踏まえて立論された邢義田の論文である（邢義田　二〇〇三）。この論文の目的は、文帝改制以前における有期刑の存在を立証することにある。具体的には、①張家山漢簡の「繫城旦六歳」「償日作県官罪」文言、②『周礼』秋官・司圜の記載、③銀雀山出土漢簡「守法守令等十三篇」の「罰為公人」の三つの史料が、邢論文の挙げる刑期存在の証拠となる。結論を先に述べれば、右の論拠は刑期の存在を裏付ける史料と認定できる。したがって、文帝改制以前における刑罰はすべて不定期刑であったとのテーゼ——それは旧稿で強調した論点であった——は、訂正される必要があろう。ここでは最も重要な論拠となる①を選んで、若干の紙幅を割いて検討したい。(9)

「繫城旦六歳」「償日作県官罪」という文言が現れる史料は、張家山漢簡「二年律令」の条文である。

鞠（鞫）獄故縱・不直、及診・報辟故弗窮審者、死罪、斬左止（趾）為城旦、它各以其罪論之。其当毄（繫）城旦舂、作官府償日者、罰歳金八両。不盈歳者、罰金四両。□□□□両、購・没入・負債、各以其直（値）数負之。其受賕者、駕（加）其罪二等。所予臧（贓）罪重、以重者論之、亦駕（加）二等。其非故也、而失不□□以其贖論之。爵戍四歳及毄（繫）城旦舂六歳以上罪、罰金四両。贖死・贖城旦舂・鬼薪白粲・贖斬宮・

贖劓黥・戍不盈四歳、毄〔繋〕不盈六歳、及罰金一斤以上罪、罰金二両。毄〔繋〕不盈三歳、贖耐・贖罨〔遷〕・及不盈一斤以下罪、購・没入・負償・償日作県官罪、罰金一両。

罪状の確定にあたり、故意に無罪にしたり量刑の均衡を欠いたり、もしくは検視や刑罰の判断の際に、罪を回避しようとして十分に調べつくさなかった場合、〔担当した案件が〕死刑であれば、左趾を斬って城旦と為し、その他の刑罰であれば各々その罪に応じた刑罰とする。もし繋城旦春や、「作官府償日」に当たる場合は、一年につき八両の罰金。一年未満の刑罰であれば、四両の罰金。〔文字不詳〕両、購・没入・賠償であれば、各々その相当額を負担させる。賄賂を受けた場合は、罪二等を加重するが、収賄罪の方が〔担当した案件の罪より〕重ければ、重い方によって量刑し、さらに罪二等を加える。故意ではなく、失刑〔文字不詳〕の場合は、贖刑により罪を定める。爵戍四年および城旦春に繋ぐこと六年以上の罪であれば、罰金四両。贖死・贖城旦春・鬼薪白粲・贖斬宮・贖劓黥・戍辺四年未満、繋ぐこと六年未満、および罰金一斤以上の罪であれば、罰金二両。繋ぐこと三年未満、贖耐・贖遷、および一斤未満の罪、購・没入・賠償・「償日作県官」に相当する罪であれば、罰金一両。（二年律令93-98, pp. 147-148）

「爵戍」とは「奪爵令戍」（「奏讞書」147, p. 224）の省略形であろうか（張伯元　二〇〇四）。「二年律令訳注稿（二）」が指摘するように、「不盈歳者、罰金四両」の下は簡が空白となっており、ここまでが一つの条文であった可能性が強い。ただし、以下の文章も内容的には密接な関係にある。問題となる文言は、故意にもとづく不正な裁きへの処罰を定めた前半部分では「其当毄〔繋〕城旦春、作官府償日者、罰歳金八両」という箇所に、故意によらない失刑への処罰を定めた後半部分では「不盈一斤以下罪、購・没入・負償・償日作県官罪、罰金一両」という箇所にそれぞれ見えている。ここにいう「作官府償日（官府に作して日を償う）」と「償日作県官罪（日を償い県官に作する罪）」とが同一の実体、おそらくは官府における軽労働への従事を意味することは疑いない[10]。そして いずれも付加刑ではなく、条文中の「戍四歳」や「繋城旦春六歳」とともに、単独の「本刑」であること、邢義田の指摘する通りであろう。このように考えるならば、第二節に引いた「二年律令」に、

隷臣妾・収人亡、盈卒歳、毄〔繋〕城旦舂六歳。不盈卒歳、毄〔繋〕三歳。自出殹〔也〕、□□。其去毄〔繋〕三歳亡、毄〔繋〕六歳、去毄〔繋〕六歳亡、完為城旦舂。

とある「繋城旦舂六歳」と「繋三歳」も、城旦舂刑そのものの刑期を示すものではないが、それとは別個の、単独の期限付き罰労働として理解できよう[11]。刑徒である隷臣妾の場合は「繋城旦舂」が付加刑となるが、収人つまり身柄を官に没収された身分にとって、それは「本刑」にほかならない。

考えてみれば、睡虎地秦簡に見える「又繋城旦六歳」が付加刑であったのは、「又」字のためではなかったか。上記のような張家山漢簡の律文に照らして見れば、単独の有期労働刑として「繋城旦舂六歳」が存在し、それと同等の労役を付加刑として科すことが「又繋城旦六歳」であったと推定できる。もちろん別の可能性、たとえば睡虎地秦簡の付加刑が張家山漢簡の時代に至って単独刑へと進化した、という想定も可能であるが、現有史料による限りいずれとも判断はつきかねる。ただ確実に言えるのは、少なくとも漢初の時点で、肉刑を伴わない有期の罰労働が、城旦舂から司寇に至る労役刑とは別個に存在していたということである。水間大輔が指摘する通り、張家山漢簡においても、刑罰体系の主軸となるのは各種の不定期労役刑と罰金刑とであり（水間　二〇〇二）、「繋城旦舂」や「戍辺」「作官府」などの罰労働は、贖刑とともに補完的位置にあったと思われる[12]。

実はこうした有期罰労働を示す史料は、張家山漢簡が出土する以前にも知られていた。張家山と同じ江陵県

（現荊州市）の、鳳凰山一六八号漢墓から出土した天秤に書かれた律がそれである（図7）。

正為市陽戸人嬰家称銭衡。以銭為累、劾〔刻〕曰四朱・両、疏第十。敢択軽重衡、及弗用劾〔刻〕、論罰繇里家十日。□黄律

正、市陽の戸人嬰家の称銭衡を為る。銭を以て累と為し、刻みて四朱・両と曰い、第十と疏《わかちしる》す。敢て軽重を択びて衡《はか》り、及び刻するを用いざれば、里家に罰繇すること十日に論ず。□黄律。

読みにくい文面であるが、諸家の解説（華・鍾　一九七七／黽華山　一九七七）を参考に私案を示せば、前半は「正（里正）が市陽里の住人である嬰家のために称銭衡（銅銭を計量する天秤）を作り与える。計量の際には銭を積み上げ、「四朱」「両」の文字と、方孔の両側に「第」「十」の文字が刻まれた分銅を用いよ」と解釈できる。銅銭を計量するには、銭の形をした分銅、いわゆる「砝碼銭」を用いたことが知られているが（図8）、市陽里で用いるものは「第十」の番号をもっていた。対して後半は、「計量の際に選り銭をしたり、所定の刻文のある分銅を用いなかったりした場合、罰として里の役所で十日間の労働」というもので、前半の指示の根拠となる法規、おそらくは天秤側面に記された「□黄律」の条文であろう。この解釈に大過なければ、これもまた有期罰労働の存在を示す史料であると認められよう。ちなみに、一六八号墓の年代観は、伴出した竹牘の紀年から漢の文帝十三年、刑制改革のまさにその年に比定されている（湖北省文物考古研究所　一九九三）。

以上の事実を踏まえれば、刑期という発想の由来は明らかであろう。文帝改制の段階で、刑期の定めのない労役刑のほかに、一連の有期罰労働が存在していた。それがすなわち、全面的有期化の際の雛形となった。あえて

推論を展開すれば、肉刑が廃され、髡鉗城旦舂から司寇に至る労役刑が有期刑へと移行したことで、従来の有期罰労働の大半はそこに吸収された。吸収できない一年以下の罰労働——その存在は「不盈歳者」という字句からうかがえる——は、『漢旧儀』に言う「戍罰作・復作」刑に一括された。——このような理解が可能ではないか。刑期という制度は、一朝一夕に出現したものではない。邢義田の表現を借りれば、それは「偶然的、部分的、非常態的なものから、一種の原則へと変化発展し、しだいに常態化、全面化、系統化へと向かうのである」[13]。

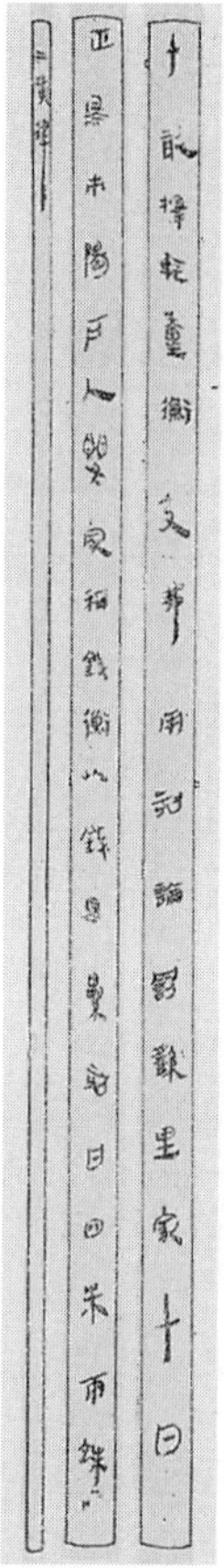

図７　鳳凰山 168 号漢墓出土天秤

図８　西安市徴集法銭砝碼銭

四　肉刑除去の意義

最後に再び文帝改制に立ち返り、肉刑の除去という側面から改革の意義を考えてみたい。まず考察に先立って、睡虎地秦簡にあらわれる刑徒特有の外観について確認しておこう。秦代の刑徒が帯びる外見的な属性は、その発生の由来によって、①肉刑や耐刑など身体の加工によるもの、②赤い服や被り物など衣類の着用によるもの、③手枷・足枷など刑具の装着によるもの、という三つに大別できる。このうち①は、黥・劓・斬趾など恒久的な肉体の欠損と耐や髡など一時的な加工とに細分される。なお「完」を髡刑や耐刑と同一視する見解もあるが（劉海年　一九八一／楊広偉　一九八六／韓樹峰　二〇〇三）、秦律の語るところによれば一切の身体的加工を加えないとの解釈（栗勁　一九八五／王森　一九八六）が妥当であると思われる。以上を整理すると表1のようになる。むろん実際の運用においては、黥と赤衣、赤衣と枸櫝欙杕のように、複数の表徴が重なることを妨げない。

　このうち身体の一時的加工と刑具とが文帝改制の後も存続したことは、「髡鉗城旦舂」という刑名によって証される。また、『漢書』巻九〇酷吏伝の孟康注に引く律文によれば、赭衣すなわち赤衣もまた存続したに違いない。

表1

身体の加工	黥・劓・斬趾	外見の恒久的変形
	耐・（髡）	外見の一時的変形
特異な衣服	赤衣・赤幘	
刑　具	枸櫝欙杕	

律、諸囚徒私解脱桎梏鉗赭、加罪一等。為人解脱、与同罪。

律に、諸そ囚徒の私《ひそ》かに桎梏鉗赭を解脱すれば、罪一等を加う。人の為に解脱すれば、与《とも》に罪を同じくす。

桎梏（手枷・足枷）、鉗（首枷）、赭（赤衣）を勝手に外した場合の規定である。こうした事実を勘案すれば、文帝改制は結局のところ、常人と異なる刑徒の表徴のうち、恒久的な身体の変形を廃し、一時的変形のみ残したということになる。換言すれば、文帝による肉刑除去の改革は、「表徴の選別」としての側面をもつ。

近年、文帝改制の再検討を進める瀬川敬也は、一時的であれ恒久的であれ刑徒の「身体に直接印を付ける」行為をすべて「身体刑」と名付けた上で、文帝はすべての身体刑を廃止したわけではなく、したがって改制の後も「なお身体刑を中心とした刑罰体系が想定される」と主張する（瀬川　二〇〇三）。しかしながら、髡鉗や赭衣などによる一時的な外見の異形化と、恒久的な身体の変形を伴う肉刑とのあいだには、受刑者に及ぼす効果の深刻さにおいて越え難い径庭があるのではないか。そのことは、たとえば「事に坐して城旦と為った」斉国の相の橋玄が、「刑の竟《おわ》るや、徴《め》されて、上谷太守に再遷し、又た漢陽太守と為る（刑竟、徴、再遷上谷太守、又為漢陽太守）」（『後漢書』列伝第四一）といった事例と、本書第二章に引いた張家山漢簡「毛誣講盗牛案」で乞鞫によって釈放された講の境遇とを比べるならば、思い半ばに過ぐるものがあろう。後者の場合、家族を回復したにもかかわらず、もとの楽人に戻ることなく、「隠官」という特別な身分に置かれているのである[14]。

つとに滋賀秀三が論じたように、肉刑を加えることは奴隷となすことに外ならず、「死刑も肉刑も追放も、社会からの排除という見地から一元的にとらえる」ことが可能であろう（滋賀　一九七六、五四七頁）。犯罪者の身体を毀傷するのは、危険性を帯びた人物の社会的排除——滋賀論文に引くウェルナー・フォーゲルの言う「無害化

（Unschädlichmachung）」――と理解されるが、そうした排除を支えているのは、身体の欠損に対する忌避感であると想定されること、やはり滋賀の指摘する通りであろう。したがって、たとい労役から解放されても、身体の刻印が消えない限り、社会的な排除と疎外は残された。講が隠官となったのは、身に帯びた刻印すなわち黥刑のために違いない。

このように考えるならば、文帝による改革の意義が単なる「表徴の選別」にとどまらないことに気付くであろう。肉刑すなわち身体の恒久的な変形を廃することは、異形化による人間の排除という、刑罰がその始原の時からもつ属性を、最終的に払拭することではなかったか[15]。むろん髡鉗や赭衣などは存続したが、それは外見の一時的な変形、律の用語を用いるならば「解脱」可能な標識に過ぎず、永久的な刻印である肉刑と同日に論じることはできない。その意味において文帝十三年の改革は、「秦制からの脱皮」（冨谷　一九九八）であるのみならず、より古い刑罰観からの脱皮でもあった。

おわりに

本章を閉じるにあたり、究明すべき今後の課題を思いつくまま列挙しておきたい。

第一は、文帝改制の原因である。『漢書』刑法志の語りによれば、この改革は緹縈という一女性の上書に端を発しているが、一介の庶人からの訴えで国家制度の大幅な改訂を断行するほど、当時の政治がナイーヴであったとは思えない。上書の事実はあったとしても、それはあくまで契機に過ぎず、改革の根本的な原因は、当時の国家が抱える固有の課題に求められよう。既述のように、文帝が断行した諸改革については、『漢書』巻四九鼂錯伝の対策中に「秦の迹を絶ち、其の乱法を除く（絶秦之迹、除其乱法）」として網羅的に列挙されている。辠人亡帑（収孥制の廃止）、非謗不治（誹謗妖言令の停止）、鋳銭者除（鋳銭律の停止）、通関去塞（津関の撤廃）といった一連の寛政と併せて考えたとき、そこには何が見えてくるであろうか。[補注]

第二は、東方六国の法制度である。先に言及した銀雀山漢簡「守法守令等十三篇」は戦国斉の法制を伝えたものと考えられているが（呉九龍　一九八四）、そこに段階的な有期刑がすでに見えているところから、文帝改制が斉国の制度から影響を受けたとの推測もなされている（陳乃華　一九九七）。本文に述べた通り、文帝改制により設定された刑期が当初は最長六年であった事実は、その直接的なモデルが有期罰労働の「繋城旦六歳」にあったことを示唆している。しかし、銀雀山漢簡からうかがえるように、戦国時代の六国の制度が漢代に伝えられていたことは疑いなく、とするならば漢制の中に秦制以外の流れを想定することも、時には必要だと思われる。むろん、この課題の追究のためには、さらなる六国関係史料の出土が期待される。

第三は、身体毀傷者の社会的位置の変遷である。『史記』巻六五孫子呉起列伝によれば、龐涓の姦計により両足を断たれ黥刑を受けた孫臏は、斉王から将軍就任を求められると、「刑余の人、不可なり」と辞退した上で、田忌将軍の師となって「輜車中に居り、坐して計謀を為」したという。睡虎地秦簡や張家山漢簡に見える「隠官」の制度が、こうした「刑余の人」への忌避と相通ずることは疑いないだろう。ところが、さらに時代をさかのぼると、西周末から春秋時代の青銅器の中に、城門に擬した扉の上に断足をうけた刖者の像を飾り付けている例がある。門扉という最も目に付く空間に「刑余の人」を配する感覚は、「輜車中」に策をめぐらした孫臏のそれと異質なものと言わざるを得ない。もとより想像の域を出ないが、異形の身体に対する感覚が、春秋から戦国へと移るあいだに変化したのではなかろうか。身体の毀傷になぜ特殊な労役が付随するのかという困難な課題を解く手掛かりは、あるいはこうした上古の時代の身体観にあるのかも知れない(16)。

注

(1) 代表的な論考として、文帝による肉刑廃止とその復活論を概観した西田太一郎「肉刑論から見た刑罰思想」(西田 一九七四)をあげることができよう。

(2) 王占通と栗劲によれば、官有奴隷(中国語では「官奴隸」)と隷臣妾とは厳密に区別される存在であり、したがって隷臣妾に官有奴隷としての性格を認める説は正しくないという(王・栗 一九八七)。ただし、「官奴隸」の語を用いる論者も、それが官奴婢と異なることは認識しているのではあるまいか。

(3) たとえば睡虎地秦簡の次の文章を参照。

隷臣将城旦、亡之、完為城旦、収其外妻・子。子小未可別、令従母為収。●可〔何〕謂従母為収。人固買〔売〕、子小不可別、弗買〔売〕子母謂殹〔也〕。(法律荅問 **116, p. 121**)

「子供が幼くて引き離すことができなければ、子の母は売らない(子小不可別、弗売子母)」という規定からは、子が成長していれば母の売られる場合もあったことがうかがえる。

(4) たとえば高恒は秦の労役刑を「終身服役制」と呼び、無期懲役であることを強調する傾向にある(高恒 一九八三)。

(5) 栗劲・霍存福は、原文の「完」字を「髡」に改める『漢書』臣瓚注に従っている。

(6) ただし、なぜ過渡刑を経由するという「ややこしい」方法をとったのか、その理由についてはなお完全に解決されない。各刑徒の労役内容や待遇などについて、さらなる検討が必要であろう。

(7) 張建国は当初「師古曰」の文字が脱落したと想定したが(張建国 一九九六a)、その後の論文では、抄写の過程で注釈者名が不明になった注文として、ひとまず「無名氏曰」としておくのがよいと述べている(張建国 一九九八、二二四~二二五頁)。

(8) 張建国は明言していないが、「正司寇」の「正」とは「正式」の意味ではなく、「刑を定める」ことである。『三国志』巻一二魏書鮑勛伝に

詔曰、勛指鹿作馬、収付廷尉。廷尉法議、正刑五歳。三官駁、依律罰金二斤。帝大怒曰、勛無活分、而汝等敢縦之。収三官已下付剌姦、当令十鼠同穴。

とある「正刑五歳」は、「刑五歳と正(さだ)む」すなわち「刑期五年の労役刑に判決した」ことをいう。なお、本書第三章144頁も参照のこと。

(9) ②③について、有期刑の存在を示す箇所を左記に引用しておく。

『周礼』秋官・司圜

司圜掌収教罷民。凡害人者、弗使冠飾而加明刑焉、任之以事而収教之。能改者、上罪三年而舍、中罪二年而舍、下罪一年而舍。其不能改而出圜土者、殺。雖出、三年不歯。(鄭司農云、罷民、謂悪人不従化、為百姓所患苦、而未入五刑者也。故曰凡害人者。不使冠飾、任之以事、若今時罰作矣。)

「守法守令等十三篇」

卒歳田入少入五十斗者、□之。卒歳少入百斗者、罰為公人一歳。卒歳少入二百斗者、罰為公人二歳。出之之歳□□者、以為公人終身。卒歳少入三百斗者、黥刑以為公人。(下略)(941-942, p. 146)

司圜に記される制度が一種の有期労役刑であることは、「之に任ずるに事を以てす」という表現から明らかである。また、「守法守令等十三篇」に言う「公人」は、「銀雀山漢墓竹簡」が指摘する通り「刑罰を受けて公家のために服役する人」の謂であろう。

(10) 石岡浩によれば、睡虎地秦簡に見える「官府」とは「役所の総称ではなく、県に所属する一機関」であり、「作官府」すなわち「官府における軽労働」は、築城など過酷な労働に代わって高爵所有者に科された一種の刑罰減免措置であるという(石岡 一九九八)。この認識は、張家山漢簡の「作官府」にも該当すると思われる。

(11) こうした有期の「繫城旦」刑もむろん労役刑の一種であるが、「労役刑」の語を用いると従来から知られている労役刑と紛

れやすく、その結果「労役刑はやはり有期であった」といった杜撰な議論を生むのではないかと危惧する。黥城旦舂以下の労役刑とは別系列の軽度労役刑であることを明示するため、本書では仮に「罰労働」と呼ぶことにしたい。

(12) 特殊な財産刑としての贖刑が秦～漢初の刑罰体系の中で占めていた位置については、張建国に専論がある（張建国　二〇〇二）。

(13) 李均明は張家山漢簡「二年律令」に見える「復城旦舂」という文言を「再び城旦舂に服役する」と解釈し、城旦舂に刑期が存在した証拠であると考える（李均明　二〇〇二、一二八～一二九頁）。しかしながら、たとえば

　城旦舂亡、黥復城旦舂。鬼薪白粲也、皆笞百。（二年律令 164, p. 155）

という規定に明らかな通り、「復城旦舂」とは城旦舂に服する刑徒が逃亡罪を犯した場合、肉刑を施した上で「城旦舂に復帰させる」という意味であり、刑期の有無と必ずしも関係しないこと、徐世虹が指摘する通りであろう（徐世虹　二〇〇四b、八二～八三頁）。

(14) 隠官の処遇については、本書第二章の注（19）および補論を参照。漢人の認識においても、文帝改制の議論に見られる通り、黥や斬趾などの「肉刑」と髠や耐などの一時的な身体毀傷とは、大きく異なる範疇であった。「身体刑」というカテゴリーによって両者を一括することは、漢人自身の意識にも反するのではあるまいか。

(15) ただし、肉刑の中で唯一、宮刑のみは死刑の代替刑として存続する。『漢書』巻四九鼂錯伝の対策中の「除去陰刑（張晏曰、宮刑也）」という一句と、巻五景帝紀・中四年秋の条の「赦徒作陽陵者、死罪欲腐者、許之（如淳曰、腐、宮刑也）」とある記事とを併せるならば、宮刑は文帝の時代にひとまず廃止されたが、景帝の時代に復活したという認識が得られる。

(16) 身体毀傷と労役との関係を解く鍵の一つは、障害者をめぐる保護と従属の中に求められるのではあるまいか。すなわち、身体の障害ゆえに自活の困難な人々に対し、共同体が生活を保障すると同時に、隷属的な身分に置いて特殊な労働に従事させるという関係である。一九七九年に涼山彝族を調査した民族考古学者の汪寧生は、かれらが有する奴隷の三分の一が「残疾者」であると報告している（汪寧生　一九九七、三四頁）。ただし涼山の奴隷は「奴隷養育院」と汪寧生が呼ぶ施設に収容されており、その点に限って見ればむしろ「隠官」の身分に近いのかも知れない。

(補注) 文帝改制の必然性に関しては、近年の石岡浩の論考において、高祖時代の爵の乱発と文帝初年の収制度の廃止とにより刑

罰体系が破綻したためである、との説得的な議論が展開されている（石岡　二〇〇五）。

終章　司法経験の再分配

本論を結ぶにあたり、史料の性格をめぐる問題にもう一度立ち戻ることにしたい。本書の主たる目的は、出土文字史料にもとづいて訴訟制度を可能な限り再構成することであったが、制度の復元をひとまず終えた今、今度はその制度の中に史料を位置付けて、全体を眺めてみたいのである。そうすることで、個々の訴訟手続も、より立体的に理解できるに違いない。取り上げるのは、本書でしばしば引用した二つの史料、睡虎地秦簡「法律答問」と張家山漢簡「奏讞書」という、大きく異なった記載様式をもつ竹簡群である。

第二章で論じた通り、刑事訴訟は原則として発覚地点の県廷において裁かれた。県に属する下級役人、具体的には獄吏（獄史）と呼ばれる書記官こそが、最末端で司法を担う主体であった。秩百石以下の小吏であるにもかかわらず、被疑者に対する訊問から罪状の確定、相当する刑罰の決定に至るまでの手続は、原則的に彼ら獄吏の職務であった。ただし判断に迷う疑罪については、上級機関に裁決を仰ぐ上讞の制度が設けられ、公正な裁きを保障していた。

「法律答問」と仮称された一群の竹簡が、こうした獄吏の司法実務と密接に関連する書物であることは、序章ですでに指摘した。そこに記された文章が具体的かつ実用的な内容をもつ一方で、犯罪の態様をめぐる論理的な分析態度や法令相互の均衡に対する配慮など、法学的とも呼びうる思考を備えていることも、本論で引用したところから看取されよう。では、この書物は一体、どのような経緯のもとに成立したのであろうか。その検討のため、まずは二つの問答を引こう。

司寇盗百一十銭、先自告、可〔何〕論。当耐為隷臣。或曰貲二甲。
司寇の刑に服している者が百十銭相当の盗みをはたらき、発覚に先立って自告したならば、いかに論ずるか。耐して隷臣と為すに相当する。一説に貲二甲という。（法律答問 8, p. 95）

女子為隷臣妻、有子焉、今隷臣死、女子北其子、以為非隷臣子殹〔也〕。問女子論可〔何〕殹〔也〕。或黥顔頯為隷妾、或曰完、完之当殹〔也〕。
女子が隷臣の妻となり、子をもうけたが、隷臣が死んだおり、女子はその子を家から出し、隷臣の子ではないとした。問う、女子はどう罪を定めるのか。額と頬に黥して隷妾と為すともいい、黥せずに隷妾と為すともいうが、黥しないとするのが妥当である。（法律答問 74, p. 134）

前の例では問答の答えが二つ示されている。このような両論併記は、実務の際の手引としては紛らわしいように思われる。同様に後の例でも二説を並べる。この場合は「完が妥当」だと一応「正解」を示しているが、それなら殊更に「別解」を記すのは蛇足なのではあるまいか。

もう一つ指摘すべきは、答えの前に「議」や「廷行事」の文字を冠した例である。

或闘、噛断人鼻若耳若指若唇、論各可〔何〕殴〔也〕。議皆当耐。
或るひとが闘い、他人の鼻もしくは耳もしくは指もしくは唇を噛み切った。それぞれどのような刑罰に当たるか。議によればすべて耐に相当。（法律答問 83, p. 113）

盗封嗇夫可〔何〕論。廷行事以偽写印。
密かに嗇夫の印で封をしたら、どのような罪に当たるか。廷行事では官印偽造とする。（法律答問 56, pp. 106-107）

こうした例にあらわれる「議」や「或曰」「廷行事」とは何であろうか。結論を先に述べれば、これは「法律答問」の由来を示す痕跡器官のようなものである。私見によれば、睡虎地秦簡「法律答問」の原型は、張家山漢簡「奏讞書」のような上讞案例に求められる。そのことを「奏讞書」の記載形式から証明してみよう。

すでに本論でみた通り、「奏讞書」の主体をなすのは、様々な疑罪について「上讞」すなわち上級機関に伺いを立てた案例であり、したがって多くの場合、案件に対する裁断をもって結ばれている。次に引くのはその典型で、大夫の明の隷属民となっていた符という女性が亡命者である事実を隠して隠官の解の妻となった事件について、解の罪をどう定めるか上讞して裁決を仰いだ例である。文中に「亡人を娶りて妻と為す」とあるのは、「人の妻および亡人を娶りて以て妻と為さば…（中略）…黥して城旦と為す（取〔娶〕人妻及亡人以為妻…（中略）…黥為城旦）」という律（二年律令 168-169, p. 156）を指す。

疑解罪、毄〔繫〕。它県論。敢潚〔讞〕之。●吏議、符有〔名〕数明所、明嫁為解妻、解不智〔知〕其亡、不当論。●或曰、符雖已詐〔詐〕書名数、実亡人也。解雖不智〔知〕其請〔情〕、当以取〔娶〕亡人為妻論、斬左止〔趾〕為城旦。●廷報曰、取〔娶〕亡人為妻論之、律白、不当𤅊〔讞〕。

解の罪を疑い、勾留しました。他の人物については県で論じます。以上、上讞いたします。
●吏の議するには、符は明の所に戸籍があり、明は嫁がせて解の妻とし、解は彼女が亡命者であると知らなかったのだから、刑罰を適用するに当たらない。
●或る者が言う、符は偽って戸籍に登載しているが、実際は亡命者である。解はその事実を知らなかったとはいえ、「亡人を娶りて妻と為す」罪によって刑を定めるに相当し、左趾を斬って城旦とする。
●廷が判断を下して言う、「亡人を娶りて妻と為す」罪によって刑を定めることは、律に明白である。〔このような案件は〕上讞するに当たらない。（奏讞書 32-35, pp. 215-216）

上讞された案件の処断をめぐり、複数の役人が議論したのち、最終的な裁決が下されている。すなわち、解は「不知」ゆえに無罪であるとする議論に対して、別の吏が、律に明文化されている以上、有罪であるむね主張する。(2) そして両者の議論を受けて、律に定める通りだと「廷が報じて」結論となる。ここにいう「廷」が何を指すのかは、今しばらく措くことにして、差し当たり注目したいのは、議論の過程が「吏議」、「或曰」、「廷報」という語によって表わされていることである。それが各々「法律答問」の「議」、「或曰」、「廷行事」と対応していることは明らかであろう。「議は皆な耐に当つ（議皆当耐）」とは「吏の議論では耐刑が相当ということになって異論が出なかった」こと、「或いは貲二甲と曰う（或曰貲二甲）」とは「耐為隷臣との意見に対して貲二甲という異論があった」こと、(3)「或いは顔頯に黥して隷妾と為し、或いは完と曰う、完の当せるなり（或黥顔頯為隷妾、或曰完、完之当也）」とあるのは「黥隷妾と完隷妾の二説が対立したが、完が相当ということに落ち着いた」こと、そして「廷の行事は偽写印を以てす（廷行事以偽写印）」とは「議論の結果、廷が官印偽造という裁決を下した」

ということを、それぞれ意味していると解釈できる。「法律答問」という書物の素材の一端が、このような疑罪をめぐる議論にあることは、疑いないと思われる。同時にそれは、「奏讞書」もまた「法律答問」と類似した性格の書物であることを意味するのではあるまいか。

「奏讞書」の史料的性格については、つとに李学勤や彭浩による解説があり（李学勤 一九九三・九五／彭浩 一九九三・九五）、日本においても関連する論文は少なくない（飯尾 一九九五／池田 一九九五ａｂ／小嶋 一九九八）。今ここで「奏讞書」全体にわたって検討するゆとりはないが、「法律答問」との類縁性に注目すれば、書物としての目的が疑罪の判断に指針を与える点にあることは、おそらく間違いないだろう。池田雄一は、奏讞書に収める各種案例に繁簡が見られる原因として、『奏讞書』の編者が治獄、あるいは讞作成の手引として、参考になると思われる公文書をもとに編集を加えた」ためだと解釈している（池田 一九九五ｂ、一二二頁）。公文書を編集したという推定は正しいが、「讞作成の手引」であれば上讞後の議論まで長々と著録する必要はない。目的はむしろ「治獄」の参考のため、すなわち疑罪に対してどのような裁断を上級機関が下しているか知悉することにあるのではないか。「奏讞書」の半分は上讞と直接かかわりのない文章で占められているが、その内容は再審や「議」の記録など、いずれも司法実務との関連において理解することができる。「奏讞書」の性格は、「封診式」のような文範集よりも、むしろ「法律答問」のような案例集に一致する(4)。疑罪をめぐる判断を、比較的原型に近い公文書によって示した書物が「奏讞書」、疑問点を問答体に編集した書物が「法律答問」だと考えて、大きな過りはないだろう。

とするならば、そこに示される裁決は、中央機関の判断を反映するとみるのが妥当であろう。なぜなら、疑罪への対応において肝要なのは、裁判の統一性と均衡性を失わないことだと考えられるからである。地方機関のレベルにおいて、そのような全体への配慮は難しい。「法律答問」にせよ「奏讞書」にせよ、おそらくは廷尉の周辺で整理・編纂されたのち、司法を担う末端機関へ頒布されたのであろう。上級機関の裁決を伝える文書が「奏讞書」の中に含まれている理由は、このように考えることで無理なく説明できる(5)。具体的・実用的な事案と法学的な思考にもとづく判断という、「法律答問」の文章が備える特徴もまた、中央機関の判断という視点に立てば、理解できるのではあるまいか。

先述の通り、県の獄吏は制度の最末端において訴訟を担う主体であった。難解な法文の解釈や律に規定なき罪状に対する刑罰の適用など、種々の疑問に第一に――かつ最も頻繁に――直面するのは、彼らであったに違いない。そうした疑問の一つひとつは、二千石官に上讞されて審議され、最終的には中央の廷尉の指示を仰いだ上で、然るべき裁決が下された。このような制度において、司法実務から生まれた様々な疑問・疑案が、裁決の過程や結果ともども中央の廷尉のもとに蓄積されるのは、必然的な結果であった。そしてそれらは、いずれの折にか編纂物として整理され、獄吏の実務に供するために全国へ頒布されたのであろう。「法律答問」や「奏讞書」などの書物は、このような由来をもったテキストであった。地方機関の司法実務の経験は、二千石を経て中央に集約されて整理され、しかるのち地方へと再分配されていくわけである。

個々の獄吏の経験は、かくして全体に共有される。見方によれば、それは一種の判例法、立法の手続きを経ない法規であると言えようか(6)。外観は大きく異なるものの、清朝における刑案と遥かに呼応する性質を、そこに読み取ることも可能であろう。中村茂夫が指摘する通り、「人間社会の争い事に対して、国家機関の手に依って裁判が行なわれた場合、その結果が事例として集積するのは自然の現象であるから」、刑案のような判例集は「何時の時代にも見られた筈である」（中村　一九九三、七一五頁）。

張家山漢簡の出土した二四七号墓の年代観は、出土した器物によれば景帝まで下らない前漢初年で、文帝十三年（前一六七）に比定される江陵鳳凰山一六八号漢墓との共通性が指摘されている（荊州地区博物館　一九八五／湖北省文物考古研究所　一九九三）。とするならば、睡虎地十一号秦墓との年代差は約五〇年ということになろう。(7)中国世界に現存する最古の律の一群が、個々の経験を全体に還元する仕組みの中で運用されていたということは、特筆されてよい現象である。おそらくは、この「司法経験の再分配」とも呼ぶべき仕組みが、中国における広大な領域支配を可能にした条件の一つであったと思われる。まことにブロックが指摘する通り（ブロック　一九九五、四四五頁）、人びとがどのように裁かれていたのかを問うことは、一つの社会システムを知るための恰好の試金石と言うべきであろう。

注

（1）種という戸籍なき大男子を蔵匿した獄史の処分を上奏する「奏讞書」の中に、「種県論」という句が見えている（63-68, pp. 218-219）。これは明らかに「種については県で論じます」の謂であるから、とするならば「它県論」という定型句は、「その他の人物については県で論ずる」という意味に解せるであろう。学習院大学漢簡研究会の訳に「他の案件（符に関するもの）は県で罪を論じました」とするのが正解に近い（学習院大学漢簡研究会　二〇〇二、一一三頁）。

（2）律の規定では「黥為城旦」であるところを「斬左趾為城旦」との判断を示しているのは、解がすでに黥劓を受けた隠官であることによる（学習院大学漢簡研究会　二〇〇二、一一七頁）。「隠官」については、本書第二章の注（19）ならびに補論を参照のこと。

（3）この問答の法理については、本書第二章第一節を参照のこと。

（4）つとに宮宅潔は、「奏讞書」の性格を理解するためには、「法律答問」のような「問答形式の法律運用注釈書の伝統の系譜も視野に入れねばならない」と指摘している（宮宅　一九九六、三〇頁）。

（5）宮宅潔は「奏讞書」に見える「廷」の語について、「「廷尉」などの特定の機関を指すものとするよりも、「法廷」、つまり裁きの場ともなる官衙の「中庭」を意味するものと見ておくのがよかろう」と述べている（宮宅　一九九八、五九頁）。しかし、「法律答問」の「廷行事」との関連性を考慮するならば、「奏讞書」の「廷」が廷尉という「特定の機関」を指す可能性は高いのではないか。山田勝芳が指摘する通り、「法解釈・法運用における合理性・公平性の追求の頂点に立っていた」延尉の判断であればこそ（山田　二〇〇二、五三頁）、「行事」すなわち判例として規範性をもち得たはずである。

（6）刑案とは、「中央政府の裁判機関たる刑部の档案を素材として、取捨節略、分類編纂して、司法実務にたずさわる者の参考の用に供することを目的とした出版物である」（滋賀　一九六〇、九五頁）。

（7）張家山二四七号漢墓の墓主に関して、張家山漢墓竹簡整理小組は、出土した暦譜の恵帝元年（前一九四）の条に「病免」とある一方で、「二年律令」すなわち呂后二年（前一八六）の法令を所持していることなどを理由に、「法律に精通した学者（専精法律的学者）」であろうと推測している（張家山漢墓竹簡整理小組　一九八五、一五頁）。

付章一　湖南龍山里耶秦簡概述

はじめに

里耶秦簡とは、湖南省龍山県里耶の古城址にある古井戸のひとつから、二〇〇二年六月に出土した秦代の簡牘史料である。報告によれば、J1の編号をもつ一基の井戸から推定三万六千枚もの簡牘が出土したという。二〇〇五年四月現在、正式な報告として公刊されているのは、『文物』誌上に掲載された三五枚にとどまるが（「里耶簡報」）、その限りでは保存状態は良好で、簡報のカラー図版も鮮明である。「秦代の竹簡発見」という当初の報道に反し、発表された史料の大半は木牘に書かれた文書であった。

これは初めて見る秦の公文書の実物である。公文書である以上、特有の用語や句法が煩瑣とはいえ、既知の簡牘史料との共通点も多く、大半の簡は——細部に課題を残しはするが——ほぼ問題なく読み解ける。もとより今回の公表部分は全体の僅か〇・一%に過ぎないが、それでも睡虎地秦簡や張家山漢簡など従来の史料について認識を正す部分が少なくない。序章に述べた出土史料論の補遺として、ここに付章を設け私見を記しておくことにしたい。

本文では以下、史料の全体を指す場合は「里耶秦簡」と称し、個々の文書は形態によって木牘、検などと呼び分ける。史料番号は「里耶簡報」に従い、Aは正面（表）、Bは背面（裏）。なお、本史料に関しては、李学勤による史料解説（李学勤　二〇〇三）のほか、二〇〇三年時点までの中国における研究動向をまとめた沈頌金の整理がある（沈頌金　二〇〇三）。また『文物』誌上に発表された部分については、湖南省の研究者による注釈のほか（湖南省文物考古研究所ほか　二〇〇三）、日本語による詳細な訳註がある（「里耶訳註」）。

一　文書の用語

里耶秦簡には、敦煌・居延漢簡で見慣れた公文書用語が頻繁に現れる。文末の書き止めだけを取り上げてみても、上行文書に特有の「敢言之」（敢えて之を言う）を始め、下行文書において指示内容の着実な執行を命じる「它如律令」（它は律令の如し）、「以律令従事」（律令を以て事に従え）、「聴書従事」（書を聴き事に従え）や、報告・返答を求める「書到言」（書到れば言え）、「謁報」（報ぜんことを謁《もと》む）など、すべて漢簡の知識によって解釈できる。やや特殊な用語としては、「劾移」二文字が注目される。これは「劾（罪状を告発した文書）を送る」という意味で、居延漢簡では「甲渠令史劾移居延獄」（甲渠候官の令史が居延県の獄に劾を送る）（EPT68. 14・15）のように使わ

れる。したがって、J1⑯5A・6Aに

　興黔首可省少、弗省少而多興者、輒劾移県、県亟以律令具論。

とある一節は、物資の転送にあたり「黔首の徴発を最小限にできるところを、そうせずに多く徴発したなら、ただちに劾を県に送り、県は律令に従って罪を定めよ」という、担当者の処罰を定めた文章として読み解ける。

文書の伝達に関する用語も、漢簡と共通する例が少なくない。J1⑧152Bに

　四月甲寅日中佐処以来

　欣発

　四月甲寅の日中に佐の処が以《もっ》て来《きた》る／欣が発《ひら》く

とあるのは、受信の日時と配達者および開封者の名を書き留めた文章である。居延漢簡でも少数ながら

　居延□候　　　　　　行事候長吉

　六月辛卯第八卒同以来　発

　六月辛卯に第八燧の戍卒の同が以て来る。候長兼任の吉が発く（EPT51. 195B）

のように、文書の背面に配達者と開封者とを記した例が見えている。J1⑨1～12末尾の「以洞庭司馬印行事」（洞庭司馬の印を以て事を行う）という一文は、洞庭郡の仮尉が発した命令を「洞庭司馬」の印で封をした、という

意味で、居延漢簡では「肩水候房以私印行事」（肩水候〔肩水候官の長〕の房が私印を以て事を行う）（10. 35A）のように、私印によって公文書を封じた際に用いられる。J1⑥2の検に記された「遷陵以郵行／洞庭」の文字は、「遷陵県宛てに郵をリレーして送れ／差出者は洞庭郡」という意味。居延漢簡の検にも「居延甲渠候官以郵行」（EPT56.48）のように「郵を以て行《や》れ」という表現がある。

なお付言すれば、J1⑧134A・157Bの釈文に「郄」とある文字は、「卻」と釈すべきであろう。「卻」とは「却」で、報告内容を退けること。本書第三章で指摘した通り、居延漢簡「候粟君所寇恩事冊書」に「廷却書」（県廷は報告書を退け）と見える「却」である。公表された僅かな部分に限ってみても、敦煌・居延漢簡との類似性には刮目すべきものがある。それは外ならぬ漢代の文書行政を支える諸要素が、すでに出揃いつつあったことを意味するだろう。

里耶秦簡には一方で、これまでの簡牘史料の解釈を修正しうる用例もある。その中で重要なものを三つ指摘しておく。

第一は、J1⑯5Bに見える左記のような文章である。

尉別都郷・司空、司空伝倉、都郷別啓陵・貳春、皆勿留脱。

尉は都郷と司空とに別し、司空は倉に伝え、都郷は啓陵と貳春とに別せよ。すべて滞留・脱落することのないように。

同様の文はJ1⑯6Bにも見えるが、「別」とは文意からみて「別書」、すなわち複数の対象に同一内容の文書を伝達することに違いない。睡虎地秦簡「語書」の末尾に「別書江陵布、以郵行」（8, p. 13）と見えている語も、

「同一内容の文書を江陵県から郵をリレーして各方面に布告せよ」との指示であろう。とするならば右の通達では、「尉から都郷と司空に伝え、さらに司空は倉〔主〕に、都郷は啓陵と貳春に各々伝えよ」という、尉を経由した伝達経路を指示していることになる。この解釈が正しいとすれば、J1⑯5B の書出しに

遷陵丞歐敢告尉、告郷司空倉主。

とある文章は、「遷陵県丞の歐が県尉に命ずる、郷と司空と倉主に告げよ」の意味であり、「尉に告げ、郷と司空と倉主に告ぐ」ではありえない。居延漢簡の「敢告某々謂某々」といった表現を、「某々に告げ、某々に謂う」と読んできた通説の当否が、あらためて問われることになるだろう。(1)

第二は、J1⑨1B・7B ほかに見える「当騰=」という文言である。

卅五年四月己未朔乙丑、洞庭叚〔仮〕尉觽謂遷陵丞。陽陵卒署遷陽、其以律令従事、報之、当騰=。

この文言は、本書第二章で指摘したように、睡虎地秦簡「封診式」にも「当騰=皆為報」という形で現れている。「報」字に続けて記される以上、何らかの返信に関する表現であることは疑いないが、従来は「当騰、騰皆為報」と句読した上で、「確かに書き写し、書き写したものを返送せよ」と訳されていた。「騰」字を「謄」と読み替えていたわけである(『睡虎地釈文註釈』p. 149)。しかし、この表現が里耶秦簡の「報之、当騰=」と対応することは明らかで、とするならば「封診式」の一文は「当騰=、皆為報」と切るのが妥当であろう。では「騰=」とは何かというと、それは「騰馬」の合文ではないか。睡虎地秦簡「秦律雑抄」に「驀=五尺八寸以上」という文字があり、『睡虎地釈文註釈』は「驀=」を「驀馬」の合文とする(9-10, pp. 81-82)。同じ原理で「騰=」を「騰

馬」の合文と釈するならば、合文符合を欠き「当騰」と作る場合も解釈できる。「刺史の王陵、〔孫〕布の書を騰《おく》り、兵馬もて之を迎えんことを請う」（『三国志』巻二六魏書満寵伝）とあるように、「騰」字は単独でも早馬で文書を送る意味がある。したがって、「当騰馬」（騰馬に当つ）であれ「当騰」であれ、返信を「早馬で急ぎ送れ」の意味になる。

第三は、J1⑧156やJ1⑨1～12の「署金布発」「署主責発」という文言である。この文言は、「報署主責発、敢言之」、「写上、謁報、報署金布発、敢言之」といった文脈の中に見えている。同様の文言は張家山漢簡「奏讞書」に「署獄史曹発」「署如廥発」「署獄如廥発」といった形で現れているが（7・15・47簡）、「張家山釈文注釈」では「発、拆封」つまり「発は開封するという意味だ」という以外、とりたてて解釈は示されていない。注意すべきは、里耶秦簡でも奏讞書でも、この文言が返信を求める「報」「謁報」に続いて文の末尾に置かれることと、「署」「発」の間に役職名か人名が入ることである。とするならば「署○○発」は「○○が発《ひら》けと署せ」と読み、返信の際に開封者を指定するよう求めた文言と解釈することができないか。「廷主戸発」（廷の主戸が発け）と記された検（J1⑧155）は、その傍証となるだろう。居延漢簡にも「甲渠候官候発」（甲渠候官宛て。候〔候官の長〕が発け）（EPT51. 440）のように、開封者を指定した検の例がある。『釈名』釈書契に「文書の検に書すを署と曰う。署は、予なり。予うる所の者の官号を題するなり（書文書検曰署。署、予也。題所予者官号也）」とあるように、「署」には宛先の官名を検に書き記す意味がある。「金布」「主責」とは類例を見ない官名であるが、木牘の内容から推して、「県廷とは別置の部署で、県廷直属の出納部署」（「里耶訳註」）および「貲銭を督促する部署」（李学勤　二〇〇三）だと考えられる。

二　文書の様式

文書の形態や記載様式に目を転じてみよう。里耶秦簡の図版を一瞥したとき、真っ先に脳裏に浮かんだものは、李学勤も指摘する湖北省荊州高台十八号漢墓出土の木牘であった（湖北省荊州博物館　二〇〇〇）。幅の広い板の表裏に文章を記し、書記の署名と思われる「某手」の二字を末尾に添えた形式は、里耶の木牘文書と基本的に同一であると言ってよい（図9・10）。高台の木牘は、死者の身分を冥土（「安都」）に向けて申告する埋葬文書（いわゆる「告地策」）であるが、里耶秦簡の出土によって、現実の行政文書の形態を忠実に模していることが明かとなった。前漢前期の墓を中心に出土する他の告地策についても、同様に理解してよいだろう。木牘という文書形態に注意を喚起した点に、里耶秦簡のひとつの意義がある。

問題は形態のみにとどまらない。木牘の多くは、複数の機関から発せられた指示や依頼が表裏にわたって列記され、一枚中の筆跡もまた一様でない。これは一枚の文書の上に複数の機関が依頼や指示を書き次いでいくためで、後世の紙文書では広く知られた現象である。こころみに**J1⑨1～12**の十二枚を並べてみると、いずれの文書も、a陽陵県の司空から県廷への依頼、bそれを取り次いだ陽陵県から洞庭郡への依頼、c陽陵県から洞庭郡への催促、d洞庭郡仮尉から遷陵県への通達、の四つの部分から成っている。このうちabの日付は接近するが、bc間では一年余り経過している。また、a～c部分は木牘ごとに日付も発信者も様々であるが、dは例外なく「卅五年四月己未朔乙丑〔七日〕」の日付で、「洞庭仮尉の觿」が発信者。筆跡もまたa～cとdでは大きく異な

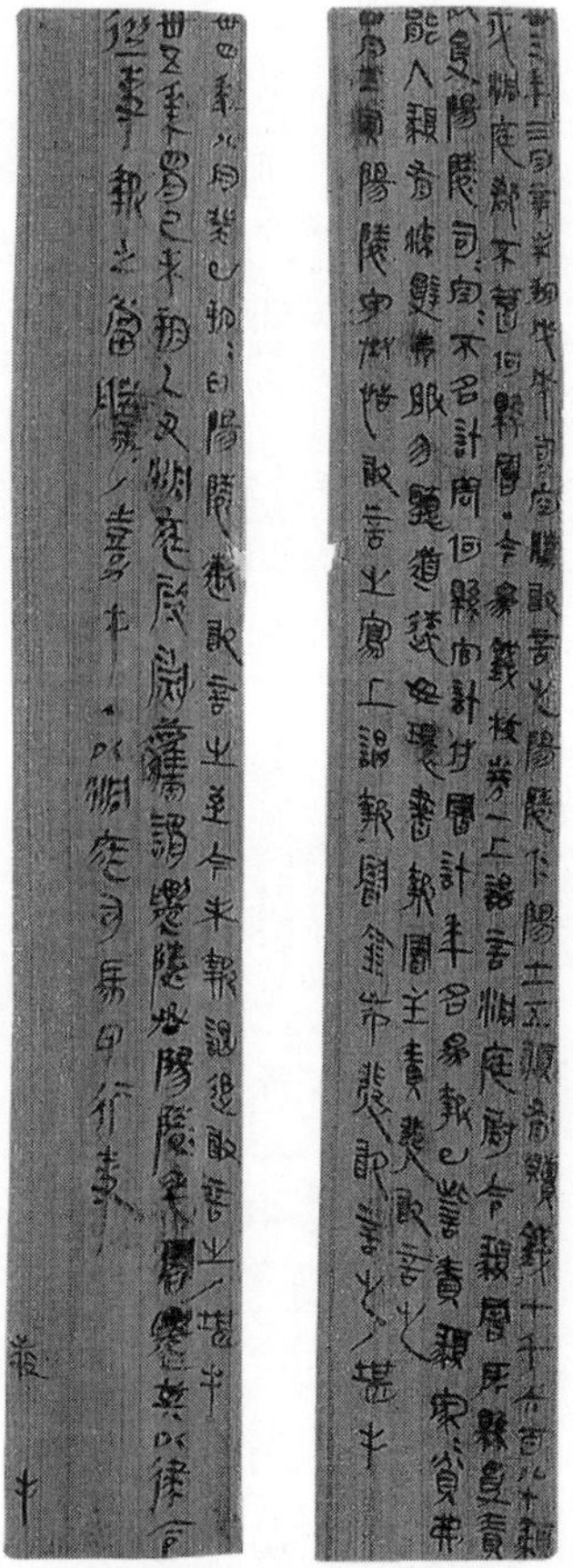

図９　里耶秦簡Ｊ１⑨９

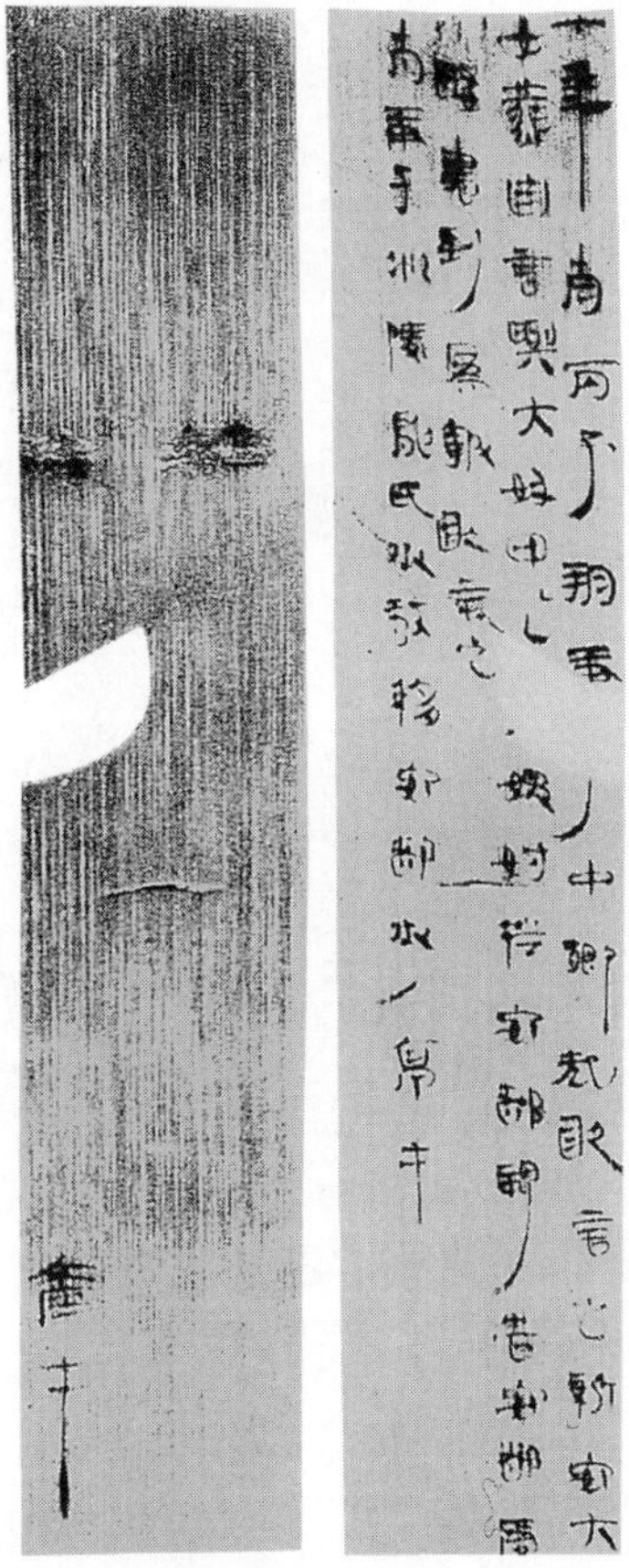

図 10　荊台 18 号漢墓出土木牘

る。文書の内容と対照すれば、こうした違いは次のような事情によると推定される。すなわち、a洞庭郡内で戍役に就いている陽陵県出身の人物について、その配属部署を確かめて債務の残余（「貲余銭」）を取り立てるよう郡尉に依頼してほしい、との県司空からの要求を、b陽陵県が洞庭郡へ取り次いで返信を求めた（「謁報」）。ところが、一年余り経っても返事がないので、cあらためて郡へと催促を送る（「謁追」）。同様なことが他の人物についても繰り返された結果、洞庭郡には催促状がたまる。それを郡では一括し、d三五年四月乙丑（七日）付の郡仮尉の命令を添えて、就役先の遷陵県へとまとめて送り、陽陵県の要請通り処理したうえで結果を急ぎ回答するよう求めた（「報之、当騰馬」）。――以上の経緯が一枚の木牘の両面に順次記されているわけである。厳密に言えば、筆跡と署名（「某手」）に関しては、なお検討すべき問題がある。しかし、いずれにせよ、一連の通達の終着点は遷陵県だから、木牘が出土した里耶古城址を遷陵県城に比定することは、無理のない推論であると言ってよい。

このような記載様式の出土文書は、管見の限り秦漢時代に前例がない。里耶秦簡の出現は、冊書を中心に組立てられた簡牘文書の認識に、再考を促すものと評価できよう(2)。図版を離れて文書の理解が不可能なことも、右の例から明らかであろう。

おわりに

里耶秦簡とは結局のところ、どのような性格の史料なのだろうか。これまでのわずかな公表部分をもって全体像を云々するのは、早計のそしりを免れまい。しかし全体のごく一部とはいえ、公文書類がまとまって出土していることは看過できない。今日の役所の業務に見られる通り、公文書類は不要となれば、まとめて大量に廃棄される。したがって、未発表部分の主体もやはり、遷陵県にかかわる公文書である可能性が高い。簡牘が出土した古井戸は、ひとたび水が涸渇したのち、官衙の不要物投棄坑として使用されたのではあるまいか(3)。

とするならば、その全体像は、敦煌や居延の軍事施設から出土した簡牘類と、類似した内容になるだろう。秦代公文書の海が、里耶の井戸から姿を現わすわけである。半世紀前、敦煌・居延漢簡に挑んだ先学がまず着手したのは、徹底した帰納法により用語の意味を確定し、文書を正確に読み解いていくことであった。新たな秦の文書についても、同様の地道な作業が不可欠となるに違いない。本章はそうした予見のもとに、蠡をもって海を測らんとした試みにすぎない。

注

(1) この議論については、本書第四章（注19）をも参照のこと。

(2) ただし、公文書の形態に冊書と木版の二系統があったというわけではない。里耶の木牘の記載形式が冊書を前提としていることは、「里耶訳註」で指摘した。

(3) 古井中の出土層位と木牘の紀年とを対照すると、二六年の紀年簡が中層の第八層からも、底に近い第一六層からも出土している。この事実は簡牘の投棄が短時日のうちに行なわれたことを示唆する。「里耶簡報」では、層位から出土した植物遺体の分析により、廃棄の期間は夏から秋にかけての三か月を超えないと推定している。

付章二　【書評】A.F.P.Hulsewé, *Remnants of Ch'in Law*,

Leiden: E. J. Brill, 1985, viii + 242pp.

一

「スイスに移ってのち、やっとまた机に向かって過ごす時間を得たとき、私は長いあいだ怠っていた予定の仕事、二十年も前に刊行された *Remnants of Han Law* の第二部の執筆にとりかかった。しかし、一九七六年の夏に秦代の律や法規類が公刊されたとき、私は第二部の仕事を脇によけ、この新しい資料の研究に着手した。結局のところ、漢は秦の法を継承しており、これを研究することによって私は漢律の仕事をすることにもなるだろうから。」(p. vii)

ライデン大学名誉教授、故アンソニー・フルスウェによる *Remnants of Ch'in Law* は、こうして六年の歳月を

費やして成った睡虎地秦簡の詳細な英文訳注である。副題に

An annotated translation of Ch'in legal and administrative rules of the 3rd century B.C. discovered in Yün-meng Prefecture, Hu-pei Province, in 1975

といい、Sinica Leidensia の第一七冊として刊行された。内容は次の通り。

前言
序論
　付論一　秦の刑罰体系の概要
　付論二　秦漢の度量衡
翻訳
　A類　秦律十八種
　B類　效律
　C類　秦律雑抄
　D類　法律答問
　E類　封診式
　F類　魏律
　G類　秦田律
秦律名一覧

文献目録
通仮字索引
平装本頁数との対照表
補記・訂正

書名が示す通り、睡虎地秦簡の法律関係部分——編年記・語書・日書の全体と為吏之道の本文を除く——と、四川省青川県秦墓から出土した田律（いわゆる木牘田律）とが訳注の対象である。G類を除き、各類の配列は最初に釈文が発表された『文物』誌に従い、さらに本書に先立って出版された三種類のテキスト、

睡虎地秦墓竹簡整理小組『睡虎地秦墓竹簡』文物出版社、一九七七年（以下「線装本」と略称）。
同前『睡虎地秦墓竹簡』文物出版社、一九七八年（以下「平装本」）。
雲夢睡虎地秦墓編写組『雲夢睡虎地秦墓』文物出版社、一九八一年。

の該当頁数と簡番号とを併記する。また、本論に先立ち序論と二篇の付論が設けられているが、予備知識の提供と問題点の概観とにとどまり、旧著 *Remnants of Han Law*（以下 *RHL* と略称）の Introductory studies のように法制度の本格的な論述を意図したものではない。睡虎地秦簡の英文による注釈としては、マクラウド、イェイツ連名による封診式の訳注（FCL）が知られているが、法制関係簡の全文にわたる完備された訳業は、むろん本書が始めてである。今後、睡虎地秦簡を用いるにあたっては、英語圏の研究者ならずとも必ず参照すべき業績と言えよう。

一

以下、本書の特長と疑問点とを指摘していくが、網羅的な紹介はもとより不可能であり、いきおい評者の問題

関心にそって論点を選択せざるを得なかった。引用した簡文の所在はすべて本書の略号をもって示し、参照の便のため——本書刊行後の出版であるが——「睡虎地秦墓竹簡」の該当頁数を併記する。（　）中のカンマの後ろは「睡虎地秦墓竹簡」の該当頁数であり、本書の頁数ではない。「睡虎地秦墓竹簡」の注釈と訳文は前記「平装本」と同一であるから、「平装本」に対する著者の批評は「睡虎地秦墓竹簡」にも当てはまる。なお、本書については つとに李学勤の短評があり（李学勤　一九八五）、またイェイツによる長文の書評論文もある（Yates 1987）。

二

まず注目したいのは、平装本の注釈に対する著者の批判である。言うまでもなく平装本は中国における訳注作業の一到達点であり、これによって初めて文意を得た条文・語句は少なくない。しかしながら、短時日の間に為されたためか、「あまりに軽率かつ安易に辞書の説明で満足している」（p. 5）と思われる点が皆無ではないし、なお検討を要する説も少なくない。この点で、本書の指摘する以下の諸点は傾聴に値しよう。

第一に、平装本の採用した文字の読みかえ（通仮）に対して、著者はしばしば「立証されない」と異議をとなえる。その際の判断の基準をカールグレンによる復元上古音に求めることには批判があろうし、平装本に代わって著者の提示した読みかえのすべてが首肯しうるわけではない。しかし反面、平装本には「茘、疑読為甲」（A2, p. 20）といった無理な読みかえの例もあり、また読みかえることなく意味の通じる文字もあるように思われる。たとえば、「封診式」に見える「騰」字の解釈などは（E4 n. 10, pp. 148-149）、「謄」と読みかえた平装本よりも、字の如く読み post-horses（伝馬）と訳した著者のほうが、より正解に近いようである。近年の出土史料にもとづくこの文字の解釈は、本書付章一に述べてある。

第二に、平装本の不用意な注釈を著者は見逃さない。たとえば「可謂逵卒」という語句（D178, p. 141）について平装本は、『漢書』辛慶忌伝の注に「謂暴也」とある、と引いた後、「逵卒とは、おそらく字面から大道上で発生した暴行を指すのであろう」と注する。しかし、著者が正当に指摘する通り、『漢書』師古注の全文は「卒、読為猝、謂暴也」となっており、言うところの「暴」は「にわかに suddenly」の意味に外ならない。平装本注は師古注の前半を看過した不注意な解釈と言うべきであろう。また平装本は「当除弟子籍不得」という一句に「除籍とは簿籍から除名すること」と注する一方、この句で始まる「除弟子律」という律名は正反対に「弟子の任用に関する法律」と解釈する（C4, pp. 80-81）。おそらくは「籍」字の有無に引かれたのであろうが、これは明らかに不合理であり、著者が「当除弟子、籍不得」つまり「弟子の任用が認められたのに弟子籍が与えられず」と訳すのに従うべきであろう。さらに、律文中に現れる「讞」字について、平装本は「請也」つまり報告して指示を請うと解する（A64, pp. 47-48）一方で、「議罪也」つまり罪を定めることだと解す（D43, p. 106）。しかし、著者の注記するように、漢代の上讞制との関係は疑いなく、やはり一貫して「請也」の方向で解釈すべきであろう。

第三に、平装本テキストでは背後に隠れてしまった原簡の状態にも、著者は十分配慮している。たとえば「牛大牝十、其六毋子」で始まる一節（C19, p. 87）について、平装本は末尾の「牛羊課」三字が標題であり、それは「牛・羊の飼育の審査に関する法律」の謂であると解する。しかし、著者の指摘するように「牛羊課」で簡は終わっており、さらに後続の文章があった可能性も否定できない。この三文字だけを根拠に「課」と称する法源の存在を論じることとは控えるべきであろう。また、「隷臣妾老弱及不可誠仁者勿令」とある行書律の一節（A96,

p. 61）を、平装本は「隷臣妾や……には文書の伝送を言いつけてはならない」と訳すが、勿字が禁じる具体的な行為の内容が欠けていることから、勿字は本来別の簡に接続していたのであり（勿字で簡は終わっている）、「勿令」と文章は続かないと著者は考える。説の当否はともかくも、隷臣妾の職務を論じる際には無視できない指摘であろう。

もとより本書の価値は、平装本の注釈を正した点にのみあるのではない。豊富な先行学説の引用と少なからぬ創見もまた、本書の特長として挙げるべきであろう。たとえば「都官・離官」（A9 n. 19, pp. 24-25）や「県嗇夫・大嗇夫」（A19 n. 5, pp. 25-27）、「葆子」「百姓」（A68 n. 19/37, pp. 51-52）といった争点となる語句に関して、著者はまず諸説を紹介・検討した上で自説を展開するという態度を崩さない。また、こうした論争点のみならず、およそ関連する論考のある箇所については、中文・欧文を問わず可能な限り注記するよう努めており、まさに「集釈」（李学勤　一九八五）といった感がある。「辟〔避〕席」という表現について中国における椅子の起源を論じた欧文の論考を注記する箇所などは（C2 n. 4）、その典型と言えよう。この点を評して李学勤は「外国の学者の著作を熟知していない中国の研究者にとって参考となろう」と述べているが、日本の研究者にとっても未知の論文を知るメリットは小さくない。

著者の創見としては、たとえば同居・室人の別に関する見解がある（A41 n. 15, pp. 39-40）。この場合、臣妾のような非血縁者と家族との関係が一つの争点となっているが、著者は平中苓次の研究によりつつ、同居には臣妾等を含まないが室人には含まれると解釈する。評者は、両語のあらわれるコンテキストから見て、著者の見解が妥当なものと考える（1）。また、

律曰与盗同法有〔又〕曰与同罪此二物其同居典伍当坐之云与同罪云反其罪者弗当坐

という難解な一条（D18, p. 98）については、

律に「与盗同法」と曰い、また「与同罪」と曰う。此れは二つの（別個の）事がらである。同居・里典・伍人が連坐に相当する場合を「与同罪」と云う。（律に）「反其罪」と云えば連坐に相当しない。

とする本書の訳が最も説得的であろう。平装本は「与盗同法」の場合も同居・里典・伍人が連坐すると解するが、これは他の律文（D26, p. 101）に言う通り、ある犯罪行為に対して「窃盗罪の場合と同じ法を適用する」の謂であり、連坐とは全く関係ない表現である。旧著 *RHL* において著者は、用語の厳密な訓詁に徹して大きな成果を挙げたが、その片鱗は本書にもまたうかがうことができる。

三

次にいくつかの疑問点を指摘する。

まず語釈上の問題としては、「舎公官〔館〕、旞火燔其舎、雖有公器、勿責」という律文（D139, p. 130）に見える「旞火」の解釈がある。平装本は旞の或体を旜に作るところから「遺火」と読みかえ「失火」と訳すが、著者はこれを退け、『佩文韻府』を検索して得た「墜火」という語に読みかえる。しかしながら、その出典——著者

は気付かなかったようであるが——である『尚書』仲虺之誥「有夏昏徳、民墜塗炭」の偽孔伝に「夏桀昏乱、不恤下民、民之危険、若陥泥墜火無救之者」とあるのを見れば、「墜火」とは「火に墜ちる」の謂であり、右の律文には全く不適当な読みかえと言う外にない。ここは平装本の注釈のほうがまだしも適切であろう。また、「坐隷、隷不坐戸謂殴」（D19, p. 98）という難解な一句を著者は「隷は連坐するが、隷の犯罪に戸は連坐しない」と訳し、「奴隷の犯罪に主人は連坐しなければならないが、主人の犯罪に奴隷は連坐しない」とする平装本と正反対の解釈に立つ（平装本に引く「一説」が著者と同じ立場をとる）。著者の援用する居延漢簡「甘露二年御史冊」の解釈はさて置くとしても、(2) 文型の上からはたして著書のような訳が可能なのかという素朴な疑問は拭えない。

法制用語の概念規定についても、わずかながら異議がある。たとえば序論に言う。

雲夢秦簡の示すところによれば、紀元前三世紀——そしておそらくは更に早い時代——に、争いによって人を殺傷したり、過失によって故意なき殺人を犯したりすることと、故意に人を殺したり、殺意を持って殺人を犯したりすることとのあいだに、はっきりとした区別があった（p. 8）。

「甲告乙盗牛若賊傷人」で始まる問答（D35, p. 103）に付された訳注と対照すれば、このうち前者が「闘」、後者が「賊」の説明であることがわかる。別の箇所（D71, p. 113）で「闘」を an un-premeditated fight（突発的な争い）、「賊」を with murderous intent（殺害する目的をもって）と訳すのも、同じ理由によるのであろう。要するに、「賊」と「闘」とは故意の有無によって区別されるというのが、著者の一貫した理解である。しかしながら、その基準によるならば、次の問答をどう解釈したらよいのであろうか。

求盗追捕罪人、罪人挌殺求盗。問殺人者為賊殺人、且斲〔闘〕殺。斲〔闘〕殺人、廷行事為賊。(D53, p. 109)

求盗が罪人を追捕し、罪人は求盗を挌殺した。問う、〔この場合〕人を殺した者は賊殺人となるのか、それとも闘殺となるのか。これは闘殺人であるが、廷行事〔慣例法〕では賊殺人としている。

答えの部分で「これは闘殺人である」との判断をまず示しているのは、右の事件が「闘」の要件を備えているからであろう。しかし、求盗(追捕官)を挌殺した罪人の行為が故意によらない偶発的なものであったとは、必ずしも言い切れないのではないか。

著者も注記するように、こうした理解は *RHL* の一章 Intention and Negligence (故意と過失) にもとづいている。すなわち、そこでは『晋書』刑法志に引く張裴の律注をもとに「突発の争いで互いに殺傷し合うのが闘であり、そこには何ら故意は存しない」(p. 254) との見解が示されている。しかし、「両訟相趣、謂之闘」という律注の文は、互いに不和な両者が十分な下準備の上で決闘に及ぶといった事態をも含みうる表現であり、著者の理解は「闘」のもつ一面を不当に拡大したものと言わざるを得ない。同様のことは、「賊」と故意との関係にも言えよう。たとえば「不知何人賊殺人移上林(誰かわからぬ者が人を賊殺して死体を上林に運んだ)」(『史記』巻八七李斯列伝) のように、そもそも故意の有無など全く判明しえない場合でも、「賊」字は用いられているからである。「闘」と「賊」との区別には、故意の有無とは別個の原理が働いているとみるべきであろう。

同様なことは「謀」の解釈についても指摘できる。著者はこれを一貫して to plot あるいは plotting と訳し、「アクセントは計画したことに置かれているのであり、実行したことに置かれているのではない」という *RHL* の一文を注記する (D14 n. 2)。字義としてはそうなのであろうが、この解釈に固執すると、たとえば

甲謀遣乙盗殺人、受分十銭。問乙高未盈六尺、甲可〔何〕論。当磔。（D54, p. 109）

甲が謀って乙を遣わして人を盗殺し、十銭を分かち受けた。問う、乙の身長は六尺に満たないが、甲はどのように刑を定めるのか。磔刑に相当する。

のような実行に着手されたケースが説明できず、「私にはこの謀の真義がわからない。なぜなら文脈から殺人が実行されたことは明らかだから」といった困惑を表明せざるを得なくなる（D54 n. 1）。しかし張裴律注に「二人対議」と言うように、「謀」とは本来、犯行における謀議の存在に関わる概念である。とするならば、右の例のように犯行が完遂された後に「謀」が問題となっても何ら不思議ではあるまい。

さらに著者は、父の擅殺を告発した子が処罰される規定（D86/87, pp. 117-118）と、子の擅殺が罪とされたり（D56, pp. 109-110）、臣妾や子の処罰を官に願い出たりする事例（D85, p. 117; E15-18, pp. 154-156）とを全く対蹠的なものとしてとらえ、「D86や87は旧い規定で、後者つまりD56や85に取って代わられたと推定すべきであろうか？」と思案する（D85 n. 4）。しかし、用済みになった旧い規定を問答の答えに持ち出すはずはなく、著者の推測は成り立たない。本書第二章で指摘した通り、両様の規定は各々実現すべき目的を異にしているのである。すなわち、子や臣妾が父母・主人による擅殺・刑を告せないのは家長権を擁護して家の秩序を保つためであり、他方、父母や主人による子や臣妾の擅殺・刑が違法であるのは私刑という非国家的刑罰権の行使を禁ずるためであろう。秦律のような法制史料の解釈にあたっては、法文上の形式論理にとどまらず、法を制定した権力の側に視点を置いて眺めることも、時には必要と思われる。

他に二点を補足しておく。魏戸律（F1, pp. 174-175）に「叚〔仮〕門逆呂〔旅〕贅壻後父」と連称される「仮門」

について、著者は「賈門」と読みかえた平装本の説を退け、「大門内に間借りしている人」とする秦簡講読会の説（秦簡講読会　一九七八～八三）を「多少なりとも真実に近い」と評価する。確かに字面から見る限り穏当な説であろうが、一方に「仮門」とは「監門」の謂であるとする呉栄曽の解釈（呉栄曽　一九八一）や、それを批判した楊禾丁の論文（楊禾丁　一九八三）が存在することも看過できない[3]。また、青川出土の田律木牘に「田広一歩袤八則為畛」とある部分を、著者は「田については、広さ一歩、長さ八歩の畛（畦道）を作る」と解釈している（p. 212）。しかしその後、胡平生が安徽省阜陽双古堆前漢墓出土の漢簡に「卅歩を則と為す（卅歩為則）」と見えていることに注意を喚起し（胡平生　一九八三）、その結果、今日では「広さ一歩、長さ八則（＝二百四十歩）ごとに一畛を作る」との釈読が定説になっているようである。胡平生の論文は本書の脱稿後に発表されたものであるが、秦漢の土地制度を論ずる際に重要な史料となるように思われるので、特に紹介した次第である。

四

最後に、付論の中から一つだけ論点を選んでコメントしたい。それは労役刑の刑期をめぐる著者の立場に関するものである。本書第五章で論じたように、秦から漢初にかけての労役刑に刑期は認められないとするのが評者も含めた無期説の主張であるが、これに対して著者は秦漢時代を通じて刑期は一貫して変わらないとする有期説の立場に立つ。無期から有期への「変化がどこにも論及されていないのみならず、漢王朝がこのような重要な新制度を導入すべき何の理由も見出せない」（付論 p. 17）というのが著者の主張である。もとより本書の付論は、本格的な制度の叙述を意図したものではない。有期説に関しても「又繋城旦六歳」によって刑期の存在を示唆する以外、積極的な論証はなされておらず、「劉海年論文が私と見解を同じくする」とのみ述べられている（p. 17 n. 8）。しかし、もし有期説に立つのであれば、劉論文――その問題点は第五章で述べた――に依拠するのではなく、文帝改制の解釈をも含めた著者自身の分析が欲しかったように思う。もっともこれは、引き続き準備していた *Remnants of Han Law* 第二部の課題であったのかも知れない。

以上、浅学を顧みずいくつかの論点に異議を唱えてみたが、評者の批判が幸いにして当を得ていたとしても、それによって本書の価値はいささかも損なわれるものではない。旧著 *Remnants of Han Law* と同様、本書は秦漢法制史の研究にとって永く必読文献であり続けるに違いない。

注

（1）冨谷至は、睡虎地秦簡の詳細な検討を通して、「室人」とは家族に臣妾を含めた「同じ家の中に居住する人間」であり、一方「同居」とは「同一戸籍に登記されている家族」のことで臣妾を含まない、という解釈を導き出している（冨谷　一九九八、二二六頁以下）。

（2）居延漢簡「甘露二年御史冊」については、著者に別稿がある（Hulsewé 1981）。

（3）「仮門」についてはその後、寄寓者ないし游民のことであるとの解釈が李解民や臧知非によって提出されている（李解民　一九八七／臧知非　一九九七）。両者の見解は著者が評価する秦簡講読会の説に近いけれども、「門を仮りる」という場合の「門」字は、構造物としてのゲイトではなく、「家族」を意味すると思われる。

【追記】

① 本書評は一九八六年に発表した旧稿を、二〇〇五年四月の時点に合わせて改稿したものである。旧稿では傾聴に値する点の一つとして「敖童」に関する著者の解釈（C20 n. 2）に賛意を表したが、その後、二三の史料に触れるに及び、著者よりも平装本の解釈が妥当であろうと考えるに至ったため、本稿では当該部分を削除した。また、第四節で労役刑の刑期に言及した部分についても、詳細は本書第五章に譲り、記述を大幅に削った。

② 旧稿の末尾は左記のように結んであった。

文中にふれた如く、一九七三《ママ》～七《ママ》四年には湖北省江陵県張家山漢墓から漢律を記した竹簡が出土している。著者が引き続き準備されているであろう「第二部」の著作に、この新史料が錦上花を添えることを祈って、拙い評を閉じたい。

この書評に対して著者からは、一九八六年十二月二三日付けで、次のような文章を含む礼状が届いた。

ご指摘いただいたいくつかの点について、原稿を印刷所に渡す以前に私たちが議論できなかったのは、本当に残念なことでした。*Remnants of Han Law* 第二部の原稿を——ずっと先のことになるでしょうが——書き上げる際には、考慮すべき事がらでありましょう。

その七年後、一九九三年十二月一六日に、フルスウェ氏は亡くなった。エリク・ツュルヒャーによる obituary の末尾には、次のような一文が見えている（Zürcher 1994: 4）。

先述のように、*Remnants of Han Law* 第二部を執筆するという計画は、厖大な資料を収集していたにもかかわらず実現されなかった。畢生の大作が未完成に終わった最大の原因は、彼の力では変えようのない要因によるものであった。すなわち、一九八四年に張家山（湖北省江陵付近）で発見された漢代の法制史料の公刊を、来る年も来る年も待ち続けていたのである。そして明らかに彼は、この貴重な資料を取り入れる

ことなしに *RHL II* を刊行しようとはしなかった。

あとがき

本書に収めた論考の大半は、これまでに著者が発表して来た法制史関係の文章の中から数篇を選び、改訂を施したものである。各章の原型となった論文を、まずは左に示しておこう。

序章　出土法制史料と秦漢史研究
　二（2）雲夢睡虎地秦簡概述
　「雲夢睡虎地秦簡」（滋賀秀三編『中国法制史　基本資料の研究』東京大学出版会、一九九三年）
　他の部分は書下ろし。
第一章　李斯の裁判　書下ろし。
第二章　秦漢時代の刑事訴訟
　「秦の裁判制度の復元」（林巳奈夫編『戦国時代出土文物の研究』京都大学人文科学研究所、一九八五年）
補論「龍崗六号秦墓出土の乞鞫木牘」　書下ろし。
第三章　居延出土の冊書と漢代の聴訟
　「居延新簡『駒罷労病死』冊書――漢代訴訟論のために・続――」（堀敏一先生古稀記念『中国古代の国家と民

衆』汲古書院、一九九五年)
第四章　爰書新探――古文書学と法制史――
「爰書新探――漢代訴訟論のために――」(『東洋史研究』五一巻三号、一九九二年)
第五章　秦漢刑罰史研究の現状――刑期をめぐる論争を中心に――
「秦漢刑罰史研究の現状」(『中国史学』五巻、一九九五年)
一部は「『漢書』刑法志の錯誤と唐代文献」(『法史学研究会会報』九号、二〇〇四年)として既発表。
終章　司法経験の再分配　書下ろし。
付章一　湖南龍山里耶秦簡概述
「秦代公文書の海へ――湖南龍山里耶出土の簡牘を読む――」(『東方』二六八号、二〇〇三年)
付章二　【書評】A. F. P. Hulsewé, *Remnants of Ch'in Law*
「【書評】A. F. P. Hulsewé, *Remnants of Ch'in Law*」(『史林』六九巻六号、一九八六年)

最も新しい付章一を除き、ほとんどの旧稿は大幅に書き改めた。本書のような出土史料を扱う書物にとって、これは不可欠の作業であろう。むろん、どのような研究業績であれ、公刊されたその時点から老朽化が始まる運命にある。しかし、わけても出土史料研究の分野にあっては、そのスピードが速いと言えるのではないか。このような状況である以上、現在の研究水準に耐えるよう旧稿に手を加えることは、研究者としての義務であろうと考えた。

これまでに著者が公表して来た法制史関係の論考は、右の諸篇にとどまらない。その中には先学の評価と批判を受けた文章も含まれており、本来であればここに収録し、現在の到達点から私見を述べるのが礼儀であるが、今回はすべて断念せざるを得なかった。理由はひとえに、現有史料による限り、議論の密度と精度において、本書収録の各篇と釣り合うだけの内容に改めることが不可能と判断されたためである。改稿の意欲は放棄することなく、史料状況が好転する日を待ちたいと思う。それまでは、旧稿に責任を負い続けるより外にない。

振り返ればこの二〇年余りのあいだ、著者が研究の中心に据えて来たのは、簡牘学と呼ばれる分野であった。難解な出土史料が曲がりなりにも読解できるようになったのは、永田英正先生と故大庭脩先生の訓導による。また、簡牘研究を通じて知り合った海外の研究者、中国の謝桂華、胡平生、李均明、何双全、台湾の邢義田といった諸氏からは、常に変わらぬ友誼と刺激を受けて来た。遅々とした歩みではあったが、学恩に応える書物が出来上がったことに、ひとまずは安堵している。

都内で開いている簡牘研究会のメンバー、青木俊介、片野竜太郎、鈴木直美、高村武幸、廣瀬薫雄の方々からは、校正の協力を得たのみならず、内容についても貴重な意見をいただいた。また、第五章に関しては、石岡浩、岡野誠の両氏にも有益な助言をいただいた。心より感謝申し上げたい。

本書のあとには、「簡牘研究と辺境史」と総称すべき数本の旧稿が改定の機会を待っている。その一方で、簡牘学から大きく離れた研究課題に手を染めてみたい思いも日々に膨らんでいく。幸か不幸か、中国古代史という研究分野は、魅力ある題材に満ちている。無限の時間が残されているわけではないが、日没までにはまだ当分の間がありそうだ。小著の刊行を機に、新たな研究に向けた準備を始めるとしよう。

京都大学の夫馬進教授には、本書を東洋史研究叢刊の一冊として御推薦いただいたのみならず、完成に向けて絶えず励ましを賜った。また、出版にあたっては、平成十七年度科学研究費補助金（研究成果公開促進費）の交付を受けた。末筆ながら深謝申し上げる。

二〇〇五年　立冬

籾山　明

引用文献一覧

西暦は最初の発表時を示す。単行本に再録された論文については、初掲誌名を省略する。

【日文】（姓名の五十音順）

浅原達郎（一九九八）「牛不相当穀廿石」『泉屋博古館紀要』一五巻。

飯尾秀幸（一九九五）「張家山漢簡『奏讞書』をめぐって」『専修人文論集』五六号。

飯島和俊（二〇〇二）「「解」字義覚え書き――江陵張家山『奏讞書』所出の「解」字の解釈をめぐって――」池田雄一編（二〇〇二）所収。

池田雄一（一九八一）「湖北雲夢睡虎地秦墓管見」『中央大学文学部紀要』史学科二六号。

――（一九九五a）「漢代の讞制について――江陵張家山『奏讞書』の出土によせて――」『中央大学文学部紀要』史学科四〇号。

――（一九九五b）「江陵張家山『奏讞書』について」『堀敏一先生古稀記念　中国古代の国家と民衆』汲古書院。

――編（二〇〇二）『奏讞書――中国古代の裁判記録――』刀水書房。

石岡　浩（一九九八）「秦時代の刑罰減免をめぐって――睡虎地秦簡に見える『居官府』の分析から――」『史滴』二〇号。

――（二〇〇五）「収制度の廃止にみる前漢文帝刑法改革の発端――爵制の混乱から刑罰の破綻へ――」『歴史学研究』

八〇五号。

鵜飼昌男（一九八八）「漢代の文書についての一考察──『記』という文書の存在──」『史泉』六八号。

──（一九九六）「建武初期の河西地域の政治動向──『後漢書』竇融伝補遺──」『古代文化』四八巻一二号。

江村治樹（一九八一）「雲夢睡虎地出土秦律の性格をめぐって」同『春秋戦国秦漢時代出土文字資料の研究』汲古書院、二〇〇〇年。

王勇華（二〇〇四）『秦漢における監察制度の研究』朋友書店。

大庭　脩（一九五八）「爰書考」同『秦漢法制史の研究』創文社、一九八二年。

──（一九六三）「漢代制詔の形態」同上。

──（一九七〇）「漢王朝の支配機構」同上。

──（一九七七）「雲夢出土竹書秦律の概観」同上。

──（一九八一）「居延新出『候粟君所責寇恩事』冊書──爰書考補──」同上。

──（一九八二）「漢簡にみえる不道犯の事例」同上。

──（一九九二）「九〇年代の漢簡研究（二）」『書道研究』五二号。

学習院大学漢簡研究会（二〇〇〇）「秦代盗牛・逃亡事件──江陵張家山漢簡『奏讞書』を読む──」『学習院史学』三八号。

──（二〇〇二）「漢初婚姻事件──江陵張家山漢簡『奏讞書』を読む──」『学習院史学』四〇号。

鎌田重雄（一九六二）「漢代官僚の自殺」『漢代政治制度の研究』日本学術振興会。

木下鉄矢（一九九六）『「清朝考証学」とその時代──清代の思想──』創文社。

小嶋茂稔（一九九八）「読江陵張家山出土『奏讞書』劄記」『アジア・アフリカ歴史社会研究』二号。

佐原康夫（一九九七）「居延漢簡に見える官吏の処罰」『東洋史研究』五六巻三号。

滋賀秀三（一九六〇）「清朝時代の刑事裁判――その行政的性格。若干の沿革的考察を含めて――」同『清代中国の法と裁判』創文社、一九八四年。

――（一九七九）『唐律疏議訳注篇一　名例』東京堂出版。

――（一九七六）「中国上代の刑罰についての一考察――誓と盟を手がかりとして――」同『中国法制史論集――法典と刑罰――』創文社、二〇〇三年。

――（一九九〇）「前漢文帝の刑制改革をめぐって――漢書刑法志脱文の疑い――」同上。

――（一九九八）「論文批評　張建国著『前漢文帝刑法改革とその展開の再検討』」同上。

――（二〇〇三）「法典編纂の歴史」同上。

謝桂華（一九九一）「『建武三年十二月候粟君所責寇恩事』考釈」（吉村昌之訳）『史泉』七三号。

饒宗頤（一九七七）「出土資料から見た秦代の文学」『東方学』五四輯。

秦簡講読会（一九七八～八三）「『湖北睡虎地秦墓竹簡』訳注初稿」（一）～（六）『中央大学大学院論究』一〇巻一号～一五巻一号。

角谷常子（一九九四）「居延漢簡にみえる売買関係簡についての一考察」『東洋史研究』五二巻四号。

――（一九九六）「秦漢時代の簡牘研究」『東洋史研究』五五巻一号。

瀬川敬也（二〇〇三）「秦漢時代の身体刑と労役刑――文帝刑制改革をはさんで――」『中国出土資料研究』七号。

専修大学『二年律令』研究会（二〇〇四）「張家山漢簡『二年律令』訳注（三）――具律――」『専修史学』三七号。

鷹取祐司（一九九六）「居延漢簡劾状関係冊書の復原」『史林』七九巻五号。

――（一九九七）「漢代の裁判文書『爰書』――戍卒による売買を手掛かりに――」『史林』八〇巻六号。

——（二〇〇三）「漢代の裁判手続き『刻』について——居延漢簡『刻状』の分析から——」『中国出土資料研究』七号
玉井是博（一九三四）「大唐六典及び通典の宋刊本に就いて」『支那社会経済史研究』岩波書店、一九四二年。

竺沙雅章（二〇〇三）「居延漢簡中の社文書」冨谷至編『辺境出土木簡の研究』朋友書店。

冨谷　至（一九九八）『秦漢刑罰制度の研究』同朋舎。

中村茂夫（一九九三）「清代の刑案——『刑案匯覧』を主として——」滋賀秀三編『中国法制史——基本資料の研究——』東京大学出版会。

永田英正（一九八九）『居延漢簡の研究』同朋舎。

——（二〇〇四）「簡牘研究事始の記」『日本秦漢史学会会報』五号。

——編（一九九四）『漢代石刻集成』同朋舎。

西田太一郎（一九七四）『中国刑法史研究』岩波書店。

濱口重國（一九三六ａ）「漢の将作大匠と其の役徒」同『秦漢隋唐史の研究』上巻、東京大学出版会、一九六六年。

——（一九三六ｂ）「漢代における強制労働刑その他」同上。

——（一九三七）「漢代の笞刑について」同上。

——（一九三八）「漢代の鈦趾刑と曹魏の刑名」同上。

浜田寿美男（二〇〇一）『自白の心理学』岩波書店。

廣瀬薫雄（二〇〇二）「包山楚簡に見える証拠制度について」郭店楚簡研究会編『楚地出土資料と中国古代文化』汲古書院。

ブロック、マルク（一九九五）『封建社会』（堀米庸三監訳）岩波書店。

堀　敏一（一九八七）「雲夢秦簡にみえる奴隷身分」同『中国古代の身分制——良と賎——』汲古書院、一九八七年。

水間大輔（二〇〇二）「張家山漢簡『二年律令』刑法雑考——睡虎地秦簡出土以降の秦漢刑法研究の再検討——」『中国出土資料研究』六号。

宮宅　潔（一九九六）「漢代請讞考——理念・制度・現実——」『東洋史研究』五五巻一号。

——（一九九八）「秦漢時代の裁判制度——張家山漢簡《奏讞書》より見た——」『史林』八一巻二号。

——（二〇〇〇）「秦漢時代の爵と刑罰」『東洋史研究』五八巻四号。

——（二〇〇一）「『劾』小考——中国古代裁判制度の展開——」『神女大史学』一八号。

宮崎市定（一九七七）「史記李斯列伝を読む」『宮崎市定全集』五巻、岩波書店、一九九一年。

——（一九八八）「『中国古代史論』まえがき」『宮崎市定全集』二四巻、岩波書店、一九九四年。

籾山　明（一九八二）「秦の隷属身分とその起源——隷臣妾問題に寄せて——」『史林』六五巻六号。

——（一九九三）「雲夢睡虎地秦簡」滋賀秀三編『中国法制史——基本資料の研究——』東京大学出版会。

——（二〇〇一）「漢代エチナ＝オアシスにおける開発と防衛線の展開」冨谷至編『流沙出土の文字資料——楼蘭・尼雅文書を中心に——』京都大学学術出版会。

山田勝芳（二〇〇二）「張家山第二四七号漢墓竹簡「二年律令」と秦漢史研究」『日本秦漢史学会会報』三号。

吉川忠夫（一九七九）「顔師古の『漢書』注」『六朝精神史研究』同朋舎出版、一九八四年。

吉本道雅（二〇〇三）「墨子兵技巧諸篇小考」『東洋史研究』六二巻二号。

若江賢三（一九八〇）「秦簡時代の労役刑——ことに隷臣妾の刑期について——」『東洋史論』一号。

——（一九八五・八六）「秦律における贖刑制度——秦律の体系的把握への試論——」（上）（下）『愛媛大学法文学部論集』文学科篇、一八・一九号。

――（一九九二・九四）「秦律における労役刑の刑期再論」（上）（下）同上二五・二七号。

――（一九九七）「秦律における隷臣妾の特質とその刑期」『古代文化』四八巻一〇号。

【中文】（姓名のピンイン順）

鼂崋山（一九七七）「西漢称銭天秤与法馬」『文物』一九七七年一一期。

陳　玲（二〇〇一）「試論漢代辺塞刑徒的輸送及管理」李学勤・謝桂華主編『簡帛研究二〇〇一』広西師範大学出版社。

陳夢家（一九六四）「漢簡所見居延辺塞与防衛組織」同『漢簡綴述』中華書局、一九八〇年。

陳乃華（一九九七）「論斉国法制対漢制的影響」『中国史研究』一九九七年二期。

陳　槃（一九四八）「漢晋遺簡偶述」同『漢晋遺簡識小七種』中央研究院歴史語言研究所、一九七五年。

陳松長（二〇〇一）『香港中文大学文物館蔵簡牘』香港中文大学文物館。

陳　偉（一九九七）「《奏讞書》所見漢初〃自占書名数〃令」武漢大学中国三至九世紀研究所編『中国前近代史理論国際学術研討会論文集』湖北人民出版社。

陳仲安（一九七九）「関於《粟君責寇恩簡》的一処釈文」『文史』七輯。

初仕賓・蕭亢達（一九八一）「居延新簡《責寇恩事》的幾個問題」『考古与文物』一九八一年三期。

――（一九八四）「居延簡中所見漢代《囚律》佚文考――《居延新簡〃責寇恩事〃的幾個問題》的訂補――」『考古与文物』一九八四年二期。

范忠信・鄭定・詹学農（一九九二）『情理法与中国人――中国伝統法律文化探微――』中国人民大学出版社。

甘粛居延考古隊簡冊整理小組（一九七八）「〃建武三年粟君所責寇恩事〃釈文」『文物』一九七八年一期。

甘粛省文物考古研究所編（一九八八）『居延漢簡釈粋』蘭州大学出版社。

甘粛省文物考古研究所・甘粛省博物館・文化部古文献研究室・中国社会科学院歴史研究所（一九九〇）『居延新簡』文物出版社。
高　恒（一九七七）「秦律中〃隷臣妾〃問題的探討」同『秦漢法制論考』廈門大学出版社、一九九四年。
――（一九八三）「秦律中的刑徒及其刑期問題」同上。
――（二〇〇一）「漢簡中所見挙、劾、案験文書輯釈」『簡帛研究二〇〇一』広西師範大学出版社。
高　敏（一九七九ａ）「従出土《秦律》看秦的奴隷制残余」同『睡虎地秦簡初探』萬巻楼図書有限公司、二〇〇〇年。
――（一九七九ｂ）「関於《秦律》中的〃隷臣妾〃問題質疑――読《睡虎地秦簡》札記兼与高恒商榷――」同上。
――（一九八七）「釈《爰書》――読秦・漢簡牘札記――」同『秦漢史探討』中州古籍出版社、一九九八年。
――（一九九四）「曹魏与孫呉的〃校事〃官考略」同『魏晋南北朝史発微』中華書局、二〇〇五年。
高　文（一九九七）『漢碑集釈』（修訂本）河南大学出版社。
国家文物局主編（二〇〇三）『中国文物地図集　内蒙古自治区分冊』西安地図出版社。
韓樹峰（二〇〇三）「秦漢律令中的完刑」『中国史研究』二〇〇三年四期。
何双全（一九八八）「竇融在河西」同『双玉蘭堂文集』蘭台出版社、二〇〇一年。
胡平生（一九八三）「青川秦墓木牘『為田律』所反映的田畝制度」同『胡平生簡牘文物論集』蘭台出版社、二〇〇〇年。
――（一九九二）「匈奴日逐王帰漢新資料」同上。
――（一九九九）「長沙走馬楼三国孫呉簡牘三文書考証」『文物』一九九九年五期。
胡平生・張徳芳（二〇〇一）『敦煌懸泉漢簡釈粋』上海古籍出版社。
湖北省博物館（一九八六）「一九七八年雲夢秦漢墓発掘報告」『考古学報』一九八六年四期。
湖北省荊州博物館（二〇〇〇）『荊州高台秦漢墓』科学出版社。

湖北省文物考古研究所（一九九三）「江陵鳳凰山一六八号漢墓」『考古学報』一九九三年四期。
湖北省文物考古研究所・孝感地区博物館・雲夢県博物館（一九九〇）「雲夢龍崗秦漢墓地第一次発掘簡報」『江漢考古』一九九〇年三期。
湖北省文物考古研究所・孝感地区博物館・雲夢県博物館（一九九四）「雲夢龍崗六号秦墓及出土簡牘」『考古学集刊』八集。
湖南省文物考古研究所・湘西土家族苗族自治州文物処（二〇〇三）「湘西里耶秦代簡牘選釈」『中国歴史文物』二〇〇三年一期。
華泉・鍾志誠（一九七七）「関於鳳凰山一六八号漢墓天秤衡杆文字的釈読問題」『文物』一九七七年一期。
黄盛璋（一九九六）「邗江胡場漢墓所謂〃文告牘〃与告地策謎再掲」『文博』一九九六年五期。
黄展岳（一九八〇）「雲夢秦律簡論」『考古学報』一九八〇年一期。
江陵張家山漢簡整理小組（一九九三・九五）「江陵張家山漢簡《奏讞書》釈文」（一）（二）『文物』一九九三年八期、一九九五年三期。
金　燁（一九九四）「《秦律》所見之〃公室告〃与〃家罪〃」『中国史研究』一九九四年一期。
荊州地区博物館（一九八五）「江陵張家山三座漢墓出土大批竹簡」『文物』一九八五年一期。
――（一九九五）「江陵王家台一五号秦墓」『文物』一九九五年一期。
労　榦（一九四九）『居延漢簡考釈　釈文之部』商務印書館。
李交発（二〇〇二）『中国訴訟法史』中国検察出版社。
李解民（一九八七）「睡虎地秦簡所載魏律研究」『中華文史論叢』一九八七年一期。
李均明（一九九一）「居延新簡的法制史料」同『初学集』蘭台出版社、一九九九年。

――（一九九二）「簡牘文書『刺』考述」同上。
――（二〇〇二a）「簡牘所反映的漢代訴訟関係」『文史』二〇〇二年三輯。
――（二〇〇二b）「読《香港中文大学文物館蔵簡牘》偶識」『古文字研究』二四輯。
――（二〇〇三）「張家山漢簡所見刑罰等序及相関問題」饒宗頤主編『華学』六輯、紫禁城出版社。
――（二〇〇五）「額済納漢簡法制史料考」魏堅主編『額済納漢簡』広西師範大学出版社。
李学勤（一九八五）「何四維《秦律遺文》評介」『中国史研究』一九八五年四期。
――（一九九三・九五）「《奏讞書》解説」上・下『文物』一九九三年八期、一九九五年三期。
――（二〇〇三）「初読里耶秦簡」『文物』二〇〇三年一期。
李裕民（一九八〇）「従雲夢秦簡看秦代的奴隷制」『中国考古学会第一次年会論文集』文物出版社。
李振宏（二〇〇三）『居延漢簡与漢代社会』中華書局。
栗　勁（一九八五）『秦律通論』山東人民出版社。
栗勁・霍存福（一九八四）「試論秦的刑徒是無期刑――兼論漢初有期徒刑的改革――」『中国政法大学学報』一九八四年三期。
連劭名（一九八六）「西域木簡所見《漢律》中的〃証不言請〃律」『文物』一九八六年一一期。
――（一九八九）「西域木簡中的記与檄」『文物春秋』一九八九年一・二期。
林聡明（一九九一）『敦煌文書学』新文豊出版公司。
劉国勝（一九九七）「雲夢龍崗簡牘考釈補正及其相関問題的探討」『江漢考古』一九九七年一期。
劉海年（一九八〇）「秦漢訴訟中的〃爰書〃」『法学研究』一九八〇年一期。
――（一九八一）「秦律刑罰考析」中華書局編輯部編『雲夢秦簡研究』中華書局。

――（一九八五）「関於中国歳刑的起源――兼談秦刑徒的刑期和隷臣妾的身分――」『法学研究』一九八五年五期。
劉信芳（一九九一）「関於雲夢秦簡編年記的補書、続編和削改等問題」『江漢考古』一九九一年三期。
劉信芳・梁柱（一九九七）『雲夢龍崗秦簡』科学出版社。
劉昭瑞（二〇〇二）「記両件出土的刑獄木牘」『古文字研究』二四輯。
羅仕傑（二〇〇三）『漢代居延遺址調査与衛星遥測研究』台湾古籍出版有限公司。
馬建華主編（二〇〇二）『河西簡牘』重慶出版社。
彭　浩（一九九三）「談《奏讞書》中的西漢案例」『文物』一九九三年八期。
――（一九九五）「談《奏讞書》中秦代和東周時期的案例」『文物』一九九五年三期。
銭大群（一九八三）「談〃隷臣妾〃与秦代的刑罰制度」同『中国法律史論考』南京師範大学出版社、二〇〇一年。
――（一九八五）「再談〃隷臣妾〃与秦代的刑罰制度」同上。
――（一九八八）「秦律〃三環〃注文質疑与試証」同上。
裘錫圭（一九七九）「新発現的居延簡的幾個問題」同『古文字論集』中華書局、一九九二年。
――（一九九二）「《論衡》札記」同『古代文史研究新探』江蘇古籍出版社。
沈頌金（二〇〇三）「湘西里耶秦簡的価値及其研究」同『二十世紀簡帛学研究』学苑出版社。
宋会群・李振宏（一九九四）「居延甲渠候官部燧考」李振宏『居延漢簡与漢代社会』中華書局、二〇〇三年。
汪桂海（一九九九）『漢代官文書制度』広西教育出版社。
汪寧生（一九九七）『西南訪古卅五年』山東画報出版社。
王利器主編（一九八八）『史記注釈』三秦出版社。
王　森（一九八六）「秦漢律的髡・耐・完的弁析」『法学研究』一九八六年一期。

王　素（一九九九）「長沙走馬楼三国孫呉簡牘三文書新探」『文物』一九九九年九期。
王占通（一九九一）「秦代肉刑耐刑可作主刑弁」『吉林大学社会科学学報』一九九一年三期。
王占通・栗勁（一九八七）「〃隷臣妾分為官奴隷与刑徒両部分〃説値得商榷」『法学研究』一九八七年五期。
王子今（二〇〇一）「走馬楼許迪剸米事文牘釈読商榷」『鄭州大学学報』（哲学社会科学版）二〇〇一年七期。
――（二〇〇三）「張家山漢簡《賊律》〃偏捕〃試解」『中原文物』二〇〇三年一期。
呉昌廉（一九八五）「秋射――兼論秋射与都試之異同――」『簡牘学報』一一期。
呉九龍（一九八四）「銀雀山漢簡斉国法律考析」『史学集刊』一九八四年四期。
呉栄曽（一九八一）「監門考」同『先秦秦漢史研究』中華書局、一九九五年。
謝桂華（一九九二）「新・旧居延漢簡冊書復原挙隅」『秦漢史論叢』五輯、法律出版社。
邢義田（一九七九）「雲夢秦簡簡介――附：対『為吏之道』及墓主喜職務性質的臆測――」同『秦漢史論稿』東大図書公司、一九八七年。
――（一九九八）「従簡牘看漢代的行政文書範本――『式』」『厳耕望先生紀念論文集』稲郷出版社。
――（一九九九）「漢代書佐・文書用語『它如某某』及『建武三年十二月候粟君所責寇恩事』簡冊档案的構成」『中央研究院歴史語言研究所集刊』七〇本三分。
――（二〇〇三）「従張家山漢簡〈二年律令〉論秦漢的刑期問題」『台大歴史学報』三一期。
徐鴻修（一九八四）「従古代罪人収奴制的変遷看〃隷臣妾〃〃城旦舂〃的身分」『文史哲』一九八四年五期。
徐蘋芳（一九七八）「居延考古発掘的新収穫」『文物』一九七八年一期。
徐世虹（一九九六）「漢劾制管窺」『簡帛研究』二輯、法律出版社。
――（二〇〇一）「漢代民事訴訟程序考述」『政法論壇』二〇〇一年六期。

――(二〇〇四a)「対両件簡牘法律文書的補考」中国政法大学法律古籍整理研究所『中国古代法律文献研究』二輯、中国政法大学出版社。
――(二〇〇四b)「〃三環之〃、〃刑復城旦舂〃、〃繫城旦舂某歳〃解――読《二年律令》札記――」『出土文献研究』六輯。
許倬雲(一九八二)「跋居延出土的寇恩冊書」同『求古篇』聯経出版事業公司。
薛英群(一九九一)『居延漢簡通論』甘粛教育出版社。
揚州博物館・邗江県図書館(一九八一)「江蘇邗江胡場五号漢墓」『文物』一九八一年一一期。
楊広偉(一九八六)「〃完刑〃即〃髡刑〃述」『復旦学報』(社会科学版)一九八六年二期。
楊禾丁(一九八三)「〃毀門〃与〃監門〃」『中華文史論叢』一九八三年三輯。
于豪亮(一九八二)「西漢対法律的改革」同『于豪亮学術文存』中華書局、一九八五年。
余英時(一九八七)「漢代循吏与文化伝播」同『儒家倫理与商人精神』(余英時文集第三巻)広西師範大学出版社、二〇〇四年。
兪偉超(一九七八)「略釈漢代獄辞文例――一份治獄材料初探――」『文物』一九七八年一期。
雲夢睡虎地秦墓編写組(一九八一)『雲夢睡虎地秦墓』文物出版社。
雲夢県文物工作組(一九八一)「湖北雲夢睡虎地秦墓発掘簡報」『考古』一九八一年一期。
臧知非(一九九七)「〃毀門逆旅〃新探」『中国史研究』一九九七年四期。
張伯元(二〇〇四)「〃爵戍〃考」同『出土法律文献研究』商務印書館、二〇〇五年。
張徳芳(二〇〇一)「従懸泉漢簡看両漢西域屯田及其意義」『敦煌研究』二〇〇一年三期。
張家山漢墓竹簡整理小組(一九八五)「江陵張家山漢簡概述」『文物』一九八五年一期。

張建国（一九九六ａ）「西漢刑制改革新探」同『中国法系的形成与発達』北京大学出版社、一九九七年。

――（一九九六ｂ）「居延新簡〃粟君債寇恩〃民事訴訟個案研究」同『帝制時代的中国法』法律出版社、一九九九年。

――（一九九七ａ）「関於張家山漢簡《奏讞書》的幾点研究及其他」同上。

――（一九九七ｂ）「漢簡《奏讞書》和秦漢刑事訴訟程序初探」同上。

――（一九九八）「漢文帝改革相関問題点試詮」同上。

――（二〇〇二）「論西漢初期的贖」『政法論壇』二〇〇二年五期。

張金光（一九八五）「刑徒制度」同『秦制研究』上海古籍出版社、二〇〇四年。

張全民（一九九八）「〃隠官〃考辨」吉林大学古籍整理研究所編『吉林大学古籍整理研究所建所十五周年紀念文集』吉林大学出版社。

中国文物研究所・湖北省文物考古研究所（二〇〇一）『龍崗秦簡』中華書局。

周暁瑜（一九九八）「秦代〃隠宮〃〃隠官〃〃宮某〃考弁」『文献』一九九八年四期。

【欧文】（姓名のアルファベット順）

Beck, Mansvelt B. J.（1987）The First Emperor's Taboo Character and the Three Day Reign of King Xiaowen: Two Moot Points Raised by the Qin Chronicle Unearthed in Shuihudi in 1975, *T'oung Pao,* vol. 73, livr. 1-3.
Bodde, Derk（1938）*China's First Unifer: A Study of the Ch'in Dynasty as Seen in the Life of Li Ssŭ*, Leiden: E. J. Brill.
Hulsewé, A. F. P.（1979）A Lawsuit of A. D. 28, *Studia Sino-Mongolica: Festschrift für Herbert Franke*, Wiesbaden.
――（1981）Royal Rebels, *Mélanges à la mémoire de Paul Demiéville,* Bulletin de l'Ecole française d'Extrême Orient 69.
Nienhauser Jr., William ed.（1994）*The Grand Scribe's Records, vol.VII: The Memoires of Pre-Han China*, Indiana University

Press.

Yates, R. D. S.（1987）Some Notes on Ch'in Law: A Review Article of *Remnants of Ch'in Law*, by A. F. P. Hulsewé, *Early China*, part 11-12.

Zürcher, Erik（1994）In Memoriam Anthony Hulsewé（1910-1993）, *T'oung Pao*, vol. 80.

索　引

事項索引

さ 行

な　行

は　行

わ　行

人名索引（歴史的人物）

あ　行

か　行

さ　行

人名索引（研究者・研究団体）

ま　行

や　行

ら　行

わ　行

引用簡牘史料一覧

雲夢睡虎地秦簡

張家山漢簡

居延漢簡

敦煌漢簡

敦煌懸泉置漢簡

里耶秦簡

龍崗六号秦墓出土木牘

著者略歴

籾山　明（もみやま　あきら）
埼玉大学教養学部教授

一九五三年　群馬県生まれ。
一九八二年　京都大学大学院文学研究科博士後期課程単位取得退学（東洋史学専攻）。
一九八六年　島根大学法文学部講師を経て同助教授。
一九九五年　埼玉大学教養学部助教授を経て現職。

主要著書
『秦の始皇帝―多元世界の統一者―』（白帝社、一九九四）、『漢帝国と辺境社会―長城の風景―』（中央公論新社、一九九九）、『流沙出土の文字資料―楼蘭・尼雅文書を中心に―』（共著、京都大学学術出版会、二〇〇一）ほか。

東洋史研究叢刊之六十八（新装版　6）
中国《ちゅうごく》古《こ》代《だい》訴訟《そしょう》制度《せいど》の研究《けんきゅう》

二〇〇六年二月十五日　第一刷発行

著　者　籾《もみ》山《やま》明《あきら》
発行者　本山美彦
発行所　京都大学学術出版会
〒606-8305　京都市左京区吉田河原町一五-九京大会館内
電話〇七五(七六一)六一八二　FAX〇七五(七六一)六一九〇
URL　http://www.kyoto-up.gr.jp
印刷所　亜細亜印刷　株式会社

ISBN4-87698-526-X C3322

ORIENTAL RESEARCH SERIES No.68

The Administration of Justice in Ancient China

by

MOMIYAMA Akira

Kyoto University Press

2006